数字图书馆阅读推广与新媒体下读者服务革新

赵　美◎著

中国书籍出版社
China Book Press

图书在版编目（CIP）数据

数字图书馆阅读推广与新媒体下读者服务革新 / 赵
美著. -- 北京：中国书籍出版社，2024. 11. -- ISBN
978-7-5241-0088-1

Ⅰ. G250.76

中国国家版本馆 CIP 数据核字第 2024ND1645 号

数字图书馆阅读推广与新媒体下读者服务革新

赵美 著

责任编辑	李 新
责任印制	孙马飞 马 芝
封面设计	瑞天书刊
出版发行	中国书籍出版社
地 址	北京市丰台区三路居路 97 号（邮编：100073）
电 话	（010）52257143（总编室） （010）52257140（发行部）
电子邮箱	eo@chinabp.com.cn
经 销	全国新华书店
印 刷	济南文达印务有限公司
开 本	710 毫米×1000 毫米 1/16
印 张	17
字 数	245 千字
版 次	2025 年 1 月第 1 版
印 次	2025 年 1 月第 1 次印刷
书 号	ISBN 978-7-5241-0088-1
定 价	68.00 元

前　言

　　随着数字技术的迅猛发展以及新媒体的普及，图书馆领域正经历着前所未有的变革。面对这一新的时代浪潮，图书馆如何在保持其传统服务精神的同时，顺应时代需求，实现数字化与新媒体融合的转型，成为从业者和研究者共同关注的课题。

　　本书从图书馆服务的理论基础入手，深入探讨了数字图书的阅读推广方式，并结合新媒体环境中的前沿技术，提出了一系列创新的读者服务模式，如移动图书馆服务、数字应用体验服务、自助图书馆等。这些模式不仅能够满足读者在数字化时代的需求，还能够提高图书馆的运营效率和服务质量。同时，作者结合多年的图书馆工作经验和行业观察，深入分析了数字化时代图书馆面临的挑战与机遇，并提出了如何利用前沿技术提升读者服务质量的创新思路。

　　本书在撰写过程中，特别注重内容的系统性与可操作性，旨在让读者不仅能够从理论层面理解图书馆服务的革新趋势，还能在实际工作中掌握必要的技能与方法。这种理论与实践的结合，既为读者提供了全面的知识框架，也为他们在新媒体和数字化环境中的工作实践提供了有力的支持。本书不仅适合图书馆工作人员，也对相关研究者和教育者具有参考价值。

　　本书借鉴了一些相关著作和研究成果，在此表示衷心的感谢！本书一定还存在着许多的不足之处，恳请前辈、同行以及广大读者斧正。

目　录

第一章　导论

第一节　图书馆的概念

一、图书馆的概念

图书馆，在大众眼中，常被简化为借书、阅览报刊的场所。诚然，对于一般公众而言，这样的理解并无不妥。然而，对于深入研究图书馆工作的人士而言，图书馆的内涵远非如此浅显易懂，它难以被普通人的观念全面而深刻地诠释。长久以来，关于图书馆的本质及其精确定义，始终是图书馆学研究者热衷探讨的课题之一。鉴于全球范围内图书馆及其发展水平的多样性，人们对图书馆的认知角度也各不相同，这导致了长达两百年的图书馆定义之争，至今仍未有一个公认的结论。为了更深入地理解图书馆定义的历史演变，我们可以对比近现代具有代表性的权威学者对图书馆的不同阐释。

世界上首次明确图书馆概念定义的学者是德国的施莱廷格，他在 1808 年发表的《试用图书馆学教科书大全》中，首次提出了一个较为精确的图书馆定义。他定义道："我所指的图书馆，是将众多书籍进行收集和整理，以便根据求知者的需求，迅速且不费力地提供给他们使用。"自从施莱廷格的定义被提出后，众多学者纷纷提出了自己的理解，其中，国外学者中一些较有代表性的观点如下。

图书馆不仅仅是书籍的集合，它还发挥着重要的教育和社会功能。印度图书馆学家阮冈纳赞指出，图书馆是传播知识的全球性工具，而巴特勒则将其视为一种植入人类记忆的社会机制。谢拉进一步强调，图书馆是一个保存和利用文字记载的系统，连接着社会和文化。卡尔施泰认为，图书馆是将客观精神传递给个人的场所。其他学者如 J 贝克和丘巴梁也强调，图书馆不仅收集情报资料，还提供思想教育和科学信息的交流平台。

美国学者 M.H.哈里斯和克劳福德及戈曼在 20 世纪 80 年代初进一步拓展了图书馆的定义。哈里斯指出，图书馆的核心在于其编排和组织，使其易于使用，并由专业人员管理，满足大众的需求。克劳福德和戈曼则强调，图书馆不仅是保存和传播知识的地方，也是通过各种媒体记录知识，并帮助人们获取深广知识的学习场所，同时还是认知变化的重要平台。

我国对"图书馆"概念的探索从 19 世纪末开始，但直到 20 世纪 30 年代才逐渐有了明确的定义。1934 年，刘国钧在《图书馆学要旨》中认为图书馆的目的是收集和保存人类思想与活动的记录，采用科学的方法使其供社会使用。1936 年，俞爽迷在《图书馆学通论》中指出，图书馆应当让人们在最短的时间内自由使用有益的书籍，以满足大众的求知欲望。到了 1985 年，吴慰慈等人在《图书馆学概念》中进一步指出，图书馆是一个为社会的政治、经济服务的文化教育机构，承担着收集、整理和利用书刊资料的职责。

除了各国学者的定义外，权威百科全书和词典也对图书馆这一概念进行了详细阐述。《中国大百科全书》将图书馆定义为一个集收集、整理、保存文献并提供读者利用的科学、文化和教育机构。《苏联百科词典》强调它是一个为公共使用而收藏出版物的文化机构。《不列颠大百科全书》第 15 版则指出图书馆是为了阅读、研究和参考而收集书籍的场所。《法国大百科全书》1972 年版定义图书馆为分类收藏文献的场所，而中国国家标准 GB4894-85 将其描述为便于读者利用文献的管理部门。《辞海》定义图书馆为提供学习、参考和研究用途的文化机构，最后《图书情报词典》强调其通过文献的收集和整理，为特定社会群体提供文化、科学和教育服务。

进入新世纪后，随着科技进步和计算机的普及，国内学者对图书馆的定义进行了重新探讨。台湾大学教授胡述兆在 2001 年提出，图书馆是为信息建立检索点并为用户提供服务的机构。2003 年，武汉大学黄宗忠教授结合时代背景，提出了更为全面的定义：图书馆通过人工或计算机和网络，对实体或虚拟的信息与知识进行收集、整理、存储、传播，并建立检索点，供读者使用。图书馆可以是一个物理空间、虚拟空间，或两者结合的复合体。

从以上观点可以看出，众多学者定义图书馆时，主要从其功能、活动对象、目的以及性质等角度出发，这种方式符合当时图书馆的现状和未来的发展。然而，随着信息时代的到来和计算机的普及，图书馆的形态发生了变化。实体图书馆逐渐向网络中的虚拟空间延伸，文献载体也从以纸质为主向数字化转变。但这些外在的变化并未改变图书馆的核心本质，即图书馆依然是以文献信息为活动对象，通过收集、整理和加工，为有需求的人群提供服务的社会机构。

二、图书馆发展的条件

（一）社会条件

第一，随着社会生活的日益多样化，人类记录的文字信息量显著增加，这要求我们建立更多专业且复杂的系统来搜集、整理、保存和运用这些文献资料。这种需求的增长无疑推动了图书馆和档案馆的繁荣发展。随着社会的持续进步，各类公共、专业和学术图书馆得到了广泛的扩展，它们已经成为人类文化活动的重要中心。

第二，随着人类社会对文化教育的重视日益加深，众多专业教育机构和培训机构纷纷成立，这促使了对教育系统支持的信息存储场所的需求增加。从过去文化知识仅限于少数人掌握，到如今知识的普遍传播，人类社会走过了漫长的历程。初等教育和高等教育的繁荣发展，也带动了图书馆事业的同步增长。自19世纪后半叶起，全球图书馆步入了一个全新的发展时期，图书馆的管理方式从封闭走向开放，使得更多人能够接触并利用图书馆的丰富文献资源。

第三，科学技术的发展是图书馆快速发展的重要条件，两者之间密切相关，互相促进。每一次技术进步都推动了图书馆的发展。例如，造纸技术的出现使得文字可以记录在更便宜、易携带的材料上；印刷技术的发明加快了信息传播速度，大幅增加了图书馆的藏书规模；而现代计算机技术的应用带来了图书馆历史上最大的变革，提供了全新的发展模式。同时，图书馆的发展也为科学技术的进步提供了丰富的信息储备，特别是专业性、学术性图书馆的发展为科技的进步奠定了坚实基础。

（二）经济条件

第一，经济基础是图书馆得以存在和壮大的物质前提。历史上，图书馆多诞生于经济繁荣之地，例如最初的图书馆便建立在当时经济最为繁荣的区域之一。即便在当今社会，图书馆的存续与繁荣仍然与经济状况紧密相连，发达国家的图书馆数量远超发展中国家，并且在信息存储方面也更为丰富和优质。

第二，经济条件的提升满足了人们对物质生活的渴求，进而促使他们在物质充裕的基础上追求更深层次的精神满足。图书馆作为精神食粮的宝库，其发展无疑为这一追求提供了有力支持。因此，人们愈发愿意投入金钱与精力，致力于搜集、整理并呈现丰富的文献信息，以满足日益增长的精神需求。这一趋势不仅彰显了人们对知识的渴望，也极大地推动了图书馆的蓬勃发展。

第三，图书馆的发展与一个国家经济制度的健全与繁荣紧密相连。一个健全且繁荣的经济体系，离不开一个复杂的记录存储系统来追踪其经济轨迹。图书馆正是这样一个至关重要的经济媒介，它不仅是商业记录的宝库，更是推动未来技术和商务研究的重要设施。

（三）政治条件

第一，图书馆的繁荣发展依赖于一个稳定的环境。在战乱和动乱的时期，图书馆及其宝贵的藏书常常成为战争的受害者。例如，凯撒大帝在征服古埃及时，曾放火焚烧了当时世界最著名的图书馆，导致无数珍贵的文献被毁。这一事件凸显了和平环境对于图书馆发展的重要性。

第二，统治者对文献资源的需求倾向能够引导图书馆走向多样化的道路。秦始皇为了巩固其国家统治，实施了"焚书坑儒"的极端政策；而汉武帝则选择了"罢黜百家，独尊儒术"的治国理念，这些历史决策深刻地影响了图书馆文献资源的收藏导向。同样地，西方国家在科技领域的迅速崛起，也与其长期以来对学术性、科学性文献资源的重视密不可分。

第三，图书馆的发展离不开国家的支持与帮助，主要体现在两个方面。首先，国家在法律和政策上对图书馆进行支持和肯定。图书馆的发展真正兴起于工业革命后，得益于资产阶级政权的推动，他们通过制定普及图书馆的法律政策促进图书馆的发展。如今，许多发达国家都有专门的图书馆法。其次，经济上的物质资助也是关键。自图书馆诞生以来，政府的支持一直是其发展的重要保障。早期的图书馆大多为皇室所有，因为文献的收集与整理需要大量资源，政府的资金支持成为图书馆作为社会公益性组织发展的基础。

第二节　图书馆的职能及发展

一、图书馆社会职能的基本内容

职能（Competency）是指个体、事物或机构所应具备的特定作用与功能。从人的视角出发，它指的是某一职位上的人完成其工作任务所展现出的能力；

而从事物的角度来看，职能往往等同于其本身的功能或效用。对于机构而言，其职能则涵盖了机构所被赋予的职权以及在社会中所发挥的作用等多个方面。

基于这一理解，图书馆的社会职能便是指图书馆在社会生活中所承担的责任以及所发挥的积极作用。1927 年成立的国际图书馆协会联合会（IFLA），在 1975 年于法国里昂举办的"图书馆职能科学讨论会"上，对图书馆的社会职能进行了深入探讨并作出了全面总结，将其归纳为以下四个核心方面。

（一）保存文化遗产

在人类社会的历史进程中，为了满足交流的需求，人类创造了文字，并将其记录于特定载体，从而形成了宝贵的文献信息资源。为了后世能够持续利用这些文献，古人智慧地将其有系统地收集与保存，这一行为直接催生了图书馆的诞生。因此，图书馆最核心且源远流长的功能之一，便是搜集、整理、加工及管理那些记录着从古至今人类历史发展脉络与演变的珍贵文献信息资源。这些文献，涵盖历史、文学、科学技术等多个领域，作为各民族文化财富与人类智慧的结晶，其保存与传承不断推动着人类文明的进步与发展。

当前，图书馆在守护与传承人类文化遗产的文献信息资源方面正迎来新的发展机遇，这主要得益于计算机技术的广泛普及与飞速发展。随着人类社会的不断进步，文献资源的累积量呈现爆炸式增长，而纸质文献对存储场地及环境条件的严苛要求，给图书馆带来了前所未有的压力与挑战。

幸运的是，科学技术的日新月异为文献载体带来了革命性的变革。磁光技术的应用，使得图书馆的文献信息资源库得以无限扩容，不仅极大地缓解了存储空间的紧张状况，还使得读者在获取和利用这些信息时更加高效便捷。这一转变不仅为图书馆的发展注入了新的活力，也为人类文化的传承与保护开辟了更为广阔的道路。

（二）开展社会教育

图书馆，素有"智慧的殿堂"和"开放的学术殿堂"之美誉。这一美誉源于其丰富的文献信息资源，这些资源作为人类智慧与科技成就的结晶，为读者提供了学习和探索的坚实基础。

图书馆在社会教育中发挥着重要作用，不仅为读者提供学习场地和设备，还允许受教育者长期、自由地利用图书馆进行学习。目前，图书馆主要以自学为主的教育方式，这与"终身教育"理念相契合。在"终身学习是世纪的生存概念"的影响下，许多人在离开校园后仍继续自学，此时，图书馆成为自学者的理想场所。

对于那些没有充裕时间到馆学习的人，数字图书馆的远程教育功能有效地解决了这一问题。通过计算机与互联网，图书馆的教育服务在时间和空间上得到了极大延伸，学习变得更加灵活和分散。此外，图书馆丰富的文献信息资源和便捷的服务方式，显著提高了读者自学的主动性和积极性。

此外，在大学校园里，图书馆作为基础教育设施，被誉为"学校的第二课堂"，它不仅提供知识资源，还直接参与人才的培养工作。这些功能都展现了图书馆在社会教育中所扮演的关键角色。

（三）传递科学技术情报

传递科学技术情报是图书馆的重要社会职能之一。如今，文献信息资源生产数量庞大、增长迅速，类型复杂且形式多样，具有很强的时效性。这使得传统的"自我中心论"收藏理念，即追求"大而全"的思想，面临挑战。为了应对这种变化，馆际交流、合作与资源共享变得越来越重要，尤其是在网络技术迅速发展的背景下，这一趋势为图书馆未来的发展指明了新方向。通过建立合作网络，图书馆能够更有效地整合和共享信息资源，从而更好地满足读者的需求。

实际上，资源共享的概念早在二十世纪五六十年代就已在图书馆界被提出来，旨在促进图书馆之间的相互分享，跨馆提供所需服务，以更广泛地应用文献信息资源。然而，早期的资源共享主要限于馆际互借等相对简单的服务形式。随着网络技术的发展，图书馆传递科学情报的职能得到了进一步拓展，资源共享逐渐成为图书馆发展的主要方向，图书馆之间的隔绝性也在不断减弱。

例如，中国高校启动并实施的文献信息资源共享系统（CALIS）有效地将全国高校图书馆连接为一个整体，建立了"全国中心—地区中心—高校图书馆"三级联合保障体系。通过网络，该系统为中国高等教育和学术研究提供文献信息的传递与学术支持，显著促进了高校图书馆文献信息的利用效率。

目前，图书馆以全新的形象出现在公众面前，展现出前所未有的科学情报传递深度与速度。首先，传递的内容已从基本信息扩展到原文查阅与传递。其次，图书馆通过提供定题服务、科技查新和学科馆员等创新型服务，使科技情报的传递方式由被动转变为主动。最后，馆际互动的方式也经历了变革，从过去的封闭、繁琐的简单互借服务，转变为开放式、网络化和深层次的服务模式。这些变化不仅提升了图书馆的服务能力，也极大地满足了用户对信息获取的多样化需求。

（四）开发智力资源

智力资源，是指在文明发展过程中创造和积累的物化成果、精神财富以及尚未被发现和认识的潜在信息。在图书馆的日常工作中，智力资源的核心体现在馆藏文献信息资源与广泛分布的网上相关文献信息资源上。

传统的智力资源开发侧重于对馆内文献资源进行深度加工，从二次、三次乃至多次的精细处理中，提炼出更贴合读者需求的精华。然而，随着科技的日新月异，图书馆在智力资源开发领域的功能已实现了质的飞跃，展现出前所未有的广阔前景。

第一，智力资源开发的内容范围正在不断扩大。依托计算机网络，图书馆在原有馆藏文献资源的基础上，能够实现更广泛的文献资源开发。这样的变化使得图书馆不再仅依赖于手头的信息进行开发和利用，而是能够访问和整合更丰富的信息资源。这一内容范围的扩大，让读者不再感到文献信息资源的匮乏，反而体验到信息资源的膨胀。文献信息资源的储备量远远超过了个体的涉猎范围，为读者提供了更广泛的知识获取和研究机会。

第二，智力资源开发的途径和手段正变得更加现代化和多元化。专业数据库和信息库的构建与运用，使得读者能够更加便捷地找到所需信息。

第三，服务对象的广泛化扩展。过去，图书馆受限于物理空间，其服务对象主要集中在周边邻近的读者群体。然而，随着网络服务的兴起，这一限制已被打破。如今，即便身处远方，读者也能轻松享受到与本地读者相同的服务，无需亲自前往图书馆，从而极大地拓宽了图书馆的服务范围。

除了前述的基本社会职能，众多学者现在也认同图书馆在丰富人类文化生活方面扮演着关键角色。文化娱乐活动对于社会生活的重要性不言而喻。作为文化生活的重要场所，图书馆在这一领域的作用和地位变得愈发重要。访客们不仅可以借阅喜爱的书籍、报纸和画刊，还能享受图书馆提供的文化氛围。图书馆应积极策划并开展各类文化娱乐活动，例如向公众提供学术讲座、展览、研讨会、音乐会、电影放映、文艺表演和文化旅游等，以此来扩展和丰富其服务项目和功能。

二、图书馆社会职能的实现

（一）改善图书馆的办馆条件，创建舒适的阅览环境

作为具有特殊意义的公共空间，图书馆应当致力于打造一个充满文化气息的阅读环境。那些能够提供优越人文环境的图书馆，往往能更有效地吸引读者。因此，许多图书馆都成为城市或大学的标志性建筑。除了其独特的外观设计，图书馆内部设施的完备和环境的优美也是至关重要的。通过展示名言警句、书画作品以及提供各种形式的宣传和导读，图书馆能够营造出一种平和而积极的氛围，进而净化读者的心灵，激发他们对知识的渴望，并帮助他们更好地沉浸在学习之中。

（二）提高馆内文献信息资源质量，建设特色馆藏资源

在竞争日益激烈的信息与知识经济时代，个人的生存与成功愈发依赖于全面的综合素质。公共图书馆，作为培育综合素质与激发创新潜能的卓越平台，其重要性不言而喻。作为人类知识与信息的汇聚中心，图书馆应当致力于最大限度地开放教育资源，以充分满足社会各界成员的学习渴望。然而，受限于资金等客观因素，图书馆难以全面覆盖所有读者的信息需求。因此，图书馆需依据自身建设特色及服务对象的实际需求，进行有针对性的馆藏资源扩充，力求构建独具一格的馆藏体系，从而更好地服务于广大读者。

图书馆应进一步对文献信息资源进行多层次、精细化的加工、整理与科学分析、指引，从而构建出有序、规范的信息流，极大地便利读者的使用。具体包括：对入馆文献实施严格的验收、登记、精准分类、详尽编目与精细加工，随后妥善调配至各借阅室，以实现科学的排架与合理的流通；同时，针对馆外文献信息资源，积极开展搜索与过滤工作，将其转化为虚拟馆藏，拓宽信息获取渠道，加速信息流通速度。此外，借助现代科技手段——计算机网络技术，推动馆藏文献的数字化进程，为读者提供更加便捷、高效的信息服务。

（三）加速信息开发，保证优质服务

图书馆珍藏了丰富的文献信息资源，积极开发并广泛利用这些资源，是图书馆履行其社会职能的关键任务。鉴于当前用户的知识信息需求日益呈现出全方位、综合化、开放性、社会化、集成化及高效率的特点，传统的信息服务模式已显得力不从心。为了以更便捷、高效的方式替代旧有服务模式，从而为用户提供卓越的服务体验，图书馆亟须加速信息服务建设步伐，使自身与社会的经济发展、信息交流紧密融合，成为知识转化为生产力的关键桥梁。具体可从以下几个方面着手实施：

第一，广泛推广计算机技术的应用，进一步扩大自动化技术的覆盖范围，

确保随时随地都能满足读者和用户的需求。第二，融合多媒体等先进技术，提供专业性强、形式多样且来源广泛的知识信息，打破时空、地域及对象的限制，以更加优质的信息服务满足知识经济时代读者的多样化需求。第三，依托馆员的专业技能，构建研究型图书馆，以满足高层次读者的需求，从而引导社会发展，推动社会进步。

（四）成为社会信息咨询服务的中心

咨询服务的核心在于满足读者和用户需求的信息传递与共享。随着信息社会的快速发展和生活节奏的加速，信息泛滥使得社会各层面的人们越来越难以独立应对，迫切需要社会咨询机构的帮助。特别是在社会转型期，人们的心理承受能力往往达到极限，对关怀与支持的需求尤为迫切。图书馆作为社会公认的咨询中心，其公益性和公共性特质，使其在利用其深厚的文化底蕴和丰富的信息资源时，具备了无可比拟的优势，能够成为社会生活的咨询核心。同时，咨询服务的引入，使图书馆工作从传统的静态服务模式中脱颖而出，迈向了新的发展阶段。

（五）提高馆员的综合素质

图书馆工作是一项极具专业性、技术性和创造性的工作，馆员的综合素质，包括思想品质、文化程度和工作能力，均对图书馆职能的充分发挥产生直接影响。因此，馆员需秉持对工作的深切热情与高度责任感，积极搜集各类信息，紧跟学术研究的最新进展，掌握信息存储与处理的前沿技术。同时，馆员应拥有广博的知识面和丰富的实践经验，深入钻研图书情报理论及其相关领域，精通至少一门专业知识，并具备一定的计算机技能。此外，随着国际交流的日益频繁，用户对于信息的需求已不再局限于国内，更延伸至国外。因此，良好的外语水平成为馆员不可或缺的素质之一。同时，终身教育的核心理念同样适用于图书馆馆员。在信息社会如此迅猛发展的背景下，馆员们必须高度重视并持续更新和完善自身的知识体系。为此，图书馆也应积极为馆员们创造更为丰富的学习条件与机会，以确保图书馆能够顺应并引领信息社会的发展趋势。

三、图书馆良好社会形象的树立

图书馆形象是一个多维度、多层次的复杂体系，涵盖了图书馆外部形象、管理者形象、员工形象、服务形象、技术形象以及公共关系形象等多个方面。为了塑造图书馆良好的社会形象，我们需要从以下几个方面着手努力。

第一，强化领导层与图书馆工作人员在塑造图书馆正面形象方面的自我意识。作为社会公益服务领域的一部分，图书馆的形象建设始于提升服务质量，致力于打造独特的服务品牌。此外，应积极推进图书馆形象的教育工作，明确将塑造图书馆良好形象纳入馆员的职责范围，从而增强他们的责任感和对事业的热爱，激励他们在提供服务时取得卓越成就。

第二，提供丰富多样的图书馆服务，满足社会多元的文化需求。现代图书馆已挣脱传统框架的束缚，其在社会发展中的角色日益凸显，功能亦持续拓宽。除却基础的图书借还服务，为顺应社会潮流，图书馆还增设了信息服务、网络服务、教育服务及文化推广等多元化服务。在提供这些多元文化服务的同时，图书馆应致力于打造品牌服务，以此增强服务的影响力，塑造卓越的图书馆形象。

第三，加速图书馆现代化进程，提升图书馆服务的技术层次。在信息社会浪潮的推动下，以及计算机网络技术的广泛普及，图书馆已迈入数字化发展的新纪元。为了在信息社会中稳固地位，图书馆亟须依托先进的技术工具和丰富的信息资源，作为其坚实后盾。因此，加速图书馆现代化建设不仅是时代赋予的使命，更是社会发展的迫切需求。

第四，打造图书馆的美丽环境，深化其文化内涵。图书馆的美丽环境不仅构成了图书馆形象的关键要素，也是其形象的传递媒介。当读者置身于一个环境宜人、井井有条、服务热忱的图书馆，他们自然会对这里产生深厚的情感和愉悦感。这样的环境同样有助于塑造图书馆的社会形象。图书馆的追求不应仅限于清洁的窗户、整齐的书架和热情的馆员，而应进一步发展管理上的创新。图书馆需要在管理理念、管理结构和管理方法上进行创新性的探索，融合现代企业 CI 设计的先进理念，打造一套能够反映图书馆独特个性、易于读者认同和喜爱的统一识别系统，包括理念识别、行为识别和视觉识别等多个方面。

第五，营造浓厚的图书馆文化氛围是树立图书馆形象的重要基础。图书馆文化渗透于图书馆的各个方面，是推动其发展的内在动力。创建一个健康向上的图书馆文化氛围，不仅是提升图书馆整体形象的关键，也是实现其使命的重要组成部分。

在图书馆文化建设中，需体现以人为本的精神，尊重个人的尊严，满足读者的需求，实现个人价值与社会价值的统一。在管理过程中，通过对图书馆员进行文化教育，使他们的个人目标与图书馆的目标相一致，形成独特的文化氛围，从而凸显图书馆的整体形象。这种文化氛围不仅能增强内部凝聚力，还能吸引更多读者参与，从而促进图书馆的可持续发展。

第三节　我国现代图书馆类型

一、图书馆类型划分的作用

图书馆的分类反映了社会分工的精细化趋势，旨在迎合不同群体的信息索取偏好。这种分类既是对图书馆自然发展形态的确认，也是对各类型图书馆特色及发展规律的提炼与归纳。因此，精确地对图书馆进行分类，对于图书馆的恰当定位、实现其长期战略目标，以及尽可能地满足用户的信息索取需求，具有极其重要的作用。

（一）有助于科学地确定图书馆的工作目标

为了实现长远发展，图书馆必须首先确立明确的目标，并采取有效措施来实现这些目标。作为以读者和用户为中心的机构，图书馆的核心使命是满足他们的信息需求。因此，确定服务对象及其需求是图书馆工作的首要任务。此外，图书馆应回答关键问题，如"我要为哪些读者、用户服务？我的服务要达到一个什么样的水平？要满足读者、用户的哪些基本要求？"

通过科学地划分图书馆类型，可以帮助其明确在整体系统中的角色和分工。最终，重新审视现有图书馆类型，有助于明确各自的职能和组织结构，进而有效制定发展目标。

（二）有助于提高管理效率，加强图书馆之间的协作

自工业革命以来，分工和专业化的确立显著提高了生产和管理效率。在图书馆领域，类型划分作为一种分工形式，不仅使图书馆工作更具专业性，还能够合理配置现有资源，从而提升服务能力。由于单一图书馆难以满足所有读者的需求，针对不同用户群体进行有针对性的资源发展显得尤为重要。政府应依据科学标准合理划分图书馆类型，并据此规划图书馆的布局，促进图书馆资源的协同合作与共享，以维护社会信息系统的完整性，并满足整个社会的文献信息需求。最终，图书馆类型的划分旨在最大化有限社会信息资源的效用。

（三）有助于突出图书馆的服务重点

图书馆的类型划分不仅是对现有类型的简单整合，更是旨在促进不同类型图书馆之间的分工与协作。通过这样的划分，各类图书馆能够明确各自的职责，为特定用户提供专业且高质量的服务。不同类型的图书馆承担着各自独特的功能和任务，共同构成了文献信息资源系统。因此，类型划分的目的在于揭示各类型图书馆的特点和发展规律，明确它们在社会信息系统中的位

置。这一过程为资源配置、目标规划和服务方向提供了重要的理论依据，确保能够充分发挥各类型图书馆的作用，从而提升整体的服务能力。

过去的图书馆类型划分主要是将现有图书馆依据标准进行分类，而在信息时代快速发展的背景下，这一划分方式需要转变为对整个图书馆系统的整体规划和指导。新的目标是构建一个分工明确、互为补充的图书馆体系，以便更全面地涵盖和满足社会各个方面的信息需求。通过这种方式，各类图书馆能够明确自己的职责与任务，找到合适的位置。此外，借鉴同类型图书馆的基本经验和规范将有助于其有效开展工作。因此，对图书馆进行类型划分是十分必要的，这不仅有助于其正确定位，还能制定出科学合理的发展方向。

二、图书馆类型划分的依据

要明确图书馆类型划分的标准，首先必须掌握各种图书馆现状的详尽信息，对它们的共性和个性进行深入分析。基于这些分析，我们才能确立划分图书馆的合理依据和准则。虽然不同的分析角度可能会导致不同的划分结论，但关键在于识别那些对图书馆类型划分产生决定性影响的因素，这些因素将成为我们进行图书馆类型划分时的关键指标。

（一）读者和用户的需求

读者与用户是图书馆服务的接受者与实际利用者。图书馆正是针对这些特定用户群体的信息需求，来构建并发展自身的信息资源体系。其所有活动均紧密围绕用户的信息需求展开，旨在满足这些需求，并将其视为图书馆的根本宗旨。在此目标的驱动下，图书馆逐渐形成了独特的文献资源特色，进而影响了其组织结构与服务方向，最终孕育出多样化的图书馆类型。

（二）图书馆的资金来源

图书馆作为公益性质的社会机构，其自身产生的经济价值通常不足以满足其运营需求，这意味着它们在经济上具有一定的依赖性。图书馆的成立和成长，始终需要资金作为其基础。因此，依据资金来源的不同，图书馆可以被区分开来。例如，公立图书馆主要依赖政府的财政支持；民办图书馆则主要依靠私人捐赠；个人图书馆则依赖于个人的财务投入。

（三）图书馆的文献信息资源体系

图书馆在其发展历程中，会逐渐构建起独具保藏特色的文献信息资源体系。这些体系展现出高度的针对性，既涵盖不同专业领域，又面向多样化的用户群体，同时适应各类文献载体的需求，以及不同语言或民族的特性。受这些因素的共同作用，催生了自然科学图书馆、数字图书馆、复合型图书馆及民族图书馆等多种类型的图书馆。因此，文献信息资源体系的独特性无疑成为划分图书馆类型的重要依据。

（四）图书馆的管理体制

图书馆的管理体制实际上是指在图书馆日常运作中，哪个实体负责全面的管理职责，以及谁来决定图书馆服务的目标群体、资金分配和监管机制。例如，公共图书馆通常由政府机构管理，大学图书馆则由所属的大学进行管理，而某些图书馆则可能由研究机构来领导。这些不同的管理实体所构成的管理体制，也是区分不同图书馆类型的关键因素。

三、我国图书馆类型划分的基本情况

图书馆的分类方式是基于各国不同的历史背景、社会结构和文化传统形成的，这种多样性虽然丰富了图书馆的特点，但也对国际间的交流和统计工作带来了挑战。为了统一标准，联合国教科文组织与国际标准化组织以及国际图书馆协会联合会于 1966 年着手制定图书馆统计的国际标准。最终在 1974 年发布了"ISO－2789－1974（E）"标准，其中详细划分了国家图书馆、高等院校图书馆、其他主要非专门图书馆、学校图书馆、专门图书馆和公共图书馆等六大类。该标准目前已更新至"ISO – 2789 – 2008"，以更好地适应现代图书馆的需求。

与国际图书馆统计标准相接轨的，是我国当前实施的"信息与文献图书馆统计"标准，即 GB/T13191–2009。此标准精准地将我国图书馆划分为多个类别。

（一）高等教育机构图书馆

高等教育机构图书馆是高等院校的重要文献和信息中心，隶属于学校的教学辅助部门。它专门为大学及其他高等教育机构的学生、教师和科研人员提供服务。由于其服务的对象具有较高的专业水平，高等教育机构图书馆在性质、地位、馆藏特点和功能上与普通学校图书馆存在显著差异，因此被单独视为一种独特的图书馆类型。

首先，高等教育机构图书馆是专为其所在单位提供信息服务的学术性机构，是高等教育教学与科研活动的重要组成部分。其核心特性包括服务性和学术性。服务性表现在图书馆为在校大学生、教师及科研人员提供图书借阅和信息咨询等服务，而学术性则体现在图书馆积极参与学校的科学研究和教学研究等更具专业性的工作。这使得高等教育机构图书馆不仅仅是信息资源的提供者，也是学术活动的重要参与者。

其次，高等教育机构图书馆在肩负信息服务和学术研究职责的同时，还承担着独特的教学使命，这是其区别于其他类型图书馆的重要标志。其教学任务不仅涵盖信息检索的专业课程，更紧密配合学校需求，深入实施政治思想教育，积极传播党和国家的政策法规，开展多样化的读者辅导活动。此外，高等教育机构图书馆还为学生搭建起工作实践的平台，成为大学生成长道路上不可或缺的实训基地。

最后，高等教育机构的图书馆，依据其藏书的范围，可以被划分为综合性和专业性两大类，其中综合性的图书馆是主要的类型。这些图书馆在发展其藏书资源时，主要以学校的学科专业和科研需求为采购的依据，进而塑造出具有特色的藏书体系，为学校的教学和科研活动提供有力的支持。

高等教育机构图书馆作为高等教育的文献信息中心，既是教学和科研的重要支持，也是大学生学习的"第二课堂"。然而，当前的服务模式多为封闭式，主要面向本单位的学生、教师和科研人员，这导致部分文献信息资源未能得到有效利用。为此，未来的图书馆可以考虑拓展服务范围，向普通大众开放部分资源，以更好地发挥其信息中心的功能，促进知识的共享与传播。

（二）流动图书馆

流动图书馆是公共图书馆服务的延伸，通过搭载图书资源的移动交通工具，将阅读服务直接送到读者的家门口。这种服务模式突破了传统图书馆的局限，使得读者无需踏入图书馆的实体空间，便能享受到图书借阅和信息服务。实际上，流动图书馆代表了图书馆服务的灵活性和可及性，它为各种类型的图书馆提供了一种扩展服务的途径，从而增强其服务的多样性和便捷性。

（三）国家图书馆

国家图书馆是负责收集与保存国家范围内所有相关文献复本的重要机构，承载着法定呈缴本的核心功能。在全球范围内，绝大多数国家均设立了国家图书馆，且部分国家更是拥有不止一座。中国的国家图书馆，坐落于首都北京，由宏伟的主馆与精致的分馆共同构成，是国内图书馆界中规模之冠，其馆藏量高达 2200 万册（件），亦被誉为亚洲之最。其主要职责涵盖以下几个方面。

1. 编制国家书目和联合目录

中国国家图书馆承担着全国书目中心的职责，负责编辑和出版国家书目、联合目录及馆藏目录。自 1927 年起，该馆开始编制全国书刊联合目录，并于 1957 年后全面加强此项工作。1997 年，全国图书馆联合编目中心正式成立，专门组织和管理全国范围内的图书馆计算机联合编目工作，并建立了网上联合目录，实现书目数据和文献资源的共享。随着自动化系统的建设，国家图书馆逐步完善了多种书目和专题数据库。由此形成的《中国国家书目回溯数据库（1949—1987）》与《中国国家图书数据库（1988年至今）》共同构成了中国国家书目数据库的最大规模。联合编目中心提供中文机读书目数据，形成了一体化的书目数据中心，国家图书馆还主持编制了30余种书目，如《中国国家书目》《中国古籍善本书目》，全面反映了其馆藏的书本式目录体系。

2. 收藏并更新大量的、具有代表性的国外文献

积累并更新大量具有典型性的国外文献（涵盖对该国研究的文献），以构建一个外文藏书资源丰富的国家图书馆。

3.指导其他图书馆的管理，促进合作

作为国家文献资源的集大成者，国家图书馆在推动图书馆管理的标准化、规范化、数字化、网络化方面占据着关键地位，担当着全国书目信息的中心和图书馆信息网络的核心。其独有的地位和职能，在指导其他图书馆的管理以及推动图书馆间的合作方面，起到了至关重要的作用。

4. 加强国际交流

作为我国图书馆界的代表，国家图书馆参与国际图书馆组织的活动，并遵循国家对外文化协定中关于开展国际书刊交换和国际互借工作的规定；同时，它还积极与国际图书馆界开展合作与交流。

5. 协调研究与发展工作

为图书馆学领域的研究提供最新、最全面的信息资料，统筹安排全国范围内的学术研究工作，以促进我国图书馆学研究的深入发展。

（四）公共图书馆

公共图书馆是一种历史悠久的图书馆类型，尽管古罗马时期已有其雏形，但其真正兴起是在19世纪下半叶的英美国家。公共图书馆的主要特点是向所有居民开放，依赖地方行政机构的税收作为经费来源，并且其设立和运营必须遵循法律规定。这类图书馆旨在为特定地区的社区居民提供服务，通常由财政资金支持其运营，确保所有人都能享受到图书馆的资源和服务。

我国公共图书馆的发展始于中华人民共和国成立后，如今全国范围内拥有超过 3000 所公共图书馆。这些图书馆按照行政区域划分，涵盖了省、自治区、直辖市图书馆、地区和市级图书馆、县（区）图书馆以及乡镇和街道图书馆。馆藏通常为综合性，并包括地方文献的专藏。一些大中型公共图书馆还设有分馆，以更好地服务不同的读者群体。其服务对象广泛，涵盖各类职业、年龄和文化程度的读者，主要承担本地区的科学研究与大众阅读的任务。

（五）学校图书馆

学校图书馆是隶属于高等教育院校的图书馆，其主要作用是向校内的师生提供所需的服务。

（六）专业图书馆

专业图书馆是为特定学科、知识领域或地区利益而设立的独立图书馆，种类繁多，包括综合性和专业性图书馆。主要类型有：政府图书馆，为各类政府机构服务；健康服务图书馆和医学图书馆，专门为医院及健康服务人员提供支持；专业学术机构和协会图书馆，由行业协会或学术团体主办，服务特定领域的会员；工商业图书馆，满足企业员工的信息需求；传媒图书馆，服务于媒体和出版机构；地区图书馆，专注于特定地区的服务，功能不同于公共图书馆、学校图书馆或学术图书馆；以及其他无法归类的专业图书馆。

除了满足本系统和单位的信息需求，执行信息搜集、整理、保管及服务等任务外，这些图书馆还应主动开展深入的信息研究和开发工作，致力于持续向科研人员和决策层提供最新信息和趋势，确保图书馆能够持续进步。

（七）保存图书馆和存储图书馆

这两类图书馆的主要功能在于储存源自其他管理部门的、使用频率较低的文献资料。

第二章　图书馆阅读推广和服务

第一节　图书馆阅读与阅读推广

一、图书馆阅读

阅读可以在他人的经验中获得更加丰富的人生体验并提升心灵境界，是读者获得知识、完善人性的重要途径。

（一）阅读的内涵与意义

1. 阅读的内涵

阅读的基本含义是指看书、看报并理解其内容，这一过程涉及三个关键要素。首先是"人"，即具备基本视力和识字能力的读者；其次是"物"，即构成书籍、报纸和杂志等的文字或图画；最后是具备一定理解能力的"人"，要求读者有一定的文字认知、知识积累和思维能力。在这个过程中，所阅读的材料被称为"读物"，而进行阅读的人则被称为"读者"。

2. 阅读的意义

（1）阅读是生而为人最基本的社会活动

一个人的成长历程，本质上是一个连续的学习过程，期间不断地感知和理解社会的复杂性。在这个过程中，既有来自长辈的扶持和教育，也有我们自身的模仿和学习。当孩子开始学习如何解读图像，便标志着他们阅读旅程的启航。通过阅读，孩子们逐步学会独立地认识一个更加广阔的世界，同时也在不断地适应和掌握生活技能，最终实现独立生活。因此，阅读是个人成长乃至生存中不可或缺的基本社会活动之一。

（2）阅读是生而为人最基本的精神需要

一个人的阅读历程，铸就了其精神成长的轨迹。阅读不仅引领我们汲取新知，更赋予我们从前辈智慧中汲取前行方向的灯塔、战胜艰难险阻的勇气、坚定不移的意志以及崇尚美德的精神滋养。因此，阅读需求根植于人类精神的深处，它既是社会进步的基石，也是心灵滋养的源泉，为人的内心和谐与精神的茁壮成长提供了坚实的支撑。

（3）阅读是生而为人最基本的文化权利

阅读构成了个体精神生活的重要部分，它承载着社会道德与精神文明的传递。因此，社会有责任确保人们能够获得基础的阅读条件，并致力于打造更加优质的阅读空间。这些举措体现了文明社会对人们基本文化权益的尊重与保障。

（4）阅读是生而为人最基本的社会义务

阅读被视为个人积累和创新知识的重要途径，它不仅能够激发自我学习的热情，还能提升个人发展能力。每一个心智健康的人都应努力阅读，争取获取更多知识与技能，以便为社会的快速和谐发展作出贡献。阅读不仅滋养个人的精神，促进人生的成熟，同时也承载着文化的传承与文明的创造，对社会的延续和进步具有深远的意义。因此，阅读可被视为社会成员应尽的基本责任之一。

（二）阅读文化

阅读文化是以一定的科学技术和物质材料为基础，并受到社会意识、阅读环境以及相关制度的影响而形成的，它体现了特定的阅读价值观和文化活动。作为一种社会文化系统，阅读文化可以被划分为三大类：阅读精神文化，关注阅读的内在价值和意义；阅读物质文化，涉及与阅读相关的书籍、设备等物质条件；以及阅读制度文化，强调阅读活动所依赖的规则和制度框架。这些组成部分共同构成了丰富多样的阅读文化。

1. 阅读精神文化

阅读文化的核心特征和精神内涵体现为阅读精神文化，它超越了日常生活的层面，为个体提供了一个多姿多彩的精神生活世界。阅读精神文化包括阅读需求、阅读观念、阅读价值取向、阅读习惯和阅读技能等方面。同时，宗教信仰、道德价值和民族精神对阅读活动具有重要影响。此外，阅读不仅塑造了读者的品格意志和道德情操，也深刻影响其社会生活和价值观念。这种双向的影响使阅读成为一种重要的文化活动。

2. 阅读物质文化

阅读文化的形成与发展依赖于阅读物质文化，这一物质基础涵盖了社会经济、大学图书馆、社区与家庭、出版业和教育等多个方面。经济基础是阅读文化产生与发展的前提，只有在一定的经济条件下，人们才能够充分享受阅读带来的乐趣。因此，大学图书馆、出版社、社区、家庭以及教育等因素共同为阅读文化的物质基础提供了必要的支撑，确保人们能够在丰富的阅读环境中成长与发展。

3. 阅读制度文化

作为社会文化的一个方面，阅读无疑会受到众多社会因素的塑造和限制。位于阅读文化中层的阅读制度文化，无疑会受到群体意识、政治制度以及社会发展阶段的深刻影响，其影响的程度和形式也呈现出多样性。

（三）图书馆阅读文化

1. 图书馆阅读文化建设

阅读是获取间接经验的途径，也是个体在自我塑造过程中了解外部世界的方式。在互联网阅读日益普及的背景下，读者需要摒弃那些以休闲、快餐、功利为主的阅读偏见，从大众化阅读转向个性化阅读，从表层阅读深入到深层阅读。通过长期的培养和坚持，形成良好的阅读习惯。这需要图书馆发挥其教育和宣传的作用，推广阅读，使阅读的理念深入人心，帮助读者建立正确的阅读态度，通过阅读的积累和提升，促进自我素质的提升。

2. 图书馆在阅读文化建设中的作用

"阅读文化，植根于特定的技术与物质基础，受到社会意识形态和环境制度的共同制约，它融合了阅读的价值观念和行为模式。以校园阅读为例，校园阅读文化是阅读文化与校园文化在校园活动这一共同舞台上相互融合的成果。在阅读文化的塑造过程中，图书馆应承担起认知、传播、教化和凝聚的关键角色。"

（1）认知作用

人类的认知过程始终受到文化现象的影响与规范，通过文化的积累，个体不断改进思维方式和提升认知能力，以便更好地认识自然、社会、自身及世界。阅读文化通过阅读活动发挥其认知功能，图书馆在这一过程中承担着重要的服务角色。图书馆的认知作用主要体现在对阅读内容和方式的引导上，能够为读者提供科学合理的选择，帮助他们构建合理的认知结构。随着信息化和网络化的发展，读者面临大量的阅读选择，如何在各种知识内容中找到符合自身需求的材料变得尤为重要。图书馆通过专业的阅读指导服务，帮助读者准备合理结构的阅读内容，体现了其在促进合理认知结构形成方面的重要作用。

（2）传播作用

图书馆凭借丰富的馆藏文字资源，成为知识传播的重要载体，其文献资源是确保传播作用得以充分展现的物质基石。尽管阅读方式日益多元化，传统阅读方式至今仍是社会大众的主流选择。鉴于此，图书馆庞大的文献资料库持续吸引着众多读者前来，积极参与阅读活动，探索知识的海洋。

（3）教化作用

图书馆在推动全民阅读方面发挥着组织者的关键作用，并在社会阅读文化的建设中扮演着重要角色。通过营造良好的阅读文化氛围，图书馆不仅实现了教育目标，还帮助读者在浮躁的现实中通过阅读丰富情感、陶冶情操，进而拓宽视野、提升能力。作为社会阅读文化的主要机构，各地图书馆在阅读文化建设中起到了教化的功能。通过文献的存储、资源的处理以及文化的传播与交流，图书馆将主流文化深深植入人们的精神生活之中。

（4）凝聚作用

阅读文化的参与者常常受到文化情感的激发，这是一种普遍的现象。各地的图书馆提供大量的阅读资料，使得读者作为阅读的参与者能够通过图书馆接触到丰富的文化信息。在心理和精神层面上，读者会产生多种需求，这些需求的持续"扩张"形成了一种刺激因素。所谓激励作用，是指通过这些刺激因素促使思想愿望和行为的心理过程。因此，图书馆作为信息接收的载体，在很大程度上刺激了读者的需求，从而激励他们去探索。无论是物质形态还是精神形态的阅读文化，均能在一定程度上起到激励作用，促进读者的成长与发展。

图书馆通过营造优良的社会阅读文化，微妙地沟通人们的思想情感，融合信念与情操，激发和培养群体意识与集体意识。在这一阅读文化氛围中，个体通过阅读活动，对知识目标、价值观、行为标准以及道德规范产生认同感。这种认同感不仅促进了人际交往的和谐，还帮助构建了一个和谐的阅读文化环境，使人们在其中获得精神上的一致性和归属感。因此，图书馆在阅读文化建设中起着不可忽视的凝聚作用，促进了社会的精神统一和文化认同。

二、图书馆阅读推广

（一）阅读推广的概念

1. 阅读推广

阅读推广，简而言之，即为推动阅读而展开的广泛活动。它涵盖了图书馆及社会各界为培育读者的阅读习惯、激发其阅读兴趣、提升其阅读能力，并最终促进全民阅读所付诸的所有努力与行动的总称。

2. 图书馆阅读推广活动

图书馆阅读推广活动，是图书馆的核心使命之一，通过精心策划的推广渠道，利用先进的设施设备，挑选合适的阅读材料，并对活动的呈现方式进行细致的构思与布局。这些活动旨在对特定的读者群体——即阅读推广的目标受众，产生积极而持久的影响。同时，活动过程中重视反馈的收集与评估，以便不断优化策略，追求阅读推广效果的最大化。这一连串的有序且系统的工作，共同构成了图书馆阅读推广活动的完整框架。

（二）阅读推广的特征

1. 文化传承性

阅读推广活动不仅对个人和社区有益，而且对于提升国家的软实力和竞争力至关重要。它直接关系到民众的文化素养和国家的未来。因此，无论是哪种形式的阅读推广组织，都应具备强烈的文化自觉，意识到自己在文化传承和提升国家竞争力方面所扮演的关键角色。

2. 公众参与性

阅读推广是一项广泛覆盖的文化传播活动，旨在触及并吸引各个领域、各个层面的人群参与。随着参与人数的增加，其影响力也愈发广泛，进而产生更为显著的社会效益。

3. 社会公益性

以提升文化传播的广泛性和知识服务的社会价值为目标，秉持开放、平等、非营利的核心理念，并特别强调需针对阅读障碍群体，重点提供针对性的服务。

4. 定位多向性

不同阅读推广主体在阅读推广的定位上各有千秋。具体来说，政府将其视为一项重要的发展战略进行部署；学校则将其视为一种有效的教育手段来组织活动；图书馆则是将阅读推广作为自身事业的一部分来积极开展；而个人则更多地将之视为一种兴趣爱好来参与其中。

5. 主动介入性

阅读推广者通常需策划并举办形式多样的读书活动，旨在积极激发、引领并加速读者的阅读进程。同时，他们还需主动倾听并深入了解读者的阅读偏好与需求，以便更有效地推动、影响读者的阅读选择。

6. 成效滞后性

阅读推广活动对社会个体的影响，需要通过反思和实践才能体现其隐性效果；而当这些效果进一步转化为社会整体的成效时，其监测和量化过程则变得更加复杂和困难。

（三）阅读推广的内涵

1. 阅读推广的主体

阅读推广的主体，即阅读推广活动的发起者、组织者、执行者及管理者，是推动阅读文化普及的核心力量。全民阅读活动，作为一项宏大的社会文化系统工程，其成功实施离不开全社会的共同努力与广泛参与。为了提升国民的阅读素养，营造全民阅读、热爱阅读的浓厚社会氛围，社会各界，包括政府、图书馆、出版机构、大众媒体等，均承载着不可推卸的责任与使命。

观察全球阅读推广的现状，我们可以看到一个由国际组织、各国政府、新闻媒体、图书馆界、非盈利组织、教育机构、医疗机构、新闻媒体，以及热心于阅读分享的个人所组成的广泛网络。他们通过建立阅读推广机构、启动阅读推广计划或举办阅读分享活动等多种方式，共同推动阅读推广事业的发展。

2. 阅读推广的对象

阅读推广的目标直指"全民阅读"，即服务范围覆盖社会中的每一个个体。然而，在深入实施阅读推广策略之际，首要之务在于精准剖析目标人群的特性。鉴于不同个体间阅读兴趣的多元、阅读能力的差异、阅读动机的纷繁以及审美取向的迥异，这些因素均深刻影响着阅读推广内容的选定及其最终成效的达成。因此，对目标人群的深入研究成为推动全民阅读、优化阅读推广效果的关键前提。

为了增强阅读推广工作的针对性和效果，需对推广对象进行细致划分。根据不同的年龄层次，可以将阅读推广对象分为低幼儿童、青少年、中青年和老年人；按照职业划分，则可细分为工人、农民、大学生、打工者和白领等不同群体。针对各类读者对象，量身设计适合他们的阅读推广内容，以确保推广活动更具实效性，满足不同群体的阅读需求。

公共图书馆的阅读指导服务应融合"知书"与"知人"两大要素，简而言之，即图书馆员需根据读者的独特个性与特定需求，主动推荐相契合的阅读材料。换言之，阅读推广工作应精准定位目标群体，为之挑选并推广最适宜的内容。

3. 阅读推广的内容

阅读推广不仅是推广各类读物的过程，还涉及提高人们的阅读能力、培养他们的阅读兴趣、养成良好的阅读习惯、提升阅读品味以及营造积极的阅读氛围。除了传统的纸质图书外，推广的读物还包括电子书、音频、视频及游戏等多媒体资源。对于那些有阅读意愿但缺乏阅读技巧的人，阅读推广需要帮助他们提升选择适合读物的能力，以及理解、阐释、批判分析和创新能力，从而更好地享受阅读的乐趣。

阅读兴趣的培养和阅读氛围的营造是阅读推广中的关键环节。终身的阅读习惯和兴趣往往源自早期有效的阅读体验，因此，阅读应从小抓起，培养孩子们对阅读的兴趣并帮助他们养成良好的阅读习惯。图书馆在这一过程中发挥着重要作用，需通过各种方式吸引青少年儿童走进图书馆，激发他们的阅读兴趣，同时培养他们的阅读素养，从而为他们的终身学习奠定基础。

三、阅读推广与阅读的关系

（一）阅读推广与阅读

阅读是一种通过各种媒介获取知识的学习方式，而阅读推广是社会机构如图书馆引导和推动大众阅读的行为。从整体来看，阅读和阅读推广都属于国民阅读的工作范畴；但在具体层面，它们的内容和方式存在差异。阅读推广旨在通过机构和个人的积极努力，鼓励更多人参与阅读、提高阅读技巧，并从中获得更大的收获，推动社会整体的阅读风气。

（二）阅读推广与阅读兴趣

通常人们认为阅读推广与阅读兴趣之间存在一种单向的提升关系，若未实现提升则认为推广活动失败。这种观点忽视了阅读推广的多维效应，实际上它对阅读兴趣的影响远不止于提升，还包括了其他多方面的作用。

1. 播种兴趣的种子

以初生的婴儿为例，"阅读起跑线活动"为他们精心准备了一份图书礼包；而犹太人则在婴儿翻阅的书籍上轻轻滴上一滴蜂蜜，让孩子在初次接触书籍时便感受到书页间弥漫的甜蜜，这一举动，无疑是在孩子心中悄然种下了一颗阅读兴趣的种子。

2. 满足阅读兴趣

阅读推广并非仅以提升读者的阅读兴趣为唯一目标，满足他们的兴趣同样重要。了解读者偏好的书籍，并据此推荐购买，这本身就是一种有效的阅读推广方式。当图书馆采购了这些书籍并通知读者后，读者满怀期待地前来借阅，这样的场景正是阅读推广成功的体现。

3. 转移阅读兴趣

当读者过度沉迷于某一类书籍，以至于严重影响其日常生活与学习时，图书馆可适时介入，协助读者转移并合理分配其阅读兴趣。这不仅是阅读推广的一种有效方式，更是对读者个人全面发展的关怀与促进。

针对学生群体中普遍存在的对武侠、言情等类型书籍的过度痴迷现象，图书馆可以针对性地策划一系列阅读推广活动。这些活动旨在引导学生将阅读视野拓宽至专业学习领域及其他更为广泛的知识范畴，从而帮助他们实现阅读兴趣的积极转移与升级。这样的举措，无疑是对学生个人成长与学习进步的一种有力支持。

4. 整合阅读兴趣

在大数据时代，图书馆肩负着一项重要使命，即识别并汇聚具有相同阅读兴趣的个体，为他们搭建起交流的桥梁。这些志同道合的阅读爱好者，通过图书馆的纽带作用，能够自发地组建起读书小组、读书会等社群，在轻松愉悦的氛围中分享阅读心得，彼此启发。此举不仅极大地激发了他们的阅读兴趣，更促使他们在书籍的海洋中深耕细作，深化对书籍内容的理解与感悟。

5. 装点阅读兴趣

国内外众多图书馆内，均矗立着一堵高耸的书墙，它不仅是文化的象征，更是营造浓厚阅读氛围的重要元素。从阅读推广的维度审视，这面书墙更多地扮演着激发阅读兴趣、促使读者从心理上贴近阅读、亲近图书馆的角色。

四、图书馆与阅读推广

（一）图书馆与阅读推广的关系

人们普遍认为，图书馆是阅读推广的核心阵地。作为社会知识传承与探索的重要平台，图书馆不仅为阅读推广奠定了坚实的基础，还凭借其独特的优势，在引领阅读风尚、满足多元化阅读需求、保障弱势群体阅读权益以及推动全民阅读方面发挥着不可替代的作用。图书馆在推动社会阅读的过程中，也在不断实现着自身的完善与提升。

（二）图书馆对阅读推广的影响和意义

图书馆在推动阅读普及与构建阅读型社会的研究中，刘秋让等学者强调，图书馆的核心价值显著体现在促进公众阅读之上。在此过程中，图书馆应积极展现其独特价值，尤为重视弱势群体在构建阅读型社会中的关键地位，密切关注其阅读能力的提升与阅读状况的变化。借助先进的网络信息技术，图书馆致力于提供便捷、经济且高效的阅读服务，确保每位读者都能充分实现其阅读权利，从而巩固图书馆在构建阅读型社会中的核心使命与价值定位。

图书馆作为推动全民阅读的中流砥柱，其核心社会职能始终聚焦于倡导与促进全民阅读。它们不仅引领"全民阅读"的潮流，还致力于营造一个温馨舒适的阅读氛围，进行科学而恰当的引导，提供丰富多元的信息资源，以及专业的技术指导与高效便捷的服务。

（三）图书馆在阅读推广中的主要工作内容

1. 引导

针对那些缺乏阅读意愿的人群，图书馆精心策划并推出了一系列生动有趣、引人入胜的阅读推广活动。这些活动旨在引领他们深入探索阅读的魅力所在，亲身体验阅读的无限乐趣，进而逐渐培养起对阅读的浓厚兴趣与积极意愿。推动全民阅读事业的蓬勃发展，正是图书馆在阅读推广工作中所肩负的核心使命与崇高目标。

2. 训练

图书馆的服务群体中，不乏怀有阅读热情却面临阅读困境的读者，其中既有尚未掌握阅读技巧的少年儿童、青年学生，也有因各种原因在成年后错失持续学习机会的个体。图书馆阅读推广活动旨在通过系统的训练，助力这些读者跨越障碍，掌握阅读方法，从而享受阅读的乐趣与益处。

3. 阅读辅助服务

图书馆服务的受众中，阅读障碍者，即特殊服务群体，同样需要关注。

公共图书馆面对的特殊群体包括身体残障者和患有阅读障碍的人士；学校图书馆则更多关注那些阅读理解和判断能力尚未成熟的低年级学生。图书馆有责任为这些群体提供阅读辅助，而推广阅读活动是实现这一目标的有效途径。

4. 服务

传统图书馆的主要服务对象是那些具备较强阅读能力的读者，通常被称为高层次读者。通过开展阅读推广活动，图书馆致力于为这些读者提供更加便捷的阅读条件，并且不断改进和增加服务项目。在学校图书馆的背景下，除了提供专业领域的阅读材料，还应鼓励大学生探索和学习非专业领域的知识，以此来扩展他们的阅读视野和知识边界。

第二节　图书馆的服务

一、图书馆服务

（一）图书馆服务的定义

根据《中国大百科全书》的定义，图书馆服务是指利用馆藏资源和设施向读者提供文献和信息的活动，也被称为图书馆的读者工作。现代图书馆的服务形式多样，除了传统的阅览和外借功能外，还提供缩微复制、参考咨询、情报检索等服务。同时，图书馆通过举办讲座和展览等活动，推广文献和情报知识，为读者提供更加丰富的服务体验。

图书馆服务的结构包括四个主要因素：首先是服务对象，涵盖了读者和各类社会组织及个人；其次是服务资源，即图书馆的文献信息、人力和设施资源等；第三是服务内容，主要围绕文献信息以及其他形式的需求；最后是服务的手段和方式，是服务得以实现的必要条件。总体而言，图书馆服务的核心在于通过运用各种资源和手段，满足社会和个人的多样化需求。这一定义既体现了图书馆当前的服务实际，也反映了其未来发展的开放性和前瞻性。

（二）图书馆服务的构成要素

图书馆服务通常由四个核心要素构成，它们之间相互依存、相互促进，确保图书馆能够持续地进行服务创新、发展，并满足读者不断变化的多样化、多层面的信息需求。

1. 服务对象

读者是图书馆服务的核心对象及文献信息资源的主要使用者，亦常被冠以"文献信息用户"之名。这一群体，蕴含了广泛的社会内涵与多样性。在图书馆的语境下，读者特指那些通过合法途径获得权限，进而能够充分利用图书馆各类资源的社会成员，无论其以何种形式存在——个人、集体乃至单位，均可纳入此范畴。

读者不仅是图书馆文献信息的积极利用者，更是这些宝贵资源的直接接受者。失去了读者对文献信息的有效需求与利用，图书馆的读者服务活动便失去了其存在的根基与意义。因此，深刻理解并尊重读者的地位与需求，是图书馆工作不可或缺的重要环节。

2. 服务的基础资源

图书馆服务离不开基础资源的支撑，这些资源包括馆舍、技术设施和馆员等。作为服务的根本，信息资源尤为重要，它是图书馆为读者提供服务的基础条件。经过长期积累，图书馆拥有丰富广泛的知识资源，能够根据读者群体的需求和服务目标，持续为社会提供宝贵的文献信息服务。

图书馆的信息资源具备三大特点：丰富的文献内容、相互关联的科学体系，以及通过联盟与外部资源建立的联合保障网络。图书馆拥有的资源不仅包括传统书刊，还涵盖庞大的数据库，形成了强大的信息支撑体系。读者能够依赖图书馆获取在其他渠道难以获得的信息资源，这使得图书馆能够持续吸引和扩大其读者群体。图书馆的文献资源体系是其社会职能发挥的基础，也是图书馆不断发展的核心保障。

3. 服务方法

图书馆服务方法指的是为了满足读者的特定文献需求而采用的多样化服务手段，形成一个多层次和多功能的有机整体。这些方法不仅是实现读者服务的基础保障，也是图书馆开展服务的核心手段。图书馆服务方法的形成源于社会分工的演变与图书馆自身的发展，各种服务方法既相对独立，又相互关联，具有独特的功能和适用领域。服务方法主要包括图书、报刊等文献的外借、阅览、复制、参考咨询，以及数字资源的网络服务。随着社会对文献信息需求的增加，图书馆的服务体系也将不断演进和丰富。

4. 组织管理

图书馆服务的组织管理是确保服务顺利进行的关键因素，它指导图书馆以先进的服务理念，结合现代管理技术，有效规划和协调各项服务活动。组织管理贯穿于整个服务过程及图书馆的所有工作，核心在于合理运用人力、物力和财力等资源，对服务系统的运行和发展进行有目的的控制，最终目标是尽可能满足社会对文献信息的多样化需求。

（三）图书馆服务的分类

1. 图书馆文献信息服务

图书馆文献信息服务是指通过一系列活动向用户直接提供文献和信息的过程，这些活动主要包括文献外借、阅览、文献检索和数据库访问等。在很长一段时间内，图书馆凭借其丰富且科学组织的文献信息资源，在服务上占据优势。然而，随着网络时代的到来，图书馆的服务内容也随之扩展，开始利用网络获取馆外的信息资源，从而为用户提供更全面的网络文献信息服务。这种转变极大地丰富了图书馆的信息获取渠道，为用户提供了更多选择。

2. 图书馆非文献信息服务

图书馆的非文献信息服务主要依赖于馆员和图书馆建筑设施，涵盖了参考咨询、社会教育以及利用图书馆空间提供的娱乐与休闲服务。经过专业训练的馆员不仅为用户提供文献信息，还能运用其知识和技能为读者提供专业咨询和教育支持。图书馆作为一个公共空间，不论是公共图书馆还是机构图书馆，都为市民和特定用户群体提供了共享的场地。在这里，管理者可以灵活运用空间，为用户提供多种服务，让他们在阅读和学习之余，也能享受娱乐和休闲活动。

二、图书馆服务发展历程

图书馆的服务是变化发展的，服务方式大体经历了以下五种形态，并在整体上呈现阶梯函数，其中的每一个较高层次都源于较低层次，但呈现出优于较低层次的新的特征。

（一）文献实体服务

考古学家在古巴比伦王朝的寺庙遗址附近揭示了大量泥版文献的聚集地，这被认为是最早的图书馆形式。在印刷术和工业革命兴起之前，无论是西方的尼尼微皇宫图书馆、亚历山大图书馆、欧洲中世纪的修道院图书馆，还是中国的商朝甲骨窖藏、周代守藏室、隋唐书院，这些古代图书馆普遍反映了当时社会的封闭性，从而决定了它们以文献实体服务为主要内容和方式。

（二）书目信息服务

书目的核心特质在于其组织的并非信息资料本身，而是关于这些资料的元数据。人们从文献实体中抽离出相关信息，旨在解决文献与需求者之间的不匹配问题，进而实现这些文献信息的统一记录与组织。这一活动构成了书目工作历史与逻辑上的起点，而提供书目信息服务则是书目工作的终极目标与归宿。

在我国，纸质载体和印刷技术促成了古代文献的丰盈，书目信息工作历史悠久。西方图书馆的发展与文艺复兴及宗教改革密切相关，教育的普及与文献生产能力的提升，使得许多图书馆开始对外开放。G·诺德的观点强调了图书馆服务的广泛性。19世纪中期，科技书刊和文献索引的出现推动了目录学的快速发展，1895年"国际目录学会"的成立标志着这一领域的现代化转变，书目信息工作逐渐成为图书馆的重要职能。

与此同时，图书馆的服务范围已超越了传统的文献实体服务，书目信息工作、服务与管理在其中扮演着越来越重要的角色。特别是分类目录和卡片目录的维护，以及二次文献信息产品的开发，都显示出图书馆服务的新活力。新书刊的目录报道、推荐书目服务的提供，以及书目控制和书目情报系统的构建，正逐渐成为图书馆活动和服务的焦点。

（三）参考咨询服务

参考咨询在图书馆中是图书馆员为用户提供文献利用和信息获取支持的重要活动。通过协助检索、解答咨询和专题文献报道，图书馆员不仅提供书目工具，还积极关注用户的实际信息需求，强调情报服务的功能，旨在帮助用户解决具体问题。

参考咨询服务的正式开展始于19世纪下半叶，尤其在美国的公共图书馆和大专院校图书馆。1876年，S·格林在一次大会上首次提出图书馆应对读者提供个别帮助，成为该领域的早期倡议。1891年，"参考工作"一词的出现标志着相关理论的形成，20世纪初期，大型图书馆相继设立参考咨询部门，使之成为服务的核心部分。随着文献信息量的激增和用户需求的多样化，参考咨询服务逐渐扩展，不再局限于基本的指导和解答，而是涵盖了从查找、分析到文献代译和专题文献检索等更复杂的服务项目。

（四）信息检索服务

20世纪中后期，西方工业国家的科技进步使得信息处理变得至关重要，尤其是在德国、英国和美国等国。随着计算机技术的兴起，图书馆开始建设多种文献和事实数据库，并实现了联机检索，从而使参考咨询服务中的部分工作得以自动化。此外，标准化的咨询流程为信息检索服务提供了方法框架。1945年，V·布什提出机械化文献检索的设想，1948年C.N.莫尔斯进一步提出信息检索的概念，S.C.布拉德福则指出文献工作需进行革新，标志着图书馆服务内容的重大转变，从重视文献实体向聚焦信息资源的历史性演变。

随着信息检索服务的中心化，图书馆的许多工作开始围绕信息收集、组织和用户需求调研等展开。自20世纪50年代以来，美国学者如M·陶伯、A·肯特和H.P.卢恩提出了题内和题外关键词索引，推动了检索方法的创新。同时，英国学者布拉德福和B.C.维克利针对文献分布进行了研究，R.A.费尔桑则关注分类检索，C.W.克莱弗登着重于检索系统性能的评估，共同推动了图书馆信息检索服务的发展。

进入20世纪90年代，各种计算机检索系统迅速崛起，极大地推动了信息检索服务的发展。美国国家航天和航空局的RECON、国立医学图书馆的MEDLARS、洛克希德公司的DIALOG、系统发展公司的ORBIT以及书目检索服务社的联机检索系统等相继投入使用，为图书馆和用户提供了更高效的文献检索解决方案。

到了20世纪90年代，各种计算机检索系统都迅猛地发展起来。如美国国家航天和航空局的RECON信息检索系统、美国国立医学图书馆的MEDLARS、洛克希德公司的DIALOG、系统发展公司的ORBIT以及书目检索服务社（BRS）的联机检索系统等都相继投入使用。

随着检索技术向智能化、数据挖掘和知识发现的演变，以及信息咨询和调查机构的兴起，全文本、多媒体和自动化等新型检索方式将得到显著发展。这使得信息检索服务不仅提升了效率，也将成为图书馆网络化知识服务的重要基础和手段，为用户提供更全面的知识支持。

（五）网络化知识服务

网络化知识服务的发展与信息资源的网络化、知识经济和技术创新密切相关。自 20 世纪 90 年代以来，网络技术的普及使得图书馆实现数字化和信息资源网络化，各类非公益性信息机构开始直接向用户提供服务，重构了信息交流体系。图书馆不再垄断信息服务，必须迅速调整策略和服务内容，重新定位核心竞争力，向网络化知识服务转型，以确保在数字化环境中的社会贡献和市场地位。

网络化知识服务代表了图书馆信息服务的高级阶段，它依托网络平台和多种信息资源，强调以用户需求为导向，致力于提供面向知识的增值服务。这种服务不仅融入用户的决策过程，帮助他们找到解决方案，还具有个性化、专业化、决策性、整合性和全球化的特征，主要以主动型服务的形式展现，体现了现代图书馆服务的转型与升级。

（六）智慧型服务

智慧性服务是基于知识服务的全新形态，通过创造性智慧对知识进行搜集、组织和整合，创造出新的知识增值产品。这种服务不仅支持用户的知识应用和创新，还将知识转化为生产力。智慧服务具备创新发展的理念和可持续发展的特点，使其在图书馆服务的演变中占据重要位置。

智慧型服务利用互联网的数字编码感知，主动识别信息对象并进行描述，将特定领域的信息与读者和馆员互联，防止信息碎片化，增强前台与后台的智能互动。此外，它还能通过情景感知推送用户感兴趣的资料，利用传感设备实现三维显示和自助服务，旨在实现全社会的感知与互动，提升用户体验和服务效率。

在智慧服务环境下，信息通过多种网络渠道和通信工具实现了泛在和立体互联，连接不仅包括图书馆与用户的互动，还涵盖人与人及书与书之间的互联。智慧服务利用物联网技术，自动组网并汇聚各种数据，实现跨部门、跨行业及跨区域的深度互联，推动信息的全面整合与应用。

智慧服务主要针对馆内的文献资源和用户，涵盖借阅、打印、座位预约及物理环境管理，如灯光和安保设施。此外，它还包括对用户借阅信息和行为的智能分析，旨在提供深层次的个性化服务。通过广泛的感知和互联，智慧服务不仅提升了馆内的管理效率，还促进了物物相联和物人相联，为智慧管理提供了有力支持。

智慧服务在融入先进技术的同时，始终坚持"以人为本"的理念，目标是提供人性化的服务。与传统服务不同，智慧服务能够主动感知用户需求，提供个性化体验。同时，智能化的馆舍通过精准控制温度、亮度和湿度，营造舒适的环境。此外，自助设备、通借通还及 3D 导航等服务模式，更加凸显了人性化服务的特色。

近年来，泛在图书馆理论和应用在全球图书馆界备受关注，已成为专家和学者研究的重点。它为数字图书馆赋予了新的内涵，促使服务环境和用户需求的转变，并重新引导数字图书馆的研究方向向知识服务发展。泛在图书馆旨在建立一个多语种、多媒体、多格式的移动知识网，以更有效地检索和提供人类知识，从而使信息服务实质性地转向知识服务。

三、图书馆服务理念

服务理念是指从事服务活动的主导思想，图书馆的服务理念则作为理论依据和行动准则，帮助建立理想的用户关系和赢得信任，指导馆员的服务行为。优质满意的服务始终是图书馆的核心任务。自 19 世纪 50 年代以来，随着时代的演变，图书馆的服务理念不断深化与完善，反映了对用户需求和服务质量的持续关注。

（一）国外图书馆服务理念

1. 杜威的图书馆读者服务"三适当"准则

19世纪后半期，图书馆学在美国迎来了蓬勃发展的黄金时期，其中，卡特与杜威等杰出图书馆学家的贡献尤为显著。1876年，美国著名图书馆学家杜威提出了具有里程碑意义的"三适当"读者服务准则，即"在恰当的时间，为合适的读者，提供适宜的服务"。此准则深刻地将图书馆资源的筛选、提供与图书馆服务三者紧密相连，为图书馆服务理念的确立开辟了新纪元，具有深远的开拓性意义。

2. "一切为了读者"的思想

列宁明确指出，图书馆应以"方便读者""吸引读者""满足读者要求"为目标，体现"一切为了读者"的服务理念，这一思想反映了他的辩证唯物主义和历史唯物主义观点。他主张图书馆不仅要对学者和教授开放，还要吸引广大群众，扩大读者群体。服务方式上，鼓励馆际互借和开架借阅，延长开放时间，以方便读者。此外，图书馆还需提高参考书的利用率，将执行制度的原则与灵活性有效结合，以更好地满足读者需求。

3. 阮冈纳赞的图书馆学"五定律"

1931年，印度图书馆学之父阮冈纳赞在其著作《图书馆学五定律》中提出了著名的图书馆学"五定律"，深刻影响了图书馆的服务理念。这五定律分别为：书是为了用的；每个读者有其书；每本书有其读者；节省读者的时间；图书馆是一个生长着的有机体。其中，第一定律强调图书馆的存在价值在于为读者提供利用的机会，彻底改变了以"收藏"为主的传统观念。第二定律主张图书应向所有人开放，体现了平等和以人为本的服务宗旨。第三定律强调每本书应有其读者，推动图书馆服务从"书本位"向"人本位"转变。第四定律注重服务效率，旨在节省读者时间。最后，第五定律则表明图书馆作为一个动态的有机体，需不断适应发展，以应对变化的需求和环境。这五条定律为现代图书馆服务提供了坚实的理论基础和指导原则。

阮冈纳赞提出的图书馆学"五定律"是对杜威"三适当"图书馆服务原则的继承与发扬，它们深刻地阐释了图书馆的职责、价值、成长机制以及运作法则。这些定律强调了以读者为中心的服务理念和图书馆适应社会变迁的必要性。五定律所体现的"人本主义"精神，对图书馆学的发展产生了深刻的影响，并为现代图书馆服务理念的确立提供了理论基础，被图书馆界奉为不朽的理论经典。

4. 米切尔·戈曼的图书馆学新五定律

1995 年，美国学者米切尔·戈曼在阮冈纳赞的理论基础上，进一步提出了"新五律"，为图书馆事业的发展提供了新的指导原则。第一定律强调图书馆的核心在于服务人类文化素质，为社会和个体提供支持。第二定律提醒图书馆面对电子图书等新形式时，需重视多种传播方式的并存。第三定律则呼吁图书馆明智地采用新技术，以提升服务质量。第四定律要求确保知识的自由存取，使图书馆成为每个人可访问的知识宝库。最后，第五定律强调在尊重和继承传统的基础上，图书馆应不断创新，以适应时代的变化，保持其独特性并展望更美好的未来。这些新法则为图书馆的发展注入了新的活力与方向。

"新五律"的提出，旨在适应当今图书馆的特点与未来发展趋势，鲜明地体现了时代的需求。它重新解释了阮冈纳赞的五定律，强调服务的目标与质量，并将服务的内涵提升至人类文化素质、知识传播及知识自由存取的层面。随着时代的进步和科技的发展，信息环境和用户需求都在持续变化，图书馆工作也在不断地增加新的内容。但服务始终是图书馆的核心和根本所在。

5. "3A"服务理念

3A 理念（Anytime、Anywhere、Anyway）强调用户可以在任何时间、地点和方式下，方便快捷地获取图书馆的文献信息服务。为实现这一理念，图书馆构建了"虚""实"两种用户服务系统。虚服务系统以网络为基础，提供虚拟参考咨询，使用户能够随时与馆员联系、查阅常见问题和在线工具书。

而实服务系统则依托于实体参考咨询台，提供面对面的帮助。虚实结合的模式不仅使图书馆的服务时间和空间无限扩展，也推动了服务方式的多样化，从而更好地满足用户的需求。

（二）国内图书馆服务理念

1. "读者第一、服务至上"理念

我国图书馆服务理念的发展较为缓慢，但经历了重要的历史阶段。李大钊在"五四运动"前后强调图书馆的教育功能，标志着服务理念的初步形成。进入二十世纪五六十年代，图书馆服务的重心逐渐转向"千方百计为读者服务"，并在八九十年代确立了"读者至上、服务第一"的口号。这一系列的理念演变，最终形成了以"读者第一"为最高理念的服务观念，树立了具有行业特色的图书馆服务理念，推动了我国图书馆事业的进步与开放。

2. 柯平的图书馆服务的"新五定律"

南开大学的柯平教授结合信息时代的需求，提出了图书馆服务的"新五定律"，为现代图书馆服务指明了方向。第一定律强调全心全意为每位读者服务，确立了"以读者为中心"的理念。第二定律强调服务的效率、质量与效用必须统一，以节省读者时间。第三定律致力于提高读者和用户的素养，使其能够自如获取信息。第四定律则关注知识与信息的自由存取，代表了图书馆服务的最高目标。最后，第五定律强调了传承人类文化的重要性，旨在促进社会的进步与文化的发展。这些新定律为图书馆的未来发展奠定了重要基础。

3. 范并思的图书馆学 2.0 五定律

目前，我们正经历由 Web2.0 引发的 Lib2.0 新浪潮的冲击，新的信息环境促使传统和新兴的五大定律都获得了新的意义。

2006 年，范并思在其博客上提出了 Lib2.0 五定律，重新定义了图书馆在网络时代的服务理念。第一定律"图书馆提供参与、共享的人性化服务"强调提供参与和共享的人性化服务，赋予用户更多自主权和分享的机会，奠定

了图书馆存在的基础。第二定律"图书馆没有障碍"确保用户在获取信息时没有障碍，反映了平等的服务理念。第三定律强调"图书馆的无处不在"，旨在实现"每本书有其读者"的理想。第四定律关注无缝的用户体验，使资源和服务一体化，最大程度地节省用户时间。最后，第五定律"永远的 Beta 版"体现了图书馆的持续发展特性，标志着图书馆在信息时代作为一个生长有机体的特征。这些定律为图书馆的未来发展提供了新的视角和方向。

范并思教授的图书馆学 2.0 五定律强调了图书馆服务的根本理念，即以用户为中心，倡导人性化和无障碍的服务模式。通过 Web2.0 技术的支持，图书馆能够实现用户的参与和协作，提供共享且高效的服务。其核心在于无缝连接的用户体验，使图书馆的服务无处不在，确保每个用户都能轻松获取所需的信息。

新老五定律的提出表明，服务始终是图书馆发展的原动力，且其内涵随着时代的变化而不断升华。然而，无论图书馆如何演变，其服务宗旨始终不变，强调"以人为本"和"服务第一"的理念。这一理念不仅是图书馆改革的出发点，也是其持续发展的归宿，成为现代图书馆服务的最高指导原则。

第三节　新形势下传统图书馆面临的挑战

（一）大数据时代图书馆压缩了传统图书馆的生存空间

近年来，大数据和"互联网+"的兴起使传统图书馆的用户流量减少，许多用户转向数字化图书馆，这给传统图书馆带来了生存压力。特别是盈利性质的图书馆，面临采购和管理等多方面的挑战。数字化资源不仅满足了不同用户的需求，还有效保存了纸质书籍，进一步冲击了传统图书馆的地位。

（二）大数据时代给图书管理人员提出了更高的要求

大数据时代，数字化图书馆对传统图书馆管理人员提出了更高要求。管理人员不仅需要掌握基本的档案分类和整理技能，还需熟练运用数字化技能，甚至需要高素质的编程人员进行资源整合和系统维护。这种转变促使传统管理人员更新思路，主动适应变化，以在新的环境中寻求生存与发展。

（三）大数据时代的图书资源需要更加专业的管理人员进行筛选

网络的便捷性确实为图书传播带来了便利，但同时也带来了信息质量参差不齐的问题。这要求专业的管理人员对海量文献进行严格筛选，以剔除不良资源。相比传统图书馆，数字化环境下的资源量更庞大，管理人员面临更大的压力，特别是在技能提升方面。为应对这一挑战，传统管理人员可以通过培训提升自身能力，同时主动学习数字化知识，以更好地适应现代图书馆管理的要求，转型为数字化资源的建设者。

综上所述，大数据的兴起为图书馆管理带来了转型的契机，同时促使传统图书馆必须进行改革。对于图书馆的从业者来说，他们正面临着机遇与挑战并存的局面。关键在于如何理解大数据环境下图书馆管理的新旧模式之间的联系，以及如何在思想上提升自己的认识。此外，积极地学习新技能、接触新知识、提升个人能力是至关重要的。只有这样，从业者才能将挑战转化为个人发展的机遇，并为信息化建设作出自己的贡献。

第三章　数字图书馆理论基础

数字图书馆是一种基于信息技术的分布式信息系统，通过数字化技术对文献进行处理和存储，方便用户进行跨地域的网络检索与传播。它的运作涉及信息资源的各个环节，具有虚拟性、扩展性和易用性等特点，并能够实现图书馆之间的智能连接。这使得数字图书馆成为一个无时间、空间限制的知识网络体系。

第一节　数字图书馆的定义

一、国内外代表性定义

（一）国外的定义

美国研究图书馆协会是图书馆界较为知名权威的图书馆协会，由美国和加拿大的 121 家重要学术机构联合组建。其定义的数字图书馆是一种多元联合的虚拟体，强调对信息资源的数量和质量的高要求。该协会倡导数字图书馆之间的公开透明连接，致力于实现全球范围的存取。此外，数字图书馆的馆藏不仅限于数字化文献，还应包括那些无法通过印刷方式传递的数字化实物。

数字图书馆联盟由美国多所知名高校和重要图书馆联合组建而成，其定义的数字图书馆是一个组织，专注于数字资源的选择和组织。该组织由专业人员支持，旨在提供智能存取、翻译和传播功能，确保数字资源能够快速且经济地被特定用户利用，同时保持其完整性和永存性。这一定义突出了数字图书馆的特殊组织结构，强调了其核心在于数字资源。

此外，数字图书馆还被定义为一种以数字形式保存和处理资料的收集库，能够在网上访问并具备服务功能。其核心在于信息的整理，强调了数字图书馆不仅是资源的储存机构，更是提供网络化服务的收藏机构，体现了其简洁与全面性。

（二）国内的定义

我国对数字图书馆的理解主要基于技术定义，强调其作为一个存储和管理多媒体数据的系统。根据这一观点，只要能够完成数据的输入、删除、修改、检索及提供相应的访问界面和信息保护，就可以被视为数字图书馆。

广义上的数字图书馆被视为社会信息基础设施中的核心组织形式，旨在满足用户的分布式、面向对象的信息查询需求。它不仅跨越地区和物理形态，还允许用户直接获取文献，而非仅限于文献线索的检索。这一定义在参考传统图书馆的基础上，全面而深入地界定了数字图书馆的概念。

有关数字图书馆的定义还有：

数字图书馆，是图书馆界的一种创新在线服务形式，其核心在于运用数字手段实现数据的存储、加工与呈现。它不仅是一个以数字方式提供信息服务的单位或组织，更是一个工作流程全面基于计算机，馆藏资源全面数字化的知识宝库。通过数字化处理馆内文献资源，数字图书馆使得广大用户能够跨越时空限制，在任何时间、任何地点自由访问和利用这些宝贵的信息资源。此外，数字图书馆还致力于利用数字技术对各类资源进行深度整合与处理，构建一个庞大的、高效的网络信息服务数据库，为用户带来前所未有的便捷与高效。

数字图书馆，即电子图书馆、虚拟图书馆、无墙图书馆，本质上是一种依托于数字化和网络化技术构建的有序信息空间。它巧妙地将广泛分布于不同载体与地理位置的各类信息资源进行数字化存储与精细加工，再通过网络的互联互通，实现即时服务与资源共享的宏伟目标。

数字图书馆，这一规模宏大且井然有序的数据库与知识库，为使用者提供了一个持续访问与查询的广阔天地，使他们能够轻松获取所需资料与信息。

作为信息时代不可或缺的重要信息源与资源库，数字图书馆以其独特的信息管理技术，为国家的信息化建设注入了强劲动力，成为推动社会进步与发展的关键力量。

数字图书馆是运用现代数字化技术，依托计算机网络平台，为读者提供高效便捷信息服务的新型虚拟图书馆。它巧妙运用多媒体技术，精心整理、组织和加工图像、文字及语音等宝贵数据，通过互联网实现多媒体信息的无缝互联互通，极大地丰富了人们的学习资源，促进了学术交流，并为日常生活带来了诸多便利。

数字图书馆与传统图书馆之间存在着不可分割的联系。传统图书馆作为人类智慧与文化遗产的集散地，始终是信息交流的核心。数字图书馆则利用现代科技的力量，对这些信息进行数字化处理、系统化整理，并通过互联网提供快速的信息传播服务。

尽管数字图书馆无法完全替代传统图书馆所提供的独特阅读体验和实体文献，但它极大地拓展了读者获取信息的途径，并提升了信息的可及性。同时，它也为传统图书馆带来了新的挑战与机遇。数字图书馆在对现有文献进行数字化的同时，也需应对新兴的数字信息资源。

因此，数字图书馆并非要完全取代传统图书馆，而是应与之相辅相成，共同构建一个多元化的图书馆体系。通过这种融合，我们能够保留传统图书馆的精华，同时利用数字图书馆的优势，打造一个更加全面、便捷的知识服务平台。

二、数字图书馆特征

若仅对数字图书馆的概念进行泛泛而谈，难以全面且系统地洞悉其内涵；而深入理解其特性，则是把握其本质的关键，进而能够形成更为完整、准确的数字图书馆定义。数字图书馆独具三大鲜明特征。

（一）数字资源

数字资源，是图书馆内以数字形态呈现的资料集合，涵盖了已数字化的传统资料及原生数字形式的资源。它们构成了数字图书馆区别于传统图书馆的核心特征，并奠定了其"物质"基础。这些资源种类繁多，包括但不限于期刊、图书、工具书以及视频、音频数据等多媒体内容。它们以多样化的文件格式存在，如网页的位图格式、SGML 编码的文本文件、CD–ROM 存储的信息，以及本地局域网中的丰富资源。

数字图书馆的一个显著优势在于其能够并行处理并整合多种媒体的数字化资源，展现了强大的信息处理能力。其目标不仅在于为读者直接提供所需的最终信息，还涵盖了书目数据、索引文摘等二次文献的供给，这些二次文献同样构成了数字图书馆资源体系中不可或缺的一部分。因此，无论是直接的一次文献，还是经过加工整理的二次文献，数字图书馆均能为用户呈现一个丰富多元、信息全面的资源世界。

（二）网络服务

数字图书馆是建立在高速数字通信网络基石之上的现代化知识宝库。其内部业务架构与外部服务提供，均紧密依托于网络化模式运行，网络因此成为数字图书馆不可或缺的生命源泉。作为数字图书馆与传统图书馆之间的重要分水岭，其网络基础性的特质尤为显著。数字图书馆与互联网的紧密捆绑，意味着任何互联网的中断都可能成为其服务暂停的触发器。因此，为了保障数字图书馆的正常运营与服务的连续性，确保网络环境的畅通无阻成为至关重要的前提条件。

带宽构成了网络传输速度的核心，对于多媒体数据的流畅传输，带宽至少需要达到 Gbps 级别，也就是我们通常所说的千兆宽带。随着互联网技术的迅猛发展，网络技术正快速向 Tbps（即 1000 Gbps）迈进。

（三）支持技术

数字图书馆集成了广泛采用的计算机与网络技术，并且展现了其独有的技术特色。目前，我国的数字图书馆具备了分布式资源与运行管理技术、海量信息存储与组织技术、多媒体信息的索引与检索技术等先进技术。这些技术特色使得数字图书馆能够高效地管理和组织大量的数字资源，并且提供了方便快捷的多媒体信息检索与使用服务，极大地改善了用户的学习与研究体验。

标准的重要性无可置疑，互联网之所以能取得今日之成就，正是全球共同遵循传输控制协议/网际协议（TCP/IP）的必然结果。在数字图书馆的发展道路上，如何精准地选择和制定技术标准，对于其长远发展具有举足轻重的意义。当前，我国在数字图书馆的研究与建设领域，已掌握与先进国家相媲美的技术实力，这无疑为我国在国际数字图书馆技术标准制定中占据有利位置奠定了坚实基础。

三、基于数字化特征的数字图书馆定义

数字图书馆是指具备数字资源、网络服务和特色技术三大主要特征的图书馆。任何图书馆若满足这三个条件，均可称之为数字图书馆。它为用户提供了更为高效的信息检索和获取途径，是传统图书馆向数字化转型的关键方式之一。

此外，我们还需要明确与数字图书馆相关的几个类似概念，包括电子图书馆、网上图书馆以及虚拟图书馆。尽管诸多文献资料将它们视为同义词，

但如何准确区分这些概念，对于深入研究和正确应用数字图书馆技术具有至关重要的现实意义。

电子图书馆：主要以光盘、磁盘等实体资料为文献载体，通过单台计算机实现资料的阅读和查询，目前对于网络信息的整合和网络服务的提供并不重视。

网上图书馆：借助网络平台整合与编排丰富资料，旨在便捷用户查询与检索需求。其构成核心在于资源内容，可脱离实体形态存在。

虚拟图书馆：是一种在线图书馆形态，通过互联网技术巧妙地将各类数字资源无缝整合，实现了无需实体空间即可运行的独特优势。其构建过程简便，仅需借助通用的互联网技术，无需特殊技术支持，从而成为数字图书馆的一种重要延伸形式。

创建数字图书馆的目的并非取代传统图书馆，而是基于传统图书馆的资源，运用数字技术对资源进行整合，并提供在线服务。重要的是要认识到，仅仅将传统图书馆服务转移到网络上，并不能构成数字图书馆。一个完整的数字图书馆应具备数字资源、在线服务和支撑技术这三个关键要素。因此，仅仅将实体藏书数字化，并不能自动转化为数字图书馆，必须通过整合资源并提供在线服务，才能真正构建起一个数字图书馆。

第二节　数字图书馆的理论结构

数字资源、网络服务和支持技术是数字图书馆理论框架的重要组成部分。

一、数字资源

印刷资源的数字化和原生数字资源是数字图书馆资源的两大来源。

（一）印刷资源的数字化

可将过期版权图书、文献、资料通过扫描、光学字符识别等技术手段进行数字化处理，使之成为数字资源的重要组成部分。此方法尤其适用于年代久远的文献或经典名著的数字化。

（二）原生数字资源

在数字化进程中，除了对现有文献资料进行数字化处理外，引进和整合原生数字资源同样不可忽视。国内数字信息资源日益丰富，尤其是学位论文、技术报告和会议记录等，已被多数出版社通过数字技术处理。当前，图书和期刊通常首先推出数字版本，然后再进行纸质印刷，而传统文献则成为数字文献的重要来源，数字图书和数字期刊则成为新数字资源的主要来源。

二、网络服务

数字图书馆提供的网络服务可以划分为被动服务和主动服务两种类型。

（一）被动服务

数字图书馆因国家和社会的投入，必须承担起为社会服务的职责，形成了被动服务的模式。作为网络服务的基础，被动服务的特点在于不考虑用户的个别需求，通常通过无交互的广域网网站进行信息提供。这种方式虽基础，但为数字图书馆的运营奠定了重要的服务框架。

无交互网站作为数字图书馆的主要被动服务方式，采用单向的信息传输模式，使得用户只能自行获取数字资源。这种模式仅限于提供网站使用指导，而缺乏额外的服务，导致用户处于被动状态，信息流动呈现单向特征。这种形式明显属于最基础的网络服务模式，强调了数字图书馆在信息提供中的局限性。

为了提升被动服务水平，数字图书馆可以利用电子邮件和网络表单，提供更多的信息资源、收集用户反馈并回答用户提问。这种方法被视为改进被动服务的简便有效途径，能够为用户创造更方便、低成本的沟通渠道，从而增强用户体验和满意度。

在数字图书馆中，通过将图书馆管理员的电子邮箱链接放在首页，用户可以方便地通过电子邮件提出问题。这种方式形成了一个单向延迟的服务模式，尽管技术要求不高，但却为技术条件有限的数字图书馆提供了一种简单便捷的改进被动服务的方法，能够有效满足用户的需求。

网络表单作为电子邮件服务的升级版本，要求用户填写表单并通过后台发送给图书馆管理员。管理员将在一定时限内以电子邮件或电话回复用户，这种方式标志着图书馆服务从被动向主动的转变，为用户提供了更为便捷和及时的交流渠道。

（二）主动服务

"reply"：主动服务构成了数字图书馆高级网络服务的一种形式，其特点在于对读者个性化需求的深入考量。这种服务模式通常依托于交互式网站平台，以实现对读者需求的精准响应和高效满足。

交互式网站的形态主要分为两大类：双向交互问答模式和个性化信息推送模式。目前，数字图书馆所采用的个性化信息推送模式（My Library）是主动服务模式中的主流。

1. 双向交互问答模式

在双向交互问答模式下，数字图书馆能够灵活地根据用户的具体要求组织和提供资源，服务方式也会随之调整。此模式强调系统与用户之间的平等关系，实现双向的信息交流，常通过网上聊天室（Chat）等技术手段来实现，提升用户体验与参与感。

Chat，即即时交互式网上聊天服务，最早由宾夕法尼亚大学商学院于1999年采用聊天软件 Live Person，为客户提供实时信息咨询。这种软件可以灵活地安装在图书馆或第三方服务器上，并在图书馆官网上创建访问链接，为用户提供便捷的咨询服务。

2. 个性化信息推送模式

个性化信息推送模式使用户能够根据自己的需求和兴趣来定制数字图书馆的资源，在这种模式下，用户主动发起服务需求，而数字图书馆则根据这些需求进行资源组织和推送。这种模式成为数字图书馆的主流服务方式，促进了资源、技术和服务的紧密结合与合理配置。

数字图书馆服务模式的演变从单向的信息传输发展到个性化的信息推送，反映了科技进步和用户控制权增强的双重影响。用户的技术能力直接影响使用效果，因此，数字图书馆需加强对数字资源的整合与优化，以确保网络服务务的高效运作。

三、支持技术

数字资源与网络服务的运行均依赖于技术的支持。数字图书馆所需的技术主要包括通用信息技术和具有特定创新性的专用技术。

（一）通用信息技术

数字图书馆的建设离不开计算机、网络与信息安全等通用信息技术的支持。目前，这些技术正处于迅猛发展的阶段，每一项技术的重大突破都将为数字图书馆带来深远的影响与显著的变革。

（二）专用创新技术——特色技术

数字图书馆的特色技术涵盖了多个核心领域，包括但不限于：数字权益管理技术，用于有效管理和保护数字资源的合法权益；海量信息存储与组织技术，确保信息的高效存储与有序组织；信息加工技术，对信息进行深度处理以提升其价值；分布式资源与运营管理技术，实现资源的广泛分布与高效管理；信息安全技术，全方位保障信息的安全与稳定；信息挖掘技术，深度挖掘信息的潜在价值；个性化信息定制与出版技术，满足不同用户的个性化需求；数字信息加工技术，对数字信息进行精细化处理；信息可视与读者界面技术，提供直观易用的交互体验；信息检索技术，快速准确地定位所需信息；以及多媒体信息标引与查询技术，支持多媒体信息的有效标引与便捷查询。这些技术共同构成了数字图书馆的关键技术体系。

综上，技术不仅是数字图书馆的坚实后盾，而且是连接信息与服务的桥梁。在数字图书馆的资源处理和网络服务领域，技术的支撑作用是基础且不可或缺的。

第三节　数字图书馆与图书馆自动化的关系

一、图书馆自动化三阶段说

数字图书馆与图书馆自动化之间的联系构成了数字图书馆理论中的一个关键议题。对此，学者们提出了图书馆自动化系统发展的"三阶段理论"。这一理论指出，第一阶段以单一图书馆电脑管理系统为标志，标志着自动化发展的起始阶段；第二阶段以网络化为特征，电子文献服务成为主要趋势；第三阶段则以数字图书馆为标志，代表了自动化与数字化融合的高级发展阶段。

二、数字化图书馆模式

随着数字化图书馆的不断进步，将会有三种主要的数字化图书馆模式浮现：专有馆藏模式、服务驱动模式和商业运作模式。

其中，以服务为核心的数字图书馆系统架构应涵盖三大类核心数字资源：数字图书馆独有的特殊数字馆藏、商业联机的在线出版物或数据库，以及广泛分布于互联网中的文献信息资源。这些资源由两大关键平台——统一信息访问平台和网上参考咨询平台——共同支撑。统一信息访问平台旨在简化异构平台上信息资源的查询流程，为用户提供一个统一且便捷的查询接口，并促进多个数字图书馆之间的互联互通；而网上参考咨询平台则专注于解决读者在使用过程中遇到的各种问题。对于构建一个高效实用的数字图书馆而言，这两大平台不可或缺，且其系统结构间常展现出相互渗透、相辅相成的特点。

三、数字图书馆与图书馆自动化之间的关系

审视我国图书馆的发展历程，不难发现，图书馆自动化长久以来聚焦于目录、索引等关键书目信息的深度挖掘与高效利用，同时涵盖了图书、期刊等多类出版物的妥善存储与科学管理。随着书目工具逐步迈向计算机化，遵循图书馆自动化演进的内在逻辑，下一阶段的核心使命便在于推动馆藏文献的全面数字化存储与便捷化查询，此即数字图书馆的精髓所在。换言之，数字图书馆不仅是图书馆自动化的高级形态，更是其顺应时代潮流、迈向数字化未来的必然产物。

综上所述，数字图书馆是在图书馆自动化系统的基础上发展起来的，其数字化的书目信息正是源自图书馆自动化系统。图书馆自动化系统通过应用计算机技术，显著提升了传统图书馆的服务质量和管理效率，而数字图书馆则在此基础上实现了理论和实践上的重大突破。数字图书馆的内涵远不止于数字化的书目信息，它还涵盖了网络服务和支撑技术等关键要素。因此，数字图书馆的影响力和重要性是传统图书馆所无法比拟的。

尽管当前社会对于数字图书馆的认知尚存分歧，然而数字化浪潮对图书馆领域产生的深远影响却不容忽视。数字图书馆作为未来图书馆发展的必然趋势与核心旋律，其重要性不言而喻。

第四章　数字图书馆的发展

第一节　数字图书馆的出现和演变

一、数字图书馆的产生背景

图书馆的进步与社会环境和自身需求密切相关。在现代信息技术的推动下，图书馆服务正逐步向数字化、智能化方向发展。这一转变不仅是图书馆自身资源共享的需求，也是社会经济结构、信息技术和文化结构变迁的结果。随着计算机网络的发展，数字图书馆的建设成为必然趋势，它不仅满足了人们对信息的需求，也推动了图书馆服务的创新和发展。

（一）数字图书馆产生的内在因素

随着时间的推移，传统的纸质文献正面临着各种威胁，如自然老化、灾害和人为破坏等，这使得文献保护成为一个亟待解决的问题。与此同时，传统图书馆的信息服务手段相对落后，难以满足读者日益增长的需求。数字图书馆的出现为解决这两个问题提供了一个有效的途径。通过将纸质文献数字化，不仅可以更好地保护珍贵的文献资源，还能够利用数字技术提高图书馆的服务效率和质量，使读者能够更快捷、更便利地获取所需信息，享受更加及时和个性化的服务。

（二）数字图书馆产生的外在因素

1. 文献信息资源的剧增

中国信息资源的爆炸式增长始于 20 世纪 90 年代，各类出版物和数据库如雨后春笋般涌现。光盘一度成为电子信息存储和传播的主要媒介，其多媒体功能和丰富的资源类型为信息获取提供了便利。然而，传统光盘存储模式存在信息利用率低下的瓶颈，大量重复信息造成了资源浪费，严重制约了信息资源的有效开发和利用。因此，提升信息资源管理效率，迫切需要借助现代信息技术，实现信息资源的整合、共享和高效利用。

2. 信息高速公路的建设和互联网的发展

20 世纪 70 年代，计算机技术初步应用于图书馆管理，标志着图书馆信息化进程的开始。80 年代后期，图书馆自动化管理系统逐步普及，显著提升了工作效率。然而，由于地域限制，图书馆资源的共享和利用率仍然面临瓶颈。互联网技术的兴起催生了数字图书馆，它突破了地理空间的限制。数字图书馆的蓬勃发展，特别是分布式管理模式的应用，使得全球范围内的数字资源整合成为可能，最终解决了传统图书馆资源利用率低下的难题，实现了信息资源的高效利用和便捷共享。

3. 数字化技术的发展

数字图书馆的兴起，源于两大技术革新：一是信息载体从传统的纸质、胶片等向数字化的转变；二是网络技术使得信息的传播突破了时空限制。数字技术是构建数字图书馆的核心，它涵盖了对各种类型信息进行数字化处理（包括编辑、加工、组织和存储）以及利用数字传输技术进行信息传播和必要时的信息还原等一系列关键技术。数字化技术包含以下几个技术。

（1）信息存储技术

存储技术的飞速发展为软件开发提供了强大的动力。不断增长的存储能力消除了软件规模和复杂度的诸多限制，从而极大地扩展了软件开发的潜能，使得开发更加复杂的、功能更加强大的软件成为可能。

（2）数据库技术

在数字图书馆领域，众多经过标准化处理的数字资源需要被有效地储存在数据库中。与此同时，技术如数据压缩、多媒体内容的同步播放及多媒体的智能处理等方面已经逐步发展，并达到了较高的成熟度。

（3）信息传输与通信技术

数字图书馆的建设目标是整合互联网上的海量信息资源，为读者提供高效便捷的信息服务。这不仅需要利用先进的互联网通信技术实现资源的整合，更需要加强对网络资源的组织、管理和引导，提升信息服务的精准性和实用性。近年来，网络设备的快速普及为数字图书馆的发展提供了良好的技术基础和应用环境。

（三）数字图书馆发展的社会背景

1. 数字图书馆是社会信息化发展的必然产物

在信息时代，信息资源已成为国家竞争力的关键要素。数字图书馆的兴起，是信息技术高速发展和社会信息化进程的必然结果，它以互联网为平台，打破了传统图书馆的时空限制，实现了信息资源的开放共享。数字图书馆作为重要的社会基础设施，如同工业经济时代的交通和能源一样不可或缺，它汇聚的知识资源是推动知识经济发展的强大动力。通过先进的信息技术，数字图书馆能够高效地进行文化知识传播，有效提升国民文化素质，最终促进社会进步与发展。

2. 数字图书馆是评价一个国家信息基础水平的重要标志

1993年，美国国会图书馆率先接入互联网，标志着图书馆进入数字时代。这一事件促使全球各国纷纷将图书馆建设纳入国家信息化战略，并大力发展数字图书馆。美国提出的"国家信息基础结构"（National Information Infrastructure，NII）和"全球信息基础结构"（Global Information Infrastructure，GII）计划，将信息高速公路建设置于国家科技和工业政策的中心地位，引发了国际范围内的广泛关注。数字图书馆作为 NII 的重要组成部分，其核心目标是利用互联网技术，为用户提供便捷的网上信息资源获取服务。互联网的普及和推广为数字图书馆的快速发展提供了坚实的基础。

3. 数字图书馆是新时代全球文化竞争的焦点之一

互联网时代，技术和信息资源的掌控能力决定着国家和民族的竞争优势。数字化信息资源的网络传播拥有巨大的潜力和用户群体，构成了一场涵盖科技、文化、思想、知识和经济的综合性竞争。因此，大力发展数字图书馆对国家发展具有深远意义。它不仅能够为国家提供坚实的文化安全保障体系，促进信息资源的有效流通，为国家创新体系的构建奠定坚实基础，还能有效传播中华优秀文化，抢占互联网中文信息资源制高点，提升中国文化在国际舞台上的影响力，从而增强我国在全球竞争中的主动权和话语权。

4. 数字图书馆建设有利于带动相关行业的发展

数字图书馆的建设不仅是一项高科技项目，更是一项涉及多个部门和行业的国家级大型文化工程。美国政府在其1995年的蓝皮书中，将数字图书馆提升到国家信息基础设施的战略高度，视为一项"国家级挑战"。这种政策倾斜，吸引了美国科技界、产业界和投资界的广泛关注和大量资金投入。数字图书馆项目的实施，将有力地推动信息技术、文化产业等相关行业的发展，并通过高效的知识传播，与各行各业产生关联，最终带来巨大的经济效益和社会效益。

二、数字图书馆的产生和演变过程

数字图书馆是一种全新的图书馆形态，它以数字化、网络化和共享化为核心特征，对多媒体信息资源进行收集、处理、存储、管理和共享。其建设过程主要分为三个步骤：首先是将传统的纸质文献、图像、音视频等信息资源数字化；其次是整合这些数字化资源，包括对不同类型资源进行规范化处理和组织，并实现不同数据库之间的互联互通；最后是实现数字资源的共享，利用互联网技术，连接各图书馆的数字资源，让用户能够便捷地访问和利用所需信息。数字图书馆的发展历程可以划分为多个阶段，每个阶段都伴随着信息技术和网络技术的进步而不断演进。

（一）早期的数字化技术和概念探索阶段

数字图书馆的概念并非近些年才出现，其萌芽可以追溯到 1945 年。美国科技管理学专家万尼瓦尔·布什在其发表于《大西洋月刊》的著名文章《诚如我们想象的那样》中，首次提出了一种名为"Memex"的设想，该设想将传统的文献存储与检索机制与当时新兴的计算机技术相结合，构想了一种能够存储所有书籍、记录和通信的机械化个人档案和管理系统。Memex 利用计算机技术和微缩技术实现文档间的关联，其核心思想是利用计算机辅助进行信息检索，被广泛认为是现代数字图书馆概念的先驱。

范内瓦尔·布什提出的 Memex 构想被广泛认为是数字图书馆和图书信息学领域现代理论与实践的奠基之作，同时 Memex 也是超文本技术在情报系统中应用的开创者。布什的贡献卓越之处并非仅在于他想象的具体机器或装置，而在于他提出了两个革命性的想法：首先是实现一种可以即刻提供所需信息的系统；其次是用户能够独立利用 Memex 进行信息的检索和访问。因此，Memex 不仅仅是一个理想化的个人信息获取模型，它也预示了计算机技术发展带来的现代存储和检索系统的可能性，为数字图书馆的形成提供了理论和技术基础。

20 世纪 60 年代至 70 年代，美国在图书馆信息化领域取得了显著进展。麻省理工学院开展的计算机辅助标引实验，成功建立了 Intrex 数据库，率先探索了计算机技术在图书馆文献检索中的应用。随后，桑迪亚国家实验室研发的新型科技文献存储与检索系统，标志着图书馆信息存储方式的重大变革。1969 年，美国国会图书馆正式发行机读目录，宣告了图书馆自动化时代的到来。1975 年，美国图书馆学者克里斯汀正式提出"电子图书馆"的概念，为图书馆信息化的发展指明了方向。

20 世纪 70 年代中期，美国图书馆领域在信息存储、标引和检索技术方面取得了突破性进展，各种先进的图书馆软件层出不穷，其中 IBM 的 STAIRS 系统尤为著名。同时，美国图书馆界知名学者兰卡斯特在其著作中深入探讨了电子图书馆的发展趋势，为数字图书馆的兴起提供了重要的理论支撑。80 年代初，美国国会图书馆开始探索利用光盘技术存储馆藏，标志着图书馆数字化进程的启动。1984 年，人道林对"电子图书馆"给出了较为明确的定义，认为它是一个利用电子技术管理和提供信息资源的机构，这进一步完善了电子图书馆的概念，为数字图书馆的最终实现奠定了基础。

20 世纪 80 年代末期，随着互联网技术的快速发展，"数字化图书馆"的概念开始出现。1988 年，美国国家科学基金会的伍尔夫在其国际合作白皮书中正式提出了"数字化图书馆"这一概念。此后，吉比和伊文斯在 1989 年的著作中，对理想的"电子图书馆"进行了描述，强调了网络化和分布式服务的特点，认为它并非一个单一的实体，而是通过网络提供多种信息资源和服务。1992 年，哈利进一步提出了"虚拟图书馆"的概念，将其定义为利用电子网络远程获取信息和知识的一种方式。

（二）图书馆自动化管理系统的研究

在 20 世纪 80 年代的末期和 90 年代初期，图书馆界见证了电子图书馆概念的兴起和数字化技术的集成应用。凯斯西储大学与 IBM 的合作促成了一种集电子文档和多媒体技术于一体的图书馆管理系统的开发，涉及多种应用领域，包括乐谱的电子化。美国国家科学基金会启动的"水星计划"着力于构建电子图书馆示范模型，并对数字文献、信息服务、版权问题等进行了广泛研究。同时，卡内基梅隆大学、康奈尔大学和其他研究机构也在自动化图书馆系统、在线化学资料检索等领域开展了各自的研究。伊利诺斯理工学院的国际关系图书馆开展了关于国际商务信息电子文档的存储工作，而哥伦比亚大学的"两面神计划"和 AT&T 贝尔实验室与加州大学旧金山分校共同研制的电子期刊传播系统，为专业资料和学术文章的在线检索与获取提供了新的方案和便捷性。

（三）数字图书馆研究计划的启动

20 世纪 90 年代初期，美国在数字图书馆建设方面取得了重大突破。1993 年，美国政府通过了电子图书馆法案，旨在利用先进的网络技术和计算机程序，为用户提供便捷高效的信息检索和查询服务，并提供相应的教育和培训。1994 年，美国国立科技基金会联合其他机构启动了"数字图书馆创始"计划，旨在改进数字资源的收集、存储、组织和访问方式，提升用户体验。同时，"美国记忆"计划也投入巨资对大量的历史图片资料进行数字化，丰富了数字图书馆的馆藏资源。这些举措不仅在美国国内引发了数字图书馆建设的热潮，也带动了英国、日本、新加坡以及欧洲其他国家和地区积极开展数字图书馆的建设和合作项目，推动了全球数字图书馆事业的蓬勃发展。

（四）数字图书馆的建设与利用

随着 21 世纪的到来，数字图书馆在全球的发展和应用都有了长足的进步，许多数字图书馆开始为公众提供服务。现阶段，研究的关注点已经从技术实现本身转变为涵盖更广泛层面的考量，涉及经济影响、社会效应、法律问题、政策架构、制定国际通用标准和信息共享协议、提高数字图书馆平台的可靠性和稳定性，还包括探讨其经济价值和商业化前景。

第二节　国外数字图书馆的发展概况

一、美国数字图书馆的发展

（一）美国数字图书馆的发展概况

美国是全球数字图书馆建设的先行者和领导者，长期以来持续投入巨资，并取得了显著成果。早在 1982 年，美国国会图书馆就启动了光盘存储实验项目，探索利用新技术保护馆藏资源。1992 年，美国将数字图书馆建设列为国家级战略目标。1994 年，国会图书馆获得巨额资金用于馆藏数字化，旨在成为国家信息高速公路上的重要信息资源提供者。"美国记忆"项目（1989—1995）成功地将大量珍贵的历史文化资源数字化，并提供在线访问服务。目前，美国国会图书馆已经完成了超过 21 万份资料的数字化工作。美国国会图书馆的最终目标是建立一个覆盖全国的数字图书馆网络，将所有公共图书馆和科研图书馆的资源整合起来，为所有公民提供便捷的信息服务。

在美国，众多知名企业也在数字图书馆的发展中扮演了关键角色，其中IBM 公司尤为突出。1995 年，IBM 启动了其数字图书馆项目，该项目旨在发挥公司在计算机与网络技术方面的领先优势，帮助信息提供者加工、转化及分发其信息资产，以实现全球信息共享并最大化信息的价值。IBM 相继在 1996年和 1997 年推出了适应不同操作系统平台的数字图书馆系统版本。该系统是一个具有高度可扩展性的多媒体管理系统，它具备包括内容制作、发布、存储管理、权限管理以及检索查询等多项功能，并能够将音频、视频、图像和文本等多种信息内容数字化，并通过互联网进行全球范围内的分发。IBM 的数字图书馆系统成为全球首个商业化的系统，并获得了印第安纳大学图书馆、佛罗里达州立图书馆以及国内多家图书情报机构的采纳和应用。

除了大型企业，美国一些研究机构也积极参与数字图书馆的建设和应用探索。例如，贝尔实验室在 1990 年推出了"Right Page Service"系统，旨在为内部员工提供快速便捷的信息获取服务，提高工作效率。此外，"化学联机检索实验"（CORE）项目，由美国化学会、贝尔通信研究所和英国伦敦大学等机构联合开展，致力于构建一个面向化学领域的数字图书馆，为用户提供在线化学文献检索服务。

（二）美国数字图书馆创始计划第一期工程（DLI-1）

美国国家自然科学基金支持下的数字图书馆研究项目致力于探索和开发尖端技术，以应对在网络环境下检索和获取信息的技术难题。该研究项目主要集中在三个关键领域：一是制定数字信息的收集、存储与组织的新技术和方法；二是开发网络信息检索的新技术；三是提升数字信息处理用户界面的体验。项目采用分工合作的策略，六个参与的大学各自担当不同的研究子课题，各自专注于其指定的研究任务。

1. 加州大学伯克利分校：环境科学数字图书馆

加州开展了一项重要的数字化收藏项目，目标是建立一个名为"加州环境资源评估系统"的数字图书馆。该系统主要收集和整合与加州自然环境相关的数字资源，包括环境规划报告、自然资源图片、水资源分布数据以及动植物信息等。项目重点在于研发一套先进的数字图书馆系统，能够有效处理环境信息，并为用户提供便捷的检索和查询服务。该系统的一个关键技术挑战在于如何实现自动标引、智能检索、数据压缩、图像处理以及支持远程访问的通信技术，最终目标是让全球用户都能方便地访问和利用加州的环境资源信息。

2. 斯坦福大学：集成数字图书馆系统

该项目致力于解决互联网环境下不同信息资源库之间互操作性差的问题，目标是构建一个灵活、可扩展的模块化数字图书馆架构。其核心在于建立一个"虚拟"的统一检索平台，为用户提供访问互联网上海量信息资源和电子出版物的统一入口，从而打破信息孤岛，促进信息资源的共享和关联，最终创建一个互联互通的共享信息环境。项目的研究重点包括网络通信模式、用户界面设计以及高效的信息查找服务等关键技术。

3. 加州大学圣塔芭芭拉分校：亚历山大数字图书馆

该项目的核心研究任务是克服在构建包含广泛地理空间多媒体数据的分布式数字图书馆过程中遇到的技术挑战。亚历山大数字图书馆利用其地理信息系统（GIS）可以提供包括地图、卫星图像在内的多种类型的空间参考数据检索服务。这项计划的目标是创建一个数字化图书馆，这个图书馆将向读者提供包罗万象的地理空间信息资料，包括各类地图、图像、照片资料，并辅以一系列创新的图书馆服务功能。

4. 密歇根大学：多媒体数字图书馆

该项目强调通过合作研究的方式，致力于构建并维护一个动态的、可持续发展的多媒体数字图书馆。研究集中在地球科学和宇宙科学的数据整合上，通过开发智能代理技术来聚合广泛而分散的科学资源。这一系统设计使得用户能够在一个平台上检索不同类型的资料，如文字、图像、图表、视频和音频，并且能够对自己发布的内容实施版权管理，进而有机会从版权费中获益。

5. 伊利诺伊大学：工程和科学数字图书馆

项目以校内的工程图书馆为试验场，旨在使互联网检索工具更加用户友好，并为用户提供涵盖工程学和各类科学领域的电子期刊资源。自 1995 年以来出版的工程、物理和计算机科学领域的杂志文章被以 SGML 格式进行数字化存储。研究团队开发了一套软件系统，能够为文章生成元数据、索引、链接、摘要以及实现数据库连接等功能。此外，实验平台直接从出版社获得 SGML 格式文档，并计划将这些文档升级至更先进的 XML 格式，同时将元数据转换为与都柏林核心标准兼容的 RDF 格式，成为都柏林核心标准的扩展链接特性的示范。平台的研究聚焦在发展语义检索技术，目标是为未来的信息系统提供一个可扩展的模型框架。

6. 卡内基梅隆大学：综合信息媒体数字图书馆

项目的宗旨在于建立一个为教学和专业培训设计的交互式数字视频图书馆。该项目的技术开发重点放在了智能化的信息检索、自然语言处理、图像识别技术以及确保网络通信的隐私与安全性上。该数字图书馆系统将使得用户能够在线查询和检索包含语音、图像和文本格式的数字化文献。研究的关键点是如何高效地存储、表现和分类数字图书馆的内容，以及如何为多媒体内容构建索引并实现快速检索。项目团队利用自然语言理解、语音识别和图像理解等尖端技术，使用户能够通过语音指令和视频交互来进行信息查询，从而更加便捷地获取所需资料。

（三）美国数字图书馆创始计划第二期工程（DLI-2）

DLI-2 项目是全球数字图书馆领域最具影响力的基础研究项目之一，它致力于推动全球网络信息资源的开发和利用，并将科研成果转化为实际应用，引领着美国乃至全球数字图书馆的发展方向。DLI-2 项目的研究范围涵盖了环境科学、地质科学、图书馆与信息科学等多个学科领域。该项目秉持以人为本的设计理念，强调技术与人际协作的整合，并关注数字图书馆内容的建设与管理、用户应用与操作的基础设施，以及数字图书馆在不同专业领域和经济社会环境下的发展模式。

DLI-2 项目已向 21 个以上的研究小组投入了约 4400 万美元的研究资金，并且延续了 DLI-1 项目中的某些研究资助。DLI-2 项目致力于拓展 DLI-1 的研究成果，以覆盖更加丰富的内容、多样的媒体形态、不同的平台以及新兴技术。项目的合作伙伴包括内容创建者，以确保研究能够紧密围绕图书馆服务和用户需求来进行，推动新技术的发展。国家科学基金会还发起了一个促进全球科研合作的国际项目。DLI-2 的研究主题覆盖了广泛的领域和技术层面，其研究方向可以划分为以用户为中心的研究、以内容和馆藏为基础的研究，以及以技术系统为核心的研究。下文将深入探讨 DLI-2 项目中的部分研究项目，进行详尽的调查和特征分析。

1. 以人为本的研究

该研究致力于增强信息资源的可用性，并为人们创造信息提供全新的途径。研究的核心集中在发展能够简化复杂信息的抽象技术、构建智能代理以自动化信息任务、设计与用户互动的先进界面，以及创建使用户能够轻松检索和浏览分布式网络中信息资源的工具和技术。

2. 以内容和收藏为基础的研究

该研究围绕数字图书馆聚集和利用的多样化知识资源，目标是创造和推广新的数字化信息资源。这些资源跨越了包括图像、音频、视频和文本在内的多种媒介形式，覆盖了从科学到人文，再到艺术的各个知识领域。研究侧重于探索如何高效存储、呈现和维护数字信息，构建高效的元数据系统，扩大教育资源的数字化应用范围，以及解决数字图书馆环境中的法律和社会问题，特别是关于版权、隐私和知识产权保护的挑战。

3. 以系统为中心的研究

研究集中在构建一个适用于网络环境下的、覆盖广泛的分布式数字收藏体系。研究的焦点是确保所开发的技术和系统能够适应一个动态变化且需要高度灵活性的信息环境，同时满足从个体到集体，从小型机构到大型组织的多样化需求。此外，这些技术和系统应能支持数据资源的持续增长和演变。

二、其他国家的数字图书馆发展概况

（一）日本

日本对数字图书馆建设的重视可以追溯到 20 世纪 80 年代中期。早在 1985 年，日本邮政省就提出了建设电子图书馆的规划，并计划在东京和大阪之间建立一个电子图书馆中心。同年，众多主要的新闻媒体和出版商联合成立了"电子图书馆研究会"，共同推动电子图书馆的发展。进入 90 年代后，日本政府、高校和企业界对数字图书馆给予了高度关注，并投入了大量的资金，启动了一系列实验性的数字图书馆项目，为日本数字图书馆的发展奠定了坚实的基础。

1990 年，日本国会图书馆启动了耗资 4 亿美元的"关西图书馆计划"，目标是建设一个集规模和影响力于一身的数字图书馆，并将其打造成为亚洲地区重要的电子信息中心。该计划的核心是研发一套先进的数字化信息资源处理系统，用于收集、整理和利用各种载体的文献资料，并与国内外数据库实现互联互通，最终实现信息资源的广泛共享和高效利用。总之，日本数字图书馆的研发工作有以下三个重点。

1. 馆藏资源的数字化技术

日本在数字图书馆领域展示了其领先的技术实力，早在 1996 年就已经实现了 1 000 万页文献资料的数字化，包含 7 000 多幅国宝级别的超高清晰度图片。在日本，如儿童电子图书馆、日本学术情报中心、日本国会图书馆关西新馆等重要的数字图书馆项目已经顺利完成建设并正式对外开放服务。

2. 信息系统技术

日本的信息技术促进局、信息技术开发中心以及多家知名计算机公司通力合作，研发了一套基于宽带综合业务数字网络（B-ISDN）的先进信息检索系统和电子图书馆数据库系统。该系统利用高速网络技术，实现了远距离的信息传输和资源共享，并为用户提供了多种便捷的信息查询和检索途径，极大地提升了信息获取的效率和便利性。

3. 日本空间协作系统计划

在这一项目中，奈良先端科学技术大学、京都大学、筑波大学、东京科技大学和图书馆情报大学等学术机构联手进行研究合作。通过他们的共同努力，项目成功实现了日本境内 116 个高等学府共 139 个网站上视频资源的互联共享，这一成就标志着项目在资源共享方面取得了明显的成绩。

（二）英国

不列颠图书馆自 1993 年起启动了数字图书馆计划，目标是通过数字技术提升文献资源的利用效率。2000 年，该馆提出了"信息利用倡议"，探讨图书资料的数字化与管理规范。近年来，英国一些高校与 IBM 合作开发电子图书馆，方便师生获取学习资源。同时，多个机构联合研究数字图书馆技术及经济问题，旨在建立一个高效的信息网络系统。

（三）加拿大

加拿大的数字图书馆建设始于 1997 年，由国家图书馆主导，推动了数字图书馆联盟的形成，涵盖 50 余家图书馆。该计划旨在促进数字资源的转换与应用，通过加强沟通、推动标准化，协调全国数字化项目，以确保互操作性和项目质量。主要目标包括促进交流与推广、评估建设效果、制定规范、探讨最佳合作方式、避免资源重复数字化，及在知识产权研究方面进行探索，强调各参与者在整个流程中的协调与合作。

（四）法国

法国在数字图书馆建设方面积极进取，一方面大力推进"百万馆藏数字化计划"，将大量的馆藏资源转化为数字格式；另一方面，积极参与国际合作，例如参与了"欧洲电子图书馆图像服务计划"等多国合作项目。蓬皮杜中心还计划通过互联网向法国所有用户开放 15 万幅数字图像资源。法国国家图书馆作为这些项目的核心参与者，承担着数字化馆藏资源的建设和网络化开放的任务，为数字图书馆的研究、开发和商业化应用奠定了坚实的基础，并积累了丰富的经验。目前，法国数字图书馆已拥有超过 3 000 GB 的馆藏数据和 830 万条文献记录。

（五）德国

早在 1995 年，德国、英国、法国等欧洲多个国家就已开始合作探索数字图书馆的建设和应用，并通过互联网向全球用户提供数字图书馆信息服务。1996 年，德国联邦内阁正式批准了 1996—2000 年信息技术发展计划，该计划的核心目标是建立一个全球性的电子图书馆，并开展电子出版业务，利用先进的信息技术为全球用户提供电子图书馆服务。德国政府为此投入了高达19亿欧元的巨额资金，显示出其对数字图书馆建设的高度重视和大力投入。

（六）新加坡

1994年，新加坡政府推出了一项雄心勃勃的"图书馆发展计划"，旨在链接新加坡公共图书馆的丰富藏书资源与500多个学术和专业信息库，以此构筑一个开放、无界限的电子图书馆网络。随着项目的推进，新加坡政府采取了一系列措施，包括为数字图书馆的"代购"服务和"弱势群体"用户提供专门的教育培训项目，实施了旨在循环利用计算机资源的再循环计划，并且提供了多语言服务选项，为残疾人士开发适用的键盘和软件。通过这些努力，新加坡力图提高其数字图书馆服务的覆盖率，鼓励国民加入数字图书馆的行列，享受数字阅读和学习的便利。

（七）澳大利亚

在1995年，澳大利亚政府就已经开始投资国家图书馆的数字化项目，提供了1000万澳元的资助，旨在帮助图书馆对其丰富的藏品，包括珍贵的古代文献和土著文化遗产，进行数字化处理。经过多年的努力，维多利亚国家图书馆已经完成了对其图片藏品的全面数字化，并且创建了一个在线图片库，让这些宝贵的资源能够通过互联网被世界各地的人们所访问和研究。

三、国外数字图书馆建设的特点

（一）严格规划，分工协作

在全球范围内，数字图书馆的建设通常涉及广泛的规划与协调工作，涵盖了理论研究、应用开发、产业链构建和市场需求分析等多个方面。典型的例子如"美国记忆"项目、DLI-1 及 DLI-2，它们汇集了来自不同领域的专家和利益相关者，从而确保项目的全面性和高效性。这些项目强调跨领域合作的重要性，集结了来自政府、学术界、出版行业、图书馆和信息技术产业的专业人士及最终用户共同参与。特别是在"美国数字图书馆创始计划"中，科研协作被置于核心地位，项目的协同工作不仅是在组织层面，也体现在各相关部门和单位的实际协作与执行中，这种合作模式被视为项目成功的关键。

数字图书馆计划体现了一种跨学科、多部门合作的研究模式，以高等学府为主导，汇聚了来自不同院校、图书馆、学术机构、企业界和政府机构的力量，形成了一个具有战略意义的联盟网络。这样的合作平台不仅在知识和技术层面上实现了资源共享，而且在人力资源、资金投入和物质支持等方面也提供了大力协助。成员不单是数字图书馆研究成果测试的参与者，更是将科技成果转化为实际应用和市场产品的推动者。这种合作关系突显了数字图书馆领域研究的复杂性和挑战性，表明只有通过广泛的学科交叉和部门协作，数字图书馆的研究才能获得实质性的进展和成就。

（二）研究涉及面比较广

数字图书馆的建设并非简单的技术堆砌，而是一个涉及多学科、多领域的复杂系统工程。以美国的 DLI-2 项目为例，其研究内容涵盖了数学、医学、教育、政治、生物、地球和空间科学等众多学科，体现了多学科交叉融合的理念。该项目的研究内容包括信息的创建、检索、利用、存储和保护等各个环节，通过将这些研究内容有机结合，最终构建了一个完整的数字图书馆体系。美国数字图书馆创始计划在资源开发和技术研发方面进行了轻重缓急的区分，确保了研究工作的全面性和深入性，体现了统筹规划和协调发展的重要性。这种"分而治之，合而为一"的研究模式表明，数字图书馆的建设不能仅仅依赖于单一的技术研究，必须依靠多学科、多领域的通力合作才能最终成功。

（三）研究的重点各有不同

目前，国际上对数字图书馆的研究主要可以归纳为技术驱动型、资源驱动型和服务型三大类。美国国家科学基金会支持的工作大多以技术进步为核心，而日本的研究着重于资源的深度开发，欧洲则侧重于提升数字图书馆的服务能力。多数数字图书馆项目已经超越了初期的实验阶段，研究关键点由原先的技术开发转向了构建一个功能丰富、综合性强的数字图书馆。以美国DLI-2计划为例，其所倡导的以用户需求为导向和构建以系统为核心的框架，目标在于充分利用数字信息资源，搭建一套高效服务于读者的实用数字图书馆系统。

（四）注重基础设施的支持

从国际上的经验来看，数字图书馆的成功建设是以电子图书馆网络为前提的，这意味着建立一个优秀的网络环境是其基础。数字图书馆依托网络的力量来承载和传播大量的信息，因此，它的构建和有效运作必须立足于先进的计算机技术和网络技术基础。

（五）国外数字图书馆运营模式

1. 国家投资

数字图书馆建设是国家信息化建设的重要组成部分，许多国家都将其作为国家战略予以高度重视。世界各国重要的数字图书馆项目往往由政府主导，并获得大量的财政支持。例如，美国政府为"美国记忆"项目拨款1500万美元，用于将美国国会图书馆的珍贵馆藏资源数字化；日本政府也为国会图书馆的数字图书馆项目投入了50亿日元。

2. 基金会等机构的资助

全球的数字图书馆项目在财务上主要依赖于各种非政府机构的支持。举例来说，美国的"美国记忆"项目部分经费由私人企业、基金会以及个体捐助者提供，而英国的高等教育机构则通过联合信息系统委员会管理了 1500 万英镑的初始投资，用于发展其电子图书馆系统。此外，美国的国家科学基金在两个阶段的数字图书馆倡议（DLI-1 和 DLI-2）中，分别投入了数千万美元的资金，确保这些项目的顺利进行和扩展。

3. 专业机构投资、市场化运营

专业的数字图书馆工程并非泛泛而谈的数字资源整合，而是通常着重于对特定专业领域的馆藏进行数字化。例如，美国计算机协会（Association for Computing Machinery，ACM）的数字图书馆就以其在计算机科学领域内的专业论文和杂志的数字化为核心，为研究者提供了方便快捷的全文访问服务。这种以专业领域为导向的数字化策略，能够有效地满足特定用户的需求，并提升资源的利用率。

此外，一些数字图书馆的运营模式也采用了市场化机制。例如，美国网络图书馆（Net Library）就由企业出资并以市场化运营模式进行运作，这体现了数字图书馆的建设和运营可以结合市场机制，从而提高效率和可持续性。

第三节 我国数字图书馆的发展概况

20 世纪 90 年代中期，中国政府开始重视数字图书馆的建设。国家科技部在"863"计划框架下，专门设立了"中国数字图书馆发展战略研究软课题"以及相关的科研项目。"中国国家实验型数字式图书馆计划"的启动，标志着中国数字图书馆建设的正式起步。当时，包括清华大学、北京大学、国家图书馆、辽宁图书馆和上海交通大学图书馆等多家知名高校及公共图书馆都积极参与其中，开展了大量的课题研究。

一、我国数字图书馆的研究与发展现状

（一）中国数字图书馆工程

中国数字图书馆计划是一项涉及广泛区域与行业的综合性项目，其主要目标是利用宽带网络建立一个内容丰富且质量上乘的中文文献数据库，以此推动全国范围内的创新体系建设。在构建过程中，该计划秉持着从简到繁、逐步扩大的理念，确保能够有效地整合各类信息资源。这项工程不仅着眼于科学技术领域，还深入到了文化传承、法律制度、教育发展等多个层面。目前，包括艺术、科学和技术资料库，以及关于中华人民共和国历史、经济状况、中共党史、中华文明历程、法制体系、教学材料、知名人物介绍和软件开发等方面的专项资源库都在紧锣密鼓地筹备当中。

在技术层面，中国数字图书馆工程选择了与国际主流技术相接轨的技术方案，例如标准通用置标语言（SGML）、统一资源名称（URN）和公共对象请求代理结构（CORBA）。在自主研发的基础上，该工程还积极吸收和整合国外先进的技术成果。通过这些技术的应用，项目旨在构建一个灵活且全面的网络联机系统，让用户能够高效地检索和访问各种资源。此外，为了更好地服务于国内用户，工程团队还特别开发了中文用户界面，并大力推广网络的普及应用，从而使得更多人能够轻松获取在线资源，显著提升信息资源的利用效率。

（二）国家科技数字图书馆

2000 年 6 月，经国务院批准，多个国内顶级图书馆和信息机构联合成立了国家科技图书文献中心。这个中心汇集了众多科研信息资源，成为国内科研领域的重要资源机构。中心的成立旨在整合和共享科研信息资源，为国家的科技发展提供强有力的支持。中心的工作由主任领导，负责统筹和协调各成员机构的资源和服务。

国家科技图书文献中心的成立是为了满足国家科学技术发展的需求，中心秉持"统一采购、规范加工、联合上网、资源共享"的原则，致力于收集、整理和挖掘各种科学科技文献资源，并向全国提供服务。中心的目标是推动科技文献资源的深度加工和共享，实现资源的快速传播和高效使用，从而支持政府的科学决策、科学技术研究、技术创新和人才培养。为实现这一目标，中心建立了"国家科技文献资源网络服务系统"，这是一个集数据加工、集中建库、检索为一体的网络化信息服务体系。该系统已开设了多个数据库，包括科技图书、中文会议论文、科技期刊等，注册用户可以随时查询和获取所需资源。

（三）中国高等教育文献保障体系

中国高等教育文献保障体系是中国高等教育发展的重要组成部分，它是一个具有中国特色的现代文献信息服务体系。该体系建立在中国教育和科研计算机网（China Education and Research Network，CERNET）的基础上，旨在整合和优化高等教育资源配置，提高资源的利用效率。中国高等教育文献保障系统（China Academic Library & Information System，CALIS）遵循"整体规划、合理布局、相对集中、联合保障"的原则，由北京大学图书馆管理中心管理。该体系已经建成一个全国中心、区域中心、会员馆三个层次的网络体系，覆盖了全国众多重点高校，并向其他大学开放共享资源。CALIS 提供了丰富的数据库资源，包括科技期刊、会议论文、科技图书等，并实现了网上在线协作编目和联合目录数据库。同时，CALIS 还引进了大量高质量的数字资源库，为各高校和国家节约了大量经费。

（四）中国实验型数字式图书馆计划

中国实验型数字式图书馆计划是由文化和旅游部发起的一项重要项目，旨在借鉴美国的数字图书馆创建经验，以国家图书馆、上海图书馆、辽宁图书馆等为主要实验基地，通过数字化资源和技术方案的实施，提供覆盖全国乃至全球的数字图书馆网络服务。该计划的核心目标是建立一个分布式、可扩展且可互操作的数字图书馆系统。

在实施过程中，该计划成功设计和研制了通用的数字图书馆系统，建立了适用于广泛内容资源的数字化加工系统，并构建了一个跨地域、多馆合作的网络资源建设体系。这些技术基础设施为数字图书馆的高效运行提供了坚实保障。此外，该计划还在全国范围内建立了30多个数字资源库，这些资源库不仅能够互相操作，而且在网上运行良好，为用户提供了便捷的访问和检索服务。

（五）教育部数字图书馆的攻关项目

教育部委托多所著名高校合作推进数字图书馆项目，研究的重点包括图书馆的结构设计、检索机制及标准制定。清华大学与 IBM 公司合作，共同开发了先进的数字图书馆系统，提升了信息服务的效率和功能。华南理工大学成功创建了一个可以存储大量影像资料的数字影像库，而上海交通大学则专注于数字图书馆模型的建立，将校内的各种资源进行数字化处理和整合。

（六）中国知识基础设施工程

中国知识基础设施工程（China National Knowledge Infrastructure，CNKI）是中国的一个重大知识信息建设项目，成立于1999年，通过多个机构的合作，致力于打造一个涵盖知识信息采集、加工、存储、传播和服务的综合系统。CNKI 的主要目标是实现知识资源的数字化、网络化和共享化，提供便捷、高效的信息服务。通过不断引入国内外优质的数字信息资源，开发多种类型的数据库和信息产品，CNKI 已成为全球最大的中文期刊文献数据库，并为用户提供了多样化的信息服务和支持。同时，CNKI 还通过各种项目和计划，不断扩大其服务范围和深度，为中国的知识创新和经济发展做出了重要贡献。

（七）万方数据资源系统

万方数据资源系统是一个多功能的信息服务平台，自 1997 年起便开始在互联网上运营。该平台分为三个主要部分：科技信息服务、商务信息服务和数字化期刊服务。科技信息服务主要面向高校师生、科研机构和科技工作者，提供专业文献、会议论文和学位论文等丰富的数据库资源。商务信息服务则专注于为企业和商业用户提供商业资讯、市场分析和解决方案。数字化期刊服务基于"数字化图书馆示范系统"，收录了大量科技期刊的全文内容。作为国内首个提供免费全文电子杂志的公司，万方数据已在全国建立了广泛的服务网络，拥有庞大的用户群体。其强大的技术平台开发能力、丰富的数据库资源和独特的网络运营模式使其成为国内信息服务领域的重要组成部分。

（八）辽宁省图书馆与 IBM 合作的数字图书馆项目

辽宁省图书馆率先引进 IBM 数字图书馆技术，成为国内首家应用该技术的图书馆。该系统集数字化处理、网络信息发布、多媒体阅览和视频点播等功能于一体，为读者提供了更便捷、更丰富的阅览体验。

（九）全国党校系统数字图书馆：建设计划项目

进入 21 世纪，国家和高校开始大力推动数字图书馆的建设和研究。2001年，国家发展计划委员会批准了党校系统数字图书馆的建设计划，并投入了近 2 亿元的资金。与此同时，国内许多高校也相继成立了数字图书馆研究院，开展相关的研究和建设工作。

二、我国数字图书馆建设的特点

（一）我国数字图书馆的运行模式

1. 国家与单位投入，免费提供给用户使用

在国家计委的支持下，中国积极发展数字图书馆和文献保护体系。国家计委批准了实验型数字图书馆的启动，同时推动了高等教育文献保障体系项目的实施。此外，上海数字图书馆对其古籍收藏进行了全面的数字化，并向广大读者免费提供这些珍贵的数字资源，促进了知识的广泛传播与共享。

2. 国家与企业投入，市场化运作

中国数字图书馆有限责任公司，隶属于国家图书馆控股企业，其首期资本筹集通过公司股份经营及公开募集的方式实现，该过程遵循市场化的运作机制。

3. 企业投入，市场化运作

超星数字图书馆成功研发了一种便捷、经济的数字图书解决方案，该方案采用自主研发的图文资料数字化技术和专用阅读软件，为用户提供了便利的阅读体验。同时，通过发行"超星阅读卡片"，超星数字图书馆实现了版权保护和报酬支付，为数字出版行业提供了一个创新模式。

（二）我国数字图书馆的研究力量

我国的数字图书馆研究主要由图书馆、科研组织和企业共同参与，图书馆在其中起主导作用，但在科技和资金上相对薄弱。目前，国内对数字图书馆的认知仍局限，缺乏有效的合作机制。数字图书馆的建设是复杂的系统工程，需要各方协同努力，但许多机构尚未意识到这一点，导致在低水平建设上反复投入，浪费了有限的资源。

（三）资源数字化是研究的重点

目前，我国数字图书馆的研究重点在于数字化信息资源，多个相关课题都涉及这一领域。在建设过程中，许多图书馆还专门设立了资源数字化系统。比如，中山图书馆的《中文通用全文信息资源数字化格式》、清华大学的建筑元数据项目及北京大学的拓本和敦煌元数据项目，均展示了对数字化信息资源的重视。

（四）目前存在的主要问题

虽然我国在数字图书馆建设方面的投入和关注度明显低于其他国家，但这并不是无法改变的。为了推动数字图书馆建设的快速发展，我们亟需建立一个多元化的投资体系。这个体系将包括各级政府、企业、机构和个人共同参与，以确保资金的相对稳定和可持续。同时，制定相关法律法规和政策，对于确保投资的连续性和系统性有着重要的意义。同时，政府也需要进行宏观规划，避免信息资源的分散和重复建设，提高整体建设效率，确保数字图书馆的长期可持续发展。

第四节　数字图书馆的发展趋势与方向

一、数字图书馆的发展趋势

（一）从基于数字化资源向基于集成服务和用户信息活动的范式发展

数字图书馆的进化之路并非一蹴而就，而是经历了由浅入深、由单一到综合的发展历程。第一阶段，数字图书馆主要致力于搭建数字资源平台，为用户提供便捷的数字文献检索和获取途径，突破了传统图书馆时空的限制。

然而，随着信息技术的发展和信息资源的日益丰富，单一的资源建设模式已无法满足用户的需求。于是，第二阶段的数字图书馆开始强调数字信息系统间的互联互通，实现数据资源和服务的共享，构建一个整合的信息服务平台，这标志着数字图书馆从单纯的资源库向综合服务体系的转变。它不再局限于某个特定资源，而是整合各种分散的数字信息资源，形成一个统一的信息服务系统，构建了一个与传统图书馆截然不同的新体系。

然而，即使拥有庞大而完善的资源和整合的平台，如果没有以用户为中心的理念，数字图书馆的价值仍未得到充分体现。第三阶段的数字图书馆将用户信息活动放在核心位置，通过对数字信息资源与信息服务的深度组织、整合和嵌入式服务，为用户提供更便捷、更深入、更有效的检索和信息利用途径。这种以用户需求为导向的模式，不仅能帮助用户快速有效地获取所需信息，更能促进用户与信息资源之间的互动，创造更加丰富的用户体验。

（二）数字信息存储的全息化

随着数字图书馆的快速发展，如何有效存储和管理海量的数字资源成为一个迫切的问题。传统的存储技术已经无法满足数字图书馆的需求，而全息数字技术的出现为解决这一问题提供了新的希望。全息数字技术可以将数字资源压缩成更小的空间，从而大大降低存储设备的经费需求。同时，全息数据存储的容量大、传送速度快、存取响应快等优点使得它成为数字图书馆的理想选择。因此，全息数字技术将成为未来数字图书馆的重要组成部分，为用户提供更快捷、更便捷的查询和检索服务。

（三）多种资源的高度集成，易用性更强

在数字图书馆的发展中，资源的多样性和整合性是关键。未来，数字图书馆不仅要囊括纸质图书、报纸等传统资源，还要纳入多媒体、音频等新型资源。这些资源应该被有机地整合起来，实现一键式检索和智能化推荐。通过采用信息导航、知识管理、全文检索等技术，数字图书馆可以变得更加智

能和用户友好，让使用者能够轻松地找到所需的信息。这种智能化和人性化的设计，将使数字图书馆成为人们学习和研究的得力助手。

（四）数字化技术进一步完善

数字图书馆的建设是一个复杂的过程，需要集成多种技术，如计算机、网络、通信等。随着技术的飞速发展，数字图书馆面临着许多挑战，包括信息安全、数据传输、用户界面等。为了满足用户的需求，数字图书馆需要解决一些关键技术问题，如软件的可重用性、多语言处理、自动识别和人工智能等。此外，建立高速的数据传输信道也是数字图书馆建设的重要环节。只有不断完善和发展这些技术，才能真正实现数字图书馆的价值。

（五）标准化建设取得较大进展

数字图书馆的建设目标是实现资源的广泛共享与高效利用。然而，海量资源的多样性、来源的复杂性以及技术标准的差异性，都给资源的互通互联带来了巨大的挑战。为了打破信息孤岛，构建一个真正意义上的数字图书馆，必须优先解决标准化和规范化的问题。这包括统一数据格式、元数据标准、接口协议等。只有在这些方面达成共识并严格执行，才能有效整合来自不同机构、不同系统的数字资源，最终实现全球范围内的资源共享，并提升数字图书馆的服务水平和影响力。这不仅是技术问题，更是协调各方利益、推动行业发展的重要战略举措。

（六）社会化和国际化趋势

数字图书馆的未来发展方向在于社会化和国际化。全球范围内，众多科技研究机构和高校正携手推进数字资源的研发与创新。例如，美国国家图书馆联盟与15家大型图书馆及国家档案局紧密合作，共同探索数字图书馆的前沿技术。同时，G7全球数字图书馆联盟在法国成立，汇聚了法、日、英、德、意、美、加七国的国家图书馆，随后俄罗斯的加入使其扩展为G8联盟，专注于数字图书馆的建设与研究。此外，1997 年，环太平洋地区的知名大学图书馆及国家图书馆联合成立了环太平洋数字图书馆联盟，包括我国的北京大学图书馆和中山大学图书馆等成员，致力于开发多语言的网上图书存取系统和文档传输系统，构建一个分布式、大规模、多语言的数字图书馆网络。

二、数字图书馆的方向

（一）加强数字图书馆建设的战略管理

数字图书馆建设在我国信息化进程中扮演着至关重要的角色，涵盖了技术、管理和服务等多个领域。作为一个涉及多个部门和行业的复杂系统工程，数字图书馆的建设需要国家层面的统一规划、组织和协调。为了实现通过互联网为广大读者提供全面信息服务的目标，必须从战略管理的高度出发，解决一系列宏观问题。这些问题包括数字化建设与体制创新、数字图书馆的信息服务与知识产权保护、数字图书馆与传统图书馆的关系、与国家信息基础设施的融合、业务的社会化与个性化等。只有通过加强项目的总体规划和可行性分析，才能确保数字图书馆建设的方向正确，避免在技术和工程决策上的重大失误，从而切实提高项目的整体效益。

（二）加强特色化数字资源建设

在构建数字图书馆时，数据库资源的开发与应用是关键环节。为了防止网络资源的浪费和低效利用，数字图书馆需重视数据库的系统性建设。建设过程中，应从全局出发，避免盲目追求全面创新，而是要根据自身条件，形成独特的馆藏特色，推动全球范围内的资源共享，减少重复建设。数字图书馆不仅服务于传统的到馆读者，更要面向广阔的网络用户，因此，必须加强网络服务体系的建设，提供多样化的远程服务。通过深入开发馆藏资源，提供个性化信息服务，数字图书馆能够更好地满足高层次用户的需求，增强自身的核心竞争力，实现长期可持续的发展。

（三）加强数字图书馆建设的合作与协调

数字图书馆的建立是一个需要多方协作的复杂工程，涉及计算机科学、网络通信、软件开发等多个领域的技术融合。面对这一挑战，单靠一方的努力或资金投入是远远不够的。必须通过跨部门、跨国界的合作，利用全球化的科技资源来推动数字图书馆的创新。特别是与国际科技公司的合作，可以引入先进的技术和理念，帮助打造具有竞争力的数字图书馆平台。同时，国内图书馆界应意识到自身在项目主导中的核心地位，积极寻求与科技、企业界的合作，吸引更多的资金和技术投入。通过这种开放合作的模式，不仅能避免重复建设，还能在宏观层面更好地协调资源，推动数字图书馆的全面发展。

（四）数字图书馆的可用性评价

在数字图书馆的设计和评估中，可用性是一个至关重要的标准，它体现了系统在实际操作中的功能表现和用户满意度。具体来说，可用性涵盖了用户界面的直观性和系统在不同组织环境中的适应性。界面可用性决定了用户在使用过程中是否能够直观、有效地完成任务，而组织可用性则考验系统能否融入特定机构的运作流程。数字图书馆的工作人员和开发者都需要重视可用性，因为它直接影响到工作效率和系统的成功实施。可用性不仅仅是技术实现的挑战，更是确保用户需求与系统功能之间达到最佳匹配的艺术。

数字图书馆的兴起将深刻改变公众获取和利用信息的方式，并对信息的使用范围及深度产生重大影响。因此，构建一套科学的数字图书馆可用性评价体系显得尤为关键。以下为数字图书馆可用性评价体系的主要原则。

1. 易学

数字图书馆系统应秉持便捷易用的设计理念，确保用户能够轻松上手。在实际操作过程中，系统应为首次使用者提供详尽的新手教程和咨询服务，以构建优质的学习与咨询环境，从而有效提升图书馆服务的整体质量。

2. 易记

数字图书馆在系统架构、用户界面、功能模块及操作流程等方面应维持一致性，以提升其易用性，最大限度地降低用户的认知负荷，确保用户即便在经历一段时间间隔后重新使用数字图书馆，亦无需重新学习其操作方法。

3. 高效

数字图书馆作为一种高效的系统，能够有效地满足读者的信息需求，并且作为一种提升数字图书馆信息资源使用效率的有效手段。

4. 容错

数字图书馆必须具备卓越的容错能力，以保障其能够持续、稳定地运行；当用户操作出现失误时，系统应迅速向用户反馈，并提出纠正建议或进行自我修正。

5. 愉悦

在用户利用数字图书馆的宝贵时光里，应致力于营造一个舒适、愉悦的阅读环境。因此，数字图书馆系统在设计和实施过程中，应充分考虑如何有效预防和减少用户在使用过程中可能出现的挫折感、厌倦感和沮丧感等负面情绪，确保用户能够享受到高质量的阅读体验。

6. 服务差异化

成功的数字图书馆建设，关键在于以用户为中心。这意味着要充分理解不同用户的知识背景、阅读习惯和信息获取方式，并在此基础上提供个性化的资源和服务。例如，针对学术研究人员，可以提供高级检索功能和专业数据库；而针对普通读者，则可以提供简易的导航和推荐系统。同时，经济可行性也是至关重要的考量因素。数字图书馆的建设和维护需要大量的资金投入，因此必须在系统建设、资源采购和运营维护等方面进行成本控制，并确保其能够产生相应的经济和社会效益，最终实现资源的可持续发展，并让用户能够负担得起。

（五）加强数字图书馆的知识管理

1. 知识创新

知识创新是建设和管理数字图书馆的核心，它强调运用创造性思维来应对新型线上图书馆的需求。与传统图书馆相比，数字图书馆在理念、运营模式和管理方法上都有根本性的不同。为了更有效地促进数字图书馆的发展，必须持续推动图书馆学领域的知识创新。在这一过程中，数字图书馆的专业工作者将成为推动图书馆学进步与创新的重要力量。

2. 知识组织

数字图书馆中的知识组织是一种将复杂的知识要素和其相互关系梳理和表达的过程，从而使人们能够更深入地理解和运用这些知识。通过对知识的内在结构和语言组织原则的分析，可以将知识组织方法分为多种类型。其中，基于知识内在结构的组织方法关注知识的基本组成单位和其相互关系，而基于语言组织原则的方法则强调语言在知识表达和组织中的作用。

3. 知识开发

在数字图书馆中，知识开发是一个将信息转化为价值的过程。通过运用数据挖掘、知识发现等技术手段，对海量的信息进行提炼、分析和加工，可以发现隐藏在信息中的规律和模式，从而形成新的知识和见解。这种深层次的信息加工使得数字图书馆中的信息资源能够被更有效地利用，形成具有特殊价值的知识产品，为用户提供更深入的洞察力和决策支持。

4. 知识的扩散与运用

有效地管理和推广知识是数字图书馆成功的核心。这不仅涵盖了内容的广泛分发和实际应用，还包括了开发一系列有助于创意产出和知识分享的管理和技术结构。为了促进知识的增长和利用，数字图书馆需要采用各种高级技术，如智能信息检索、元数据处理、XML 标记语言、个性化知识管理工具、整合数据平台、大数据存储、自动化代理技术、数据挖掘和智能化搜索功能等。因此，在数字图书馆的建设过程中，重点应放在开发和实验那些能够增强内容管理和知识处理能力的技术上。

（六）加强数字图书馆的标准化管理

数字化图书馆的发展是一个跨学科的集成项目，它要求图书馆学、情报学、文化、档案以及信息技术等领域的机构共同协作。鉴于数字图书馆所蕴含的丰富多样的信息类型，包括文本、表格、图形和音频等，实行统一的管理标准和规范化过程成为确保信息共享和高效服务的基础。这些标准涉及信息的检索、编目、保存、交换和利用等方面。数字图书馆建设的标准体系主要分为两个方面：一方面是文献信息领域的专业技术标准，包括图书馆学、出版业和档案学的通用及相关标准；另一方面是与信息技术相关的计算机、网络通信和数据库的构建标准。目前，数字图书馆的标准化和规范化工作还存在一些不完善的地方，如网站评估、质量保证体系、软件标准及性能评价指标等，都需要持续的改进和发展，以提高整个数字信息系统的质量和效率。

（七）加强数字图书馆用户的研究与关系管理

构建数字图书馆时，用户的需求和体验是至关重要的，它们是图书馆能否成功并持续发展的根本。因此，用户的喜好和需求应引导资源的构建和管理流程。要实现这一目标，数字图书馆需要实施有效的用户关系管理策略，这包括使用先进的管理工具和方法来深入了解用户，识别最有潜力的用户群体，并通过互动、教育及培训来提升服务水平，从而增加用户满意度。虽然数字图书馆面临着用户群体多样性和需求快速变化的挑战，目前的资源采集模式还是以满足大体用户群体为主，这暴露出在个性化服务方面的不足。

在数字图书馆的运营中，用户关系管理成为关键的一环。其主要目标是把用户关系作为一项宝贵的资产，深入挖掘用户的具体需求，并通过提供精细化的服务使用户由初次接触到变成忠实支持者。这意味着数字图书馆需要从传统以资源建设为核心的"内视型"运作模式，转向更加关注用户体验和满意度的"外视型"服务导向。随着数字图书馆环境的不断变化和用户期望的提高，"外视型"管理成为提升服务效率和质量的关键手段。数字图书馆需要借助对用户关系的深入分析，实现管理策略和服务流程的创新，不断提升用户满意度和忠诚度，确保图书馆的持续发展和竞争力。

在数字图书馆领域，对用户关系的深入管理是保障其长期成功的关键。用户关系管理的核心任务是深化对当前和未来用户的认识，这包括用户的识别、分析和需求预测，以及维护用户之间的互动关系。通过综合运用用户数据收集、用户活动跟踪以及用户行为分析，数字图书馆可以更精确地定位并满足用户的多样化需求，从而提高服务品质，增强用户满意度和忠实度。用户关系管理是一项全方位的战略行为，需要数字图书馆持续投入资源和精力，对用户与图书馆之间的相互作用进行精细管理，以实现长期和谐的发展。

随着数字信息时代的不断进步，数字图书馆必须应对越来越多的竞争挑战。为了保持其市场地位，数字图书馆必须演变成一个更具运营效率的组织实体，专注于捕捉和满足用户的具体需求。利用先进的信息技术来深度分析用户需求，并迅速作出反应，是保持竞争力的关键。有效的用户关系管理不仅能够维持现有用户基础，还能吸引新的用户群体，并重建与流失用户的联系。通过让用户感知到他们对图书馆的价值与重要性，可以培养更深厚的忠诚度，支撑数字图书馆的稳健成长。因此，开展深入的用户关系研究和管理，对于打造数字图书馆的核心竞争力至关重要。现代数字图书馆的成功运营依赖于对用户关系的有效管理。这需要图书馆从多维度深入了解用户，包括他们的需求、行为习惯、心理特征等。在此基础上，图书馆需要提供精准、高效、人性化的服务，并持续评估和改进服务质量，最终打造以用户为中心的良好生态，最大化图书馆的社会价值。

三、网格技术的发展对数字图书馆的影响

（一）网格技术的特点及其意义

网格技术作为一种新兴的信息技术，结合了计算机、数据资源和互联网的发展趋势，致力于通过网络为用户提供计算能力和信息资源。它构建了一个统一、开放、标准的计算环境，能够整合高性能计算资源、软件工具、应用程序以及海量数据存储，帮助解决复杂的系统构建挑战。

网格技术的核心特征是资源共享。通过将整个网络中的不同资源连接在一起，网格系统能够形成一个庞大的虚拟计算机，实现硬件、存储、软件、通信、计算以及知识等各类资源的全面整合与共享，克服了当前互联网资源分散、利用效率低下的难题。

（二）网格技术在数字图书馆建设中的应用

数字图书馆借助多种技术手段，将分散在不同地点和介质上的数字资源进行联网整合，实现资源共享与高效管理，方便用户通过互联网进行查询和检索。网格技术结合了计算机、数据资源和互联网的优势，具备资源共享、高效性能和异地协同等特点，为数字图书馆的进一步发展提供了理想的技术支持。

1. 网格为数字图书馆构造了统一的平台

网格技术的主要优势在于有效降低网站建设和网络服务的成本。它通过资源共享，将分散的计算机、数据和信息整合，构建应用网格，为数字图书馆的综合信息服务提供技术支持。在网格环境中，资源实现统一管理，用户可以便捷地检索和获取所需信息。基于对现有网络结构的分析，网格技术提出了一种新的信息平台和软件架构，具备分布式、协作和智能化的特点，使用户能够通过一个入口获取所有所需信息，而不必从大量网页中查找。

2. 网格有利于数字图书馆的信息集成

数字图书馆的建设涉及多个领域，只有多方协作才能确保其顺利实施。网格技术通过高速互联网整合分散的资源，提供高效的计算、管理和服务能力，即使在分布式异构环境中，网格也能精准获取所需资料。用户可以像使用电力一样无缝利用这些资源，而无需关注其来源或负荷。网格计算有效组织远程资源，形成强大的虚拟计算网络，提供强大的服务支持，现已成为整合远程异质资源的关键技术。

3. 网格有利于实现数字图书馆的资源共享

网格技术是实现网络资源全面共享和互联的关键。通过网格技术，可以将不同类型的数据源和计算机资源连接起来，形成一个巨型的计算机系统，为用户提供统一的访问接口和智能的资源共享。网格技术的优势在于其透明性、可靠性和负载平衡，能够有效解决信息孤立问题，实现信息资源的全面共享和利用。与传统的电脑网络相比，网格技术能够实现更高层次的资源共享和互联，真正实现网络资源的全面利用。

4. 网格有利于数字图书馆的海量数据处理

数字图书馆的建设和运营需要处理和分析大量的数据，这正是网格技术的强项。网格技术可以将分散的计算机资源连接起来，实现海量数据的高效计算和处理。通过网格技术，用户可以快速查询和检索所需数据，提高查询效率和体验。同时，网格技术还可以实现计算资源的智能分配和科学优化，缩短处理时间，降低成本。网格技术是数字图书馆的重要技术基础，它为分布式和异构环境下的信息资源发现和知识挖掘提供了强大的支持。借助网格技术，数字图书馆可以更好地实现信息资源的共享和利用，为用户提供更好的服务。

5. 网格有利于数字图书馆进行知识管理

网格技术的知识生产特性是其与互联网的根本区别。互联网主要依赖于人工上传和查找信息，而网格技术可以根据用户需求，自动生成知识和信息。通过高性能计算机和智能算法，网格可以从原始数据中提取有价值的信息，并进行全面分析和处理，形成新的知识和理解。这种能力使得网格技术在数字图书馆的知识管理中具有重要意义。随着网格技术的发展，数字图书馆的功能和服务质量将得到显著提升，用户可以更方便地获取所需信息和知识。网格技术将自动分析和处理用户的查询请求，并提供准确和全面的查询结果，进一步提高数字图书馆的服务水平和用户体验。

（三）网格对数字图书馆的挑战

随着数字图书馆的快速发展，网格技术的研究和应用面临着新的挑战。虽然网格技术具有强大的资源共享和处理能力，但其应用仍受制于应用移植和代码重写等问题。要将现有的数字图书馆应用程序移植到网格环境中，需要大量的技术支持和协作。同时，数字图书馆的发展需要具有前瞻性的指导思想，适应未来的网络环境和技术发展。资源建设需要有特色，避免重复建设和资源浪费。数字图书馆系统间的相互可操作性也是实现网络资源共享的关键。最后，数字图书馆需要不断丰富服务的交互模型，以满足用户的个性化需求和发展需求。因此，数字图书馆的发展需要建立在资源整合、互操作性和体系结构集成化的基础上，实现分布式模式的发展和服务模型的多样化。只有这样，数字图书馆才能更好地满足不同用户的需求和个性化要求。

第五章　儿童数字阅读推广

　　在探讨儿童数字阅读推广时，始终无法回避"教育"这一核心要素。似乎，一旦脱离教育范畴，其他功能便被视作玩耍。然而，在实际生活中，家长们对于儿童数字阅读的态度往往持有疑虑，甚至有不少家长每天都会严格控制儿童使用电脑或手机的时间，对上网时间进行限制。然而，这种"阻挡"措施在面对数字时代浪潮时，显得力不从心。无法否认，各种信息正不断向新一代青少年儿童发起挑战，而推广儿童数字阅读，正是我们应对这一时代课题的重要手段。

第一节　儿童数字阅读的利与弊

　　儿童阅读，并没有一个确切的定义，但可以归纳为 18 岁以下的青少年儿童[插图]进行的阅读活动，包括学校课堂的学习及课外阅读。儿童阅读的需求会受其年龄、成长阶段、生理心理发展等多种因素的综合影响，在其成长的不同阶段呈现出不同的需求。儿童数字阅读是属于儿童阅读的范畴，是指儿童利用现代信息技术进行的阅读活动。儿童数字阅读的推广，势必是与儿童阅读的需求息息相关、密不可分的。

一、儿童数字阅读推广的原则

成年人在阅读推广活动中往往难以准确把握儿童的真实需求。遗憾的是，我们有时会将成人的视角与需求强加于儿童之上，这种做法非但未能有效促进阅读能力的提升，反而可能引发儿童的抵触情绪，背离了阅读推广的初衷。

在推广儿童数字阅读的过程中，必须审慎地考量儿童的成长阶段与心智发展的独特性，从而精心挑选出既契合其阅读兴趣，又富含教育价值的阅读方法和内容。总体而言，这一过程应恪守以下几项核心原则：首先，确保所选材料能够激发并保持儿童的阅读兴趣；其次，所推广的内容需蕴含教育意义，有助于儿童的全面发展；最后，我们倡导在阅读过程中建立平等的交流机制，以促进儿童与阅读内容之间的积极互动。

（一）符合儿童的阅读兴趣

"兴趣是最好的老师。"这句话强调了兴趣在学习中的重要性。对于儿童而言，阅读兴趣直接关系到他们对书籍的态度和倾向。这种兴趣受到性别、年龄以及成长阶段的影响。由于儿童在启蒙和初级教育阶段，理解和认知能力尚不成熟，因此他们更容易被知识性和娱乐性兼具的阅读材料吸引，从而提高注意力和学习热情。

随着儿童年龄的增长，他们的阅读量也会逐步增加，这一过程依赖于他们的阅读理解能力和记忆力的提升。识字能力和记忆力的提高，使得儿童对课外阅读和自主阅读的需求日益增强。同时，数字阅读的兴起更是满足了儿童的阅读兴趣，通过综合的视听读体验，帮助他们建立更为深刻和多维的阅读感受。

如今，数字阅读已成为儿童阅读的重要形式，但家庭阅读和亲子阅读在 0 至 8 岁儿童的阅读中同样扮演着关键角色。数字阅读的推广应根据用户需求，合理整合和传播各类数字资源。同时，为了更好地适应儿童的心理特征，数字阅读需要有效运用儿童阅读需求理论，以此来激发他们的阅读兴趣。

（二）具有教育意义

严谨、稳重、理性、官方的语言风格改写如下：

易于理解的阅读资料对于激发儿童的学习欲望及拓宽其知识领域具有积极作用。同时，防止儿童接触不良阅读内容，作为阅读推广者，这是一项必须严格遵守的准则。据著名习性学家洛伦茨的研究指出，印刻现象仅存在于个体生命历程中的一个短暂而关键的阶段。因此，在这一关键时期内对儿童进行教育和训练，将有助于促进他们大脑的智力发展和灵活性提升。

根据美国心理学家霍华德·加德纳的多元智能理论，人类至少具备八种智能，包括语文、数理逻辑、空间、音乐、肢体动觉、人际、内省和自然观察。不同的人在各自的职业中表现出不同的智能特长，例如，建筑师和雕塑家在空间智能方面较为突出，运动员和芭蕾舞者的肢体动觉智能较强，而公关人员通常在人际智能上表现出色，作家则在内省智能方面更为敏锐。

数字阅读形式是促进儿童多元智能发展的最佳方式。与传统纸质阅读相比，数字阅读资源提供更直观的立体图形和丰富的多感官体验。在设计儿童数字产品时，必须融入智能培养的功能，以确保这些工具真正有益于儿童的学习与发展。

（三）平等交流

Web2.0 的出现使每个人都能自由表达并个性化展示自己，同时也带来了数字鸿沟，尤其影响了儿童的数字阅读服务。由于地区经济差异，儿童在计算机使用能力和硬件普及率上存在明显差距。因此，阅读推广者应遵循平等的原则，积极缩小这一数字鸿沟。在实践中，应确保公共图书馆提供适合儿童的数字资源并保持免费开放，同时可通过计算机下乡活动和社区电子阅览室来解决偏远地区儿童的技术使用问题。此外，开展免费的信息素养培训课程，提高儿童的检索能力，普及数字阅读产品的使用，也是重要的措施。

二、儿童数字阅读的幸福时代

在 21 世纪的信息时代，儿童阅读迎来了一个幸福的时代。丰富多样的数字阅读方式不仅打破了传统阅读的单调，还吸引了无数青少年。如今，经典动漫作品让我们乐于分享自己的阅读体验，听书也变得十分普遍。这一切都因数字时代的到来而显得如此自然。现在的孩子们享受着信息的盛宴，走在阅读的新潮流前沿。互联网上免费数字资源的激增和电子书的低廉价格，使得信息获取变得更加高效和经济，极大地提升了人们对数字阅读的乐趣。

（一）多感官的立体阅读体验

数字文本以文字、图片和声音等多种形式构成了吸引力十足的"超文本"，为青少年儿童提供了丰富的阅读体验。孩子们不仅可以阅读书籍，还能通过听书和触摸屏幕体验不同的视觉效果，这些都契合了他们的心理发展特点，激发了阅读兴趣。多感官的数字阅读方式有助于儿童更深入地理解文本，并获得更加真实的阅读体验。

（二）适合特殊儿童学习

数字阅读为有阅读障碍的儿童和盲童带来了希望，成为他们探索世界的重要工具。由于阅读障碍儿童难以建立"形—音—义"的关联，且常常出现跳行跳字的情况，多媒体数字文本正好能弥补这一缺陷。借助多媒体工具，用户可以将不同的文字行设置为不同颜色，机器还能将文本朗读出来并放大，从而增强视听刺激，帮助他们更好地阅读。对于盲童来说，触摸屏幕让"看书"变为"听书"，让他们重新体验这个五彩斑斓的世界。

（三）时间和空间不受限制

通过网络，文本信息的搜索范围得以扩展至全球，信息量大大超过传统文本。尤其在少儿阅读领域，地市级的少儿图书馆和阅览室资源有限，发展尚处于初期，相较于成人馆，这些地方受到经费限制，图书和设备的种类和数量都很少。数字阅读的出现，无疑为用户提供了巨大的便利，极大改善了资源的获取方式。

（四）个性化与分享

20 世纪 30 年代，英国人类学家拉德克利夫·布朗首次提出了"社会网络"的概念，指的是个人之间的关系网络。青少年对建立这样的网络充满渴望，他们乐于分享自己的想法，并希望得到来自他人的反馈。在这个背景下，社会网络理论被广泛应用，例如豆瓣网聚集了众多热爱阅读的用户，他们不仅享受阅读，还积极进行书评和评分。这种互动方式让用户可以标记想读和已读的书籍，增强了交流的趣味性。这种社交互动恰好满足了青少年对社交的需求，进一步激发了他们的阅读热情。

三、少儿数字阅读的隐忧

（一）对青少年视力的影响

长时间注视荧屏会给眼睛带来负担，因为屏幕上的亮度和视距经常变化，导致眼睛必须紧张调节。这使得睫状肌频繁活动，久而久之会感到疲劳。此外，屏幕发出的电磁波中含有少量 X 射线，可能对眼睛晶状体造成影响。青少年如果长时间使用电脑或手机，容易因眼睛调节过度而导致调节性近视。

（二）网络依赖症

便捷的信息获取方式让青少年儿童过于依赖互联网进行问题搜索，从而削弱了他们独立思考和探索的能力。如今，遇到问题时，他们习惯直接"百度"获取答案，而很少考虑这些信息的准确性。这种网络依赖使得他们解决问题的能力显著下降，独立思考的机会也大幅减少，导致对互联网产生依赖。

（三）数字资源良莠不齐

近年来，我国少年儿童读物出版出现随大流的现象，部分书籍因信息传播迅速而迅速"火"起来。例如，许多低质量的出版商将不具备实际价值的图书标记为"图画书"，使市场陷入混乱。尽管这些图画书没有暴力或不当内容，但往往缺乏故事性和教育意义，难以满足儿童的真正需求。

（四）法律及道德风险

提到网络，家长常常感到恐惧，几乎"谈网色变"。然而，数字阅读离不开网络，因此网络实际上是一把双刃剑。它不仅为获取信息提供了便利，也让家长心生忧虑，成为他们既想靠近又想远离的"痛点"。

在我国的法律体系中，针对未成年人使用互联网的限制主要集中在网络游戏领域。根据《网络游戏管理暂行办法》，法律明确规定，网络游戏必须标示适用人群和警示说明，并且不得包含诱发未成年人模仿不良行为的内容。网络游戏经营单位需要采取技术措施，确保未成年人不接触不适宜的游戏，限制他们的游戏时间，以预防沉迷网络的现象。由此我们可以看出，不管是站在法律立场还是家长的立场，在青少年儿童上网的内容和游戏时间方面都是社会及家庭关注的重点。

第二节　图书馆儿童数字阅读服务

一、图书馆儿童数字阅读服务的内容与特点

数字信息服务是根据用户需求，通过数字工具对各种数字资源进行整合的过程。图书馆的数字信息服务则是将收集到的信息进行加工处理，以数字化形式提供给用户，旨在满足其信息需求。这一过程不仅仅是将传统服务转向数字化，使读者能够通过互联网访问图书馆的基础服务。儿童数字阅读服务更应拓展至多个方面，以满足他们更丰富的阅读需求。

（一）书目的查询与索引

书目查询是图书馆网站最核心的服务功能之一。在数字时代，信息搜索已成为人们获取所需内容的重要工具，这不仅提升了工作效率，也使资源得以更有效地利用。在儿童数字阅读推广中，推荐导读显得尤为重要，书目推荐必须考虑儿童的年龄特点，进行适当的分级和分类，以更好地满足他们的阅读需求。

为了提升搜索效率，在编目过程中应增加更多的主题词，比如"适读年龄"和"书目内容主题"。这些主题词不仅仅依赖于传统的中图法分类，而是针对书籍内容进行细致的细分。举例来说，同一本图画书可以被进一步分类为科普、情绪、亲情等主题，这样不仅能帮助儿童更清楚地了解书籍内容，还能有效激发他们的阅读兴趣。

（二）活动宣传与报道

儿童阅读推广与活动密不可分，通过精心策划和组织的活动，可以有效

吸引更多读者参与数字阅读。考虑到儿童的注意力持续时间较短，活动成为他们参与阅读的重要方式。因此，图书馆需要积极宣传阅读活动信息，以提升活动的知名度并发掘潜在用户。目前，了解某地区儿童阅读活动的主要途径是通过网站，而如果网站提供丰富的阅读资源，将大大提高用户的注册率和资源的利用率。

（三）在线阅读与浏览

在线阅读和浏览是信息服务的核心内容，同时也是儿童进行数字阅读的重要方式。由于版权保护的需要，大多数数字资源无法下载，用户必须注册或通过图书馆的 IP 访问才能进行在线阅览。这种在线方式减少了需要下载多个浏览器来解码文本的麻烦，也避免了用户在多个平台上注册的困扰。通过图书馆的一站式阅读平台，用户可以轻松访问多个数字资源库，享受便捷的阅读体验。

（四）课程辅导与学习

公共图书馆在教育体系中扮演着重要角色，是学校教育的有效补充，尤其在未成年人服务方面具有独特的意义。对于 0 到 3 岁的低幼儿童，图书馆提供了一个探索和认识世界的空间，让他们通过玩具和声音等多种感官体验来感知世界。到了学龄期（6 到 12 岁），图书馆则成为他们学习的第二课堂，肩负着教育与服务的双重责任。如今，图书馆不仅专注于阅读推广，还扩展为多元文化服务，以满足未成年人的精神文化需求。

（五）专题服务

专题服务是专门为未成年人设计的信息服务，例如厦门市少年儿童图书馆提供的心理咨询服务。这项公益性服务关注儿童的心理健康教育，旨在帮助少年儿童、家长和教师。厦门市少年儿童图书馆在其网站上开设了专题服务板块，提供在线心理咨询，及时解答学生们的心理问题。此外，该板块还包括案例分析和讲座笔记，为儿童及其家长提供了有价值的知识支持。

三、存在问题分析

目前，我国图书馆的儿童数字阅读服务面临读者需求与实际服务之间的矛盾。许多读者更倾向于使用免费和公开的资源，如搜索引擎进行信息检索，但图书馆提供的数字资源在开放程度上无法满足这些需求。这种矛盾源于几个方面：一是服务理念的不足，二是资金短缺，三是数字资源数量有限，四是访问权限受到限制，以及五是缺乏有效的互动方式。这些问题需要引起重视，以提升儿童数字阅读服务的质量和可及性。

在宏观层面，图书馆服务强调平等、公平和开放，但在少儿信息服务中，这些理念并未得到充分实施。数字资源的开放程度不足和更新不及时，与理想的服务标准相悖。此外，馆藏资源的数字化和儿童数字产品的采购都依赖于资金支持，因此，数字阅读服务的推广在很大程度上受到政府意识形态和财政投入的影响。这些问题亟待解决，以实现更有效的儿童信息服务。

在微观层面，由于版权限制，馆藏资源的数字化程度较低，且大多数数字资源设有访问权限，这显著降低了用户的使用体验，使得读者更倾向于选择一些公开的儿童网站。此外，尽管一些图书馆平台提供留言和微信功能，能够实现在线咨询和点评的却非常有限。再者，专题信息服务也显得不足，只有少数图书馆根据自身特色开设了相关服务，而大部分图书馆的服务内容和功能相似，缺乏对读者的吸引力。因此，亟需加强专题服务和特色数据库的建设与发展。

第三节 儿童数字阅读产品

一、教育服务

（一）亲子阅读（0~8岁儿童及其家长）

1. 红泥巴村读书俱乐部

红泥巴村读书俱乐部是一个专注于儿童的原创网站，致力于为孩子们提供一个安全、有趣且有益的交流平台。创始人阿甲是一位著名的儿童阅读推广人和儿童文学研究者，该网站在儿童文学，尤其是绘本阅读的推广方面发挥了重要作用。红泥巴不仅为家长和孩子提供丰富的阅读资源，也成为亲子阅读的重要参考网站之一，鼓励家庭共同参与阅读活动，提升儿童的阅读兴趣和能力。

红泥巴村的一个显著特色是超过一半的栏目由孩子们自行管理，近50名"巡逻队员"确保村庄的有序运行。《E人杂志》栏目尤为突出，从供稿到编辑、审查和发布几乎全部由孩子们完成，这可能是国内第一个完全由儿童管理的网络杂志。这种模式不仅培养了孩子们的责任感和合作能力，还激发了他们的创造力和表达能力。

2. 小书房

小书房起初由儿童文学作家漪然创建，现已发展为一个公益性网络互动平台，专注于儿童阅读推广。网站提供丰富的在线阅读资料和各地小书房组织的活动信息，设有亲子阅读问答专区。通过"去读、去玩、去秀、去说"等板块，小书房吸引了众多儿童文学爱好者，为读者提供了一个自主交流和共享阅读的空间。

小书房如今已经形成了一个公益团队，通过线上线下结合的互动方式，为儿童阅读推广贡献力量。这个团队积极组织各类活动，鼓励儿童参与阅读和创作，旨在为孩子们提供更丰富的阅读体验和交流平台。

（二）中小学生阅读（9岁以上儿童及其家长）

1. 中少快乐阅读平台

中少快乐阅读平台是由中国少年儿童新闻出版总社推出的一个面向0至18岁青少年用户的数字阅读综合平台。该平台包含了适合幼儿、小学生、中学生和高中生的多种电子书、漫画和益智游戏。内容不仅丰富多样，还涵盖了故事、儿歌、国学经典及趣味科普，系统组织合理，能为不同年龄段的读者提供丰富的视听体验。

2. 万方数据中小学数字图书馆

万方数据中小学数字图书馆是一款专门为中小学教育打造的数字资源平台，致力于为全国中小学师生提供便捷、全面的一站式教学资源服务，满足他们的教育和学习需求。

3. 乐儿少儿科普视频

乐儿少儿科普视频是一款创新型的数字教育产品，采用生动有趣的动画形式，向儿童传授丰富的科普知识。产品内容丰富多样，包括自然、科学、历史、地理等多个领域，并配备方便的搜索功能和互动游戏模块，让孩子在玩中学，轻松掌握各类知识。

4. 少儿多媒体图书馆

少儿多媒体图书馆是一款专为少年儿童打造的在线学习平台，由国内顶级儿童教育专家倾力打造，汇聚了数千部精彩的多媒体课件。平台以视频为主，采用生动有趣的表现形式和精美的动画设计，让孩子在轻松愉快的环境中学习和成长。丰富全面的内容和简便实用的功能，使其成为少儿教学领域的精品资源。

二、动漫专题

1. 中华连环画阅览室

中华连环画阅览室是一个创新型的在线阅读平台，汇聚了中国最优秀的连环画作品，经过数字化加工和分类整合，向广大读者提供了一个丰富的阅读宝库。平台收录了 6000 多册连环画，涵盖古典名著、成语典故、民间故事等众多题材，以生动的连环画形式呈现，旨在激发儿童的阅读热情和兴趣。

2. 点点书库

点点书库是一个创新型的数字动漫平台，专为儿童打造，汇聚了丰富的漫画内容。平台分为国学文教、休闲幽默和神话英雄三个书库，满足不同年龄段和兴趣的儿童的阅读需求。除此之外，点点书库还提供 DIY 电子书和电子书工坊功能，让儿童能够亲自体验电子书的制作过程，激发他们的创造力和想象力。

三、图书馆自建的特色数据库

都图书馆推出的"动漫在线"是一个专门为少年儿童打造的动漫短片库，全部内容由图书馆自主研发和拥有知识产权。这个库涵盖了名人故事、北京文化故事、文明礼仪、安全知识等多个方面的内容，通过动漫这种儿童喜爱的形式，向他们传递有价值的知识和信息，帮助他们健康成长。

四、儿童数字阅读的新形式

（一）有声书与电子互动绘本

1. 有声书（有声读物）

有声书是一种创新型的阅读方式，它将传统的书籍内容通过专业人士的朗读，转化为可听的音频形式。有声书可以通过在线平台收听，也可以制作成光盘或导入便携式播放设备，如 MP3 播放器。这种形式的读物尤其适合儿童和忙碌的人群，常见的有声书包括有声小说和有声童书，能够为听众提供一种全新的阅读体验。

有声读物的优势在于其无需视觉参与的特性，使其成为学习障碍儿童及视障儿童的理想学习工具。由专业人员录制的有声读物，其富有情感的朗读技巧能够有效吸引听众，加之精心设计的音效，赋予了文本以强烈的视觉化效果，从而有助于听众对文稿内容的深入理解。众多知名叙述艺术家拥有庞大的粉丝群体，其作品能够激发听众的浓厚兴趣，促使他们持续关注并聆听故事。

由于制作技术门槛较低，任何人都可以尝试制作有声书，这导致了一些作品的质量不佳。非专业人士的朗读可能缺乏感情和技巧，影响听众的体验。同时，有声读物的网络传播使得监管变得困难，导致市场上充斥着各种质量参差不齐的作品。这种情况下，听众可能难以辨别优质作品，面临着"鱼目混珠"的困境。因此，如何提高有声书的质量和监管网络传播成为一个亟待解决的问题。

2. 电子互动绘本

电子互动绘本是传统绘本的创新升级版，它将绘本艺术与现代技术结合，创造出一种全新的阅读体验。与传统纸质绘本相比，电子互动绘本加入了互动元素、视频、音频等多媒体内容，使读者能够在阅读过程中主动参与故事，获得更丰富的体验。通过平板电脑等设备，用户可以轻松地与绘本进行交互，享受到声音、影像、触碰等多种感官体验。这种新型的绘本形式，不仅能激发儿童的阅读兴趣，还能培养他们的创造力和想象力。

电子互动绘本的设计理念是以儿童为中心，充分考虑他们的认知特点和心理需求。其界面设计采用色彩明亮、活泼的图形，能够有效地吸引儿童的注意力。同时，电子互动绘本采用"文—声—像"一体化的形式，通过声音、图像和文字的结合，创造出一个立体的阅读环境，增强了互动性和趣味性。

然而，电子互动绘本的制作难度较大，需要专业的技术和设计团队，这限制了其数量和推广。目前，电子互动绘本尚未得到广泛的应用和推广，但其潜力和前景是值得期待的。

（二）认识电子书包

电子书包是一种革命性的教育工具，它将传统的教材教辅、教学资源和学习平台整合在一起，创建出一个全新的教学模式。这种便携式的电子设备，能够存储约两万本电子书，内容丰富多样，涵盖了各个学科和领域。电子书包不仅仅是一个电子图书馆，它还能够提供针对性地指导学生学习，帮助他们更好地理解和掌握知识。同时，电子书包的资源也能得到及时更新，确保学生能够获取最新的知识和信息。这种新型的教学模式，能够让学生在任何时间、任何地点进行学习，真正实现"学、练、评、拓"于一体的网络化便携式的"电子课堂"。

近年来，教育部和各地政府大力推进教育信息化，力求通过技术手段提高教学质量和效率。北京市的"绿色电子书包计划"和上海市的电子课本推广，是这一趋势的典型代表。人民教育出版社也在积极探索网络教材的开发和应用，研究网络技术对课程设置、教材编写、课堂教学等方面的影响。电子书包的推广，能够集优秀师资、优质教学和海量教学资源于一体，有效缩小学校和教师的基础性差异，体现教学公平的原则。然而，电子书包的发展需要政府的主导和组织实施，才能确保其健康和可持续的发展。因此，政府和职能部门应牵头组织和实施电子书包的开发和推进，促进教育信息化的深入发展。

电子书包的发展与电子图书的发展密切相关，包括两个主要方面：教学教材的数字化和课外资源的数字化。教材的数字化相对容易实现，出版社可以提供支持，将传统教材转化为电子版。然而，学生的课前预习、课后练习和反馈评价等辅助资料和学习工具的数字化，却面临着更大的挑战。这些资源的缺乏，可能会影响电子书包的整体效果和学生的学习体验。因此，需要更多的努力和资源投入，来开发和提供这些辅助资料和学习工具，确保电子书包的成功实施和学生的有效学习。

（三）益智游戏

1. 儿童是否有必要参与益智游戏

益智游戏是一种独特的教育工具，它既能带给儿童娱乐和乐趣，又能帮助他们锻炼思维能力和发展智力。游戏是儿童的自然天性，他们通过游戏可以获得宝贵的生活经验和技能。因此，早期教育中加入益智游戏，可以帮助儿童全面发展，协调他们的认知、情感和社会能力。益智游戏的优势在于它提供了良好的感官体验，让儿童可以通过人机交互，亲身体验和探索知识。同时，益智游戏的规模较小，容易操作和管理，使其成为一种方便和有效的教育工具。

2. 如何选择益智游戏

益智游戏是一种有效的教育工具，可以激发学生对未知问题的学习和思考，发掘他们的潜力。根据预期达到的效果，可以选择不同功能的益智游戏，例如锻炼逻辑思维、肢体协调能力、空间几何感等。目前，手机游戏和玩具是儿童益智游戏的流行形式，能够提供丰富的内容和互动体验。

同时，信息技术在儿童阅读推广方面也发挥了重要作用。传统的纸质阅读模式已经不能满足儿童的需求，信息技术创造出了有声书、电子书等新形式的阅读产品。这些产品不仅能提高儿童的阅读兴趣，还提供了安全绿色的网络资源，受到国内各大少儿馆和家长的认可。儿童数字阅读产品注重儿童的学习和发展，能够有效地提高他们的阅读能力和兴趣。信息技术的支持已经成为儿童阅读推广活动的必备条件，无论是资源、宣传还是活动组织，都离不开信息技术的支持。

第六章　数字图书馆推广工程

为实现数字图书馆效益最大化，必须秉持开放、融合与创新的原则，将全国各级各类数字图书馆紧密连接，促进信息的双向交流与资源共建共享，构建一个覆盖全国的数字图书馆服务体系，并形成基于新媒体的图书馆服务新形态。数字图书馆推广工程将肩负起这一关键使命。

第一节　数字图书馆的概念模型

一、用户界面

通过对数字化图书馆资源的深入分析，可以明确其终极目标是服务于用户并满足其需求，因此，构建一个友好且高质量的用户界面显得尤为关键。这不仅能够显著提升用户在访问和操作过程中的便捷性，而且用户界面的开发始终是研究与开发工作的核心。近年来，随着信息技术的快速发展，一系列便捷高效的信息检索工具应运而生。在这些工具的开发过程中，融入了用户友好界面的相关技术，实现了跨平台、跨语种的统一检索功能，为用户提供了一个易于理解且操作简便的界面。这种界面因其直观性和易用性而广受用户好评。

二、网络和通信系统

在数字化图书馆的构建与运作中，网络与通信系统扮演着至关重要的角色，它们构成了其基础架构的核心。从宏观层面审视，数字化图书馆的建设体现为一种系统性工程，它不仅要求在组织内部构建区域性的网络设施，而且需要依赖于国家乃至国际网络架构的支撑。互联网技术的不断进步为数字化图书馆的发展提供了关键的网络支持环境。特别是，全球范围内的宽带网络发展，为数字化图书馆的高效运行提供了理想的网络条件。

三、信息资源和检索、发布系统

从读者的视角出发，其核心目标在于以最短的时间内检索并下载所需资料。在数字化图书馆正式投入运营后，其资源构成主要包括三类：首先是图书馆自身所持有的各类数字化信息资源；其次是传统的印刷型资料；第三类则是其他数字化图书馆及其他机构所拥有的资源。从长远发展的角度考虑，图书馆还需与国家级的"知识银行"等机构建立稳固的合作关系，通过资源共享的方式增强自身的竞争力。此外，在数据库管理方面，可以运用各种先进的智能软件进行有效的检索和发布工作。

四、数字化图书馆的咨询系统

通过对数字化图书馆咨询系统的分析，可以明确其结构通常包含两个主要组成部分：自我服务系统和请求帮助系统。自我服务系统在用户界面上提供清晰的读者指南，实现自动化的引导功能。目前，多数电子信息中心已经构建了相应的自我服务系统。在构建请求帮助系统方面，数字化图书馆需与多个领域的信息专家建立合作网络，以支持用户咨询任务的完成。部分数字化图书馆在请求帮助系统的构建上已取得领先地位，能够通过该系统为用户提供及时的问题解答；同时，系统专家亦可对这些活动进行实时监控，以评估信息专家处理问题的进程和成效。

第二节　构建数字图书馆工程

一、数字图书馆推广工程的建设内容

推广国家数字图书馆工程的核心理念、先进技术与标准化体系，构建覆盖全国图书馆的数字图书馆虚拟网络，建设分级分布式数字资源库群。利用手机、数字电视、移动电视等新兴媒体渠道，通过互联网、移动通信网络、广播电视网络等传输通道，为政府立法决策、教育科研、公民终身学习等领域提供多层次、多样化、专业化、个性化的数字图书馆服务，致力于打造基于新媒体的图书馆服务新型业态。

二、数字图书馆推广工程的总体架构

数字图书馆推广工程的总体架构涵盖基础设施建设、分布式数据库集群、业务与运行支持系统、服务应用层面、统一认证机制以及相应的保障体系。

（一）基础设施

基础设施，涵盖网络通信系统、数据存储设施以及计算机服务器等关键组成部分，构成了连接数字图书馆虚拟网络的必要条件，并为实现全国各级数字图书馆之间的互联互通提供了基础支撑与先决条件。

（二）分布式库群

分布式图书馆群落是基于各级图书馆所拥有的丰富实体馆藏与数字资源建设成果，构建的分级、分布式的海量公共文化资源库群。该库群作为数字资源共建共享的资源基础，旨在丰富并满足不同用户群体的多样化信息需求。

（三）运行支撑

运行支撑体系通过构建数据登记、运行管理、任务管理、虚拟网络管理等系统，实现了不同层级数字图书馆间资源访问权限的管理、数据互访、交换、共享以及集成等核心功能。

（四）业务支撑

业务支撑系统是指在数字资源全生命周期管理理念指导下，对数字资源进行构建、组织和保存等关键业务流程的系统化支持。通过在不同层级的图书馆中分布式部署这些关键业务系统，可以构建起一个全国性的分级分布式资源建设、加工和存储调度体系。

（五）服务应用

服务应用将实现资源间的无缝互连，构建符合用户使用习惯的统一检索系统，并通过知识组织技术，建立知识间的关联性，进而形成知识网络。此外，该系统将全面整合图书馆的参考咨询服务、馆际互借、文献传递、联合目录等资源，确保其在数字图书馆推广工程的服务系统中发挥最大效能。

（六）保障体系

配套的保障体系主要涵盖标准规范体系、评价体系以及培训机制。通过确立数据标准、技术标准以及各类运行机制，确保各级数字图书馆在数据共建共享过程中的一致性、规范性和互操作性。

数字图书馆建设构成了一项系统性工程，其不仅实现了对传统图书馆的融合与拓展，而且体现了创新性。数字图书馆推广工程将秉承开放、融合、创新的理念，构建一个全国范围内的互联互通、共建共享的数字图书馆服务体系，进而形成基于新媒体的图书馆服务新业态。

三、数字图书馆的三种主流模式

经过多年的持续进步，相关技术已经逐渐走向成熟阶段，为数字图书馆的建设与日常运营构筑了稳固的技术支撑体系。这一趋势不仅促进了数字图书馆领域的蓬勃发展，还催生了一系列具备显著潜力的数字图书馆项目，这些项目主要可以划分为以下三种类型：

（一）特种馆藏型模式

对本馆的珍藏、特种竹藏等各种资料予以数字化处理，并上传网络，满足共享需要。

（二）服务主导型模式

该服务模式主要由三大组成部分构成：首先，包括经过数字化处理的各类特殊馆藏资源；其次，涵盖具有商业应用价值的在线数据库资源；最后，涉及互联网上具有特定价值的各类文献信息资源，这些资源通过统一的界面向用户提供。

（三）商用文献型模式

部分学术文献服务机构投资建设的数字图书馆，具备商业运作特性，向用户提供包括期刊、杂志和电子图书在内的完整文献资源。在常规操作中，该图书馆不仅提供索引数据库，还配置了全文对象数据库。

第七章 数字图书馆的读者推广与利用

第一节 数字图书馆阅读推广模式

在现代社会，阅读成为个人获取知识的首要途径，通过阅读，社会积累的知识逐渐转化为个人的理解和认知。过去，图书馆作为各个领域知识的主要存储地，不仅保存了丰富的社会知识，也是个人进行阅读的重要场所。图书馆的建立和发展主要是为了推动大众的阅读活动，而正是在这样的环境中，人们的阅读能力和兴趣得到了显著的提升和丰富。

在数字化时代的发展推动下，现代社会的知识传播方式和人们的阅读习惯发生了深刻的变化。如今，阅读的对象、规模、方式以及结构都经历了显著的转变，诸如全媒体阅读和碎片化阅读等新型阅读模式逐渐被大众所接受和普及。阅读体验也成为现代人掌握知识的重要影响因素。面对这些变化，图书馆也开始积极转型，一方面继续通过传统方式保存人类的文化遗产，并为社会中的个体提供经典的阅读服务；另一方面，图书馆在数字阅读领域不断探索和创新。通过与网络信息技术的深度融合，图书馆在移动阅读和在线阅读等方面展现出巨大的潜力，为现代读者提供更加多样和丰富的阅读体验。

一、社会化媒体推广模式

社会化媒体通常指的是像微博和博客这样基于社交网络构建的 Web2.0 应用。在数字化时代，许多图书馆在推广阅读方面愈发重视社交网络的应用。以下将以首都图书馆为例，分析其如何利用微博平台来促进社会化媒体上的阅读推广活动，并探讨其具体实施过程。

首都图书馆为了促进分享阅读，推出了名为"图书交换大集"的活动，并在实体图书交换中取得了显著的成功。2011 年 4 月，图书馆将这一阅读分享项目转移到新浪微博平台上，通过微博发起在线图书交换活动。许多参与者通过微博与首都图书馆互动，及时发布和上传关于图书交换的相关信息。统计数据显示，在此次活动期间，首都图书馆在新浪微博上共发布了 238 条内容。正是在"图书交换大集"活动的推动下，首都图书馆的微博粉丝数量从不到 1000 人迅速增长到超过 2 万人，显示出显著的推广效果。

在利用新浪微博进行推广的同时，首都图书馆还积极与同城网和豆瓣网等平台合作，以扩大"图书交换大集"活动的影响力。2011 年 4 月 22 日，超过 350 名读者参与了此次活动，期间累计交换了 3000 多册书籍。这些合作与活动不仅增强了图书交换的覆盖范围，也显著提升了读者的参与热情和图书馆的社会影响力。

4 月 23 日，首都图书馆成功收到了超过 6000 册用于图书交换的书籍，吸引了超过 1000 名读者积极参与此次活动。包括人民日报在内的多家主流媒体对这一推广活动进行了详尽的报道，使得整个阅读推广的效果远超预期，进一步提升了图书馆的影响力和读者的参与热情。

首都图书馆在开展图书交换活动时，充分利用了新浪微博作为社会化媒体平台。通过这一平台，首都图书馆向广大市民发起图书交换，促进了不同读者之间的互动与交流，使更多的人能够接触并阅读到各种不同类型的书籍。在这一推广案例中，首都图书馆的工作人员作为推广主体，微博网民作为目标受众，新浪微博则作为传播媒介。通过三者的协同合作，图书馆为读者提供了优质的阅读咨询和服务，且这一活动在社会上取得了显著的阅读推广效果，树立了良好的示范。

近年来，微博已经深入渗透到中国各行各业，成为重要的社交和信息传播工具。国内多家知名图书馆，例如清华大学图书馆和国家图书馆，纷纷在微博上开设官方账号，积极开展各类线上活动以提升与读者的互动。同时，众多地市图书馆也开始借助微博平台，吸引更多读者关注和参与。

以杭州图书馆为例，该馆在 2010 年 12 月正式开通了新浪微博账号，并在 2011 年 8 月底前积累了近万名粉丝，期间发布了 3356 条内容。这些发布多面向读者，涵盖图书推荐、讲座信息、论坛活动及书展动态等，旨在为读者提供丰富的读书资讯和服务。同时，许多图书馆馆长也在微博平台上创建了个人账号，借助其学术声誉来推广阅读。例如，复旦大学的葛剑雄教授在其微博账号上发布了 800 多条信息，短短一年多的时间内吸引了超过 10 万名粉丝，成为一个重要的信息传播平台。通过这样的互动，读者能够方便地与图书馆进行交流，充分利用微博这一新兴媒体，提升了社会对图书馆价值的认可和支持。

目前，图书馆在利用社会化媒体开展阅读推广方面仍处于探索阶段，尚未建立起固定的推广模式。除了选择微博作为主要推广平台外，许多图书馆还尝试使用豆瓣、优酷等其他社交媒体平台进行推广，但这些平台的效果不如微博显著。然而，图书馆通过社会化媒体开展的推广活动已经赢得了大量年轻读者的喜爱，显示出良好的市场反响。未来，图书馆在阅读推广中值得进一步进行探索和创新，以更好地满足不同读者群体的需求并提升推广效果。

二、电子阅读器借阅模式

随着数字阅读技术的不断进步，电子书已成为现代人获取知识的重要工具。因此，图书馆在推广阅读时必须重视电子阅读器的使用，以便更有效地拓展阅读活动的覆盖面。

上海图书馆在 2009 年 2 月率先推出电子阅读器外借服务，成为国内图书馆中的首创。其提供的电子阅读器支持阅读超过 10 万种、24 万册的各类电子书籍，为读者带来了丰富的阅读体验。

上图通过推出电子阅读器外借服务就能够推动图书馆文献图书的数字化进程，进一步推动了电子图书阅读潮流。

正如上海图书馆副馆长周德明所述，电子阅读器服务让读者在家即可享受便捷的在线借阅，充分利用图书馆资源提供更多优质书籍。此服务不仅提升了读者的数字阅读体验和信息素养，还丰富了借阅模式，打破了传统纸质书籍的限制，为未来在国内图书馆的推广奠定了基础。

尽管外借电子阅读器业务曾在图书馆界引发争论，但如今已成为许多图书馆的常规服务。根据 2010 年《图书馆杂志》和《学校图书馆杂志》的调查，约 12% 的高校图书馆已引入电子阅读器，另有 26% 正在逐步推广，主要使用 Kindle、Sony、iPad 和 Nook 等设备。在国内，除了上海图书馆外，国家图书馆、暨南大学图书馆和广州图书馆等也相继推出了电子阅读器外借业务。

需要注意的是，电子阅读器外借模式在实际实施中遇到了一些障碍。例如，相关部门的管理制度常常限制图书馆采购电子阅读器，导致引进数量不足。此外，市场上品牌和型号供需严重失衡，甚至还出现了损坏赔偿和版权限制等一系列问题。

目前，外借电子阅读器的数量和种类都有了显著增加，使得获取电子书变得更加便捷。电子阅读器的借阅模式正在逐渐流行，同时服务质量也在不断提高。

三、移动图书馆推广模式

移动图书馆是指利用智能手机、Kindle、iPad 等设备访问图书馆资源，实现查询和阅读的一种服务方式。与"电子阅读器借阅模式"不同，移动图书馆更侧重于数字内容的推广，移动设备仅作为工具。它能够有效整合各个平台，为用户提供所需资源，实现全方位、全领域的阅读。因此，移动图书馆服务将在未来数字图书馆业务中占据重要地位，发挥不可替代的作用。

2011 年 7 月，西安交通大学推出了移动图书馆，允许师生通过手机、iPad等设备访问图书馆网页。该服务涵盖个人借阅信息查询、在线资源查阅、文献阅读以及短信提醒等功能，方便用户获取所需资源。

移动图书馆使得师生能够轻松检索和阅读数字图书馆中的各种资源，包括 CNK 期刊。在调研中，师生们一致表示，通过手机检索文献资料十分便捷，尤其喜欢书目推荐和电子书阅读功能。他们认为移动图书馆的推出具有重大意义，能够在碎片时间里有效提升个人素养。此外，读者们也提出了许多建议，希望增加阅读后的评价、推荐、交流及图书分类等功能，以进一步增强用户体验。

在某种程度上，西安交通大学的移动图书馆代表了移动图书馆的最新和最成功的实践。该案例通过西安交大图书馆作为平台，结合移动服务推广数字阅读，主要服务于交大的师生，努力提升他们的阅读体验。

随着时间的推移，越来越多的国内图书馆推出了移动图书馆服务，代表性案例包括清华大学的移动图书馆和国家图书馆的"掌上国图"。当前的移动图书馆在功能、性能、稳定性和用户体验等方面相比早期服务有了显著提升。传统移动图书馆主要依赖短信推送信息，功能较为简单且用户体验不佳，而如今的移动图书馆则真正实现了便捷的移动阅读。然而，仍存在改进的空间，例如与不同网络应用的双向融合，以及增强 Web2.0 的交互功能和用户内容创建。

在移动阅读领域，许多以盈利为目的的供应商，如亚马逊、Google Books和各类阅读应用，早已开始积极探索，并推出了多种商务模式。图书馆作为公益性机构，致力于确保知识的公平获取和提供均等服务，因此与这些信息内容提供商之间并不存在明显的利益冲突。这使得图书馆能够积极开展与这些供应商的合作，为用户提供更丰富的阅读选择。

尽管这三种推广模式在推广媒介、阅读群体和方式上各有不同，但它们的最终目标是一致的，即确保文献资源得到有效利用，扩大受众群体，从而最大化信息资源的价值。

数字阅读与传统阅读在途径、方式、特征和规模上存在显著差异，推广方式也随之发生了变化。最大的区别在于内容与载体的分离，这导致了复杂的竞争关系。同一内容可以通过不同形式、媒介和渠道进行传播。因此，图书馆不应仅关注载体和媒介，而应积极筛选和整合满足读者实际需求的资源。只有这样，才能在满足用户需求的同时，推动数字阅读的发展。这些阅读推广的例子表明，信息内容与载体之间的关系非常复杂。

随着数字阅读技术的普及，各种新的阅读推广模式不断涌现。图书馆是否能继续作为知识中介和看门人，关键在于其阅读推广工作是否能吸取经验并不断完善。正如凯文·凯利所说，数字时代的到来并未使图书消失，而是让其以新形式存在。图书的本质是内容，因此，数字时代并非是阅读的终结，而是赋予阅读新生的机会。要有效推广数字时代的阅读模式，图书馆应为读者创造一个自由探索的环境，让他们在阅读的天空中尽情翱翔。

四、基于网络读者活动的阅读推广模式

数字化阅读作为一种全新的绿色阅读方式，正在逐渐改变人们的阅读习惯。尽管数字图书馆功能丰富、资源多样，但由于缺乏足够的宣传，许多优秀资源未能得到有效利用，导致了资源的浪费。因此，当前的主要任务是加强数字图书馆的阅读推广，帮助读者更好地理解其功能、性质和作用，以便更方便、自主地充分利用数字资源。

（一）网络读者活动的特点

网络读者活动指的是将传统的读者活动转移到网络平台上进行。这种活动相比于传统方式，具有信息传播速度快、受众范围广以及获取途径便捷等独特优势。

1. 覆盖面广

在传统的读者活动中，信息主要通过报纸、电视和广播等媒介传播，受众范围有限，活动的影响通常只局限于当地。然而，在网络环境下，这些问题得以解决。读者只需登录网站，即可轻松获取各种信息，不再受时间和空间的限制。

2. 手段现代化

网络的出现打破了读者活动在时间和空间上的限制，网络读者活动可以借助现代化的视听和信息传输设备进行组织。用户只需通过一个终端设备登录图书馆网站，即可获取活动信息并根据个人喜好参与相应活动。此外，网络平台为馆员和读者提供了更广泛的交流空间，使馆员能通过数字图书馆、邮箱、MSN 和论坛等方式与多位读者进行在线沟通。读者也能方便地在家中提交个人信息和活动反馈。

3. 形式多样化

在网络环境下，读者活动的形式变得十分多样化，几乎所有传统活动内容都可以在线实现。例如，征文比赛、书画比赛和讲座等活动均可在网络上举办。同时，还可以利用互联网的优势，积极策划网页设计比赛、知识竞赛和视频展播等新形式的活动，从而更有效地宣传阅读，努力实现全民阅读的目标。

4. 投入成本低

与传统读者活动相比，网络读者活动的成本显著降低。这是因为网络活动不再需要支付报纸印刷、广播、交通、邮寄和电话等费用，从而大大减少了整体活动成本。

（二）网络读者活动在数字图书馆阅读推广中的作用

1. 吸引读者利用数字图书馆资源

通过积极参与网络读者活动，读者能够深入了解数字图书馆的资源和发展方式。以淄博数字图书馆为例，其检索平台被广泛使用，使用户可以轻松查找到所有馆藏文献。

2. 壮大读者队伍，提高图书馆的社会认知度

传统的读书活动往往受到时空、年龄和资金等因素的制约，主要服务在校师生，影响力有限。相比之下，网络读书活动有效解决了这些问题，显著扩大了受众范围，使社区居民、在职员工和学生等各类读者都能根据自身情况参与其中。

3. 有效宣传推广数字图书馆和数字资源

"淄博全民阅读数字平台"是淄博市图书馆响应"书香淄博·文化淄博"而打造的一个全民数字阅读平台。它包含有声图书分馆、少年儿童分馆、青少年同步教学分馆、英语分馆、音乐分馆、美术分馆、书法分馆和移动图书馆七大部分。"淄博全民阅读数字平台"还注重与传统阅读的结合，通过举办各类阅读活动，如读书会、讲座、展览等，将数字阅读与传统阅读相结合，为读者提供更全面的阅读体验。通过这些举措，"淄博全民阅读数字平台"成功地将数字图书馆和数字资源推广到更广泛的读者群体中，为全民阅读的推广做出了积极贡献。

4. 提升广大馆员的服务意识和服务技能

随着网络阅读活动的深入，技术要求不断提高，读者对活动的期望也日益细化，形式愈加多样化。这对馆员提出了更高的专业要求，因此馆员必须不断提升自身的业务水平，更新知识和技能，以便为数字图书馆的建设和数字阅读的推广提供强有力的支持。

（三）组织策划网络读者活动，助力数字图书馆阅读

网络读者活动的策划，实质上是针对图书馆网络读者群体所进行的活动规划与安排。在策划的每一个环节，均需严格恪守以下核心原则：

1. 注重活动的宣传

必须高度重视网站作为宣传阵地的重要作用。以淄博数字图书馆网站为例，该网站在首页显著位置设立了"本馆动态"和"活动预告"等特色栏目，积极主动地发布与读者相关的活动信息，旨在实现宣传效果的最大化。

2. 注重利用各种媒体

（1）网络邮箱

以淄博数字图书馆为例，该馆注册了网易和新浪邮箱，积极向所有读者开放，并鼓励他们通过各种方式提出建议。这种做法不仅便利了读者与图书馆之间的沟通，还显著提高了交流的效率。

（2）微信

微信的设立有效地拉近了读者与图书馆的关系，让更多读者能够与馆员进行直接的互动交流，增强了彼此的联系。

（3）微博

微博作为一个信息汇聚地，具有更新速度快、受众广泛且趋向年轻化的特点，其传播范围极为广泛。

3. 活动设计要有亮点

活动设计必须注重亮点，这是吸引读者的核心。明确的亮点能够帮助整合相关资源并实现目标。例如，淄博数字图书馆举办的"跳蚤市集"，通过闲置书籍交换活动，极大地增强了活动的效果和影响力。

4. 活动形式要创新

网络读者活动需要创新和创意，以吸引更多参与者。淄博图书馆利用自身的网络资源，组织了"阅读，让我们的生活更美好"的主题征文、知识竞赛和视频展播等多样活动，有效地将读者从传统的宣传方式带入了生动的网络环境，取得了显著的活动成效。

5. 活动信息发布要及时

活动信息的发布应涵盖三个方面：宣传推介、实时跟踪和效果报道。信息内容需简洁明了，突出主题，以引起外界的关注。同时，及时更新活动信息，确保读者能够获取感兴趣的活动信息并参与其中。效果报道也应迅速，表达方式可以多样化，例如使用新闻稿、活动照片和读者反馈，以吸引更多读者的参与。

6. 馆员要做网络读者活动的促进者

馆员是图书馆各项业务的核心，必须准确掌握读者的需求，才能策划出更加丰富和精彩的活动，以吸引更多读者参与，进而为数字阅读活动的发展提供有力支持。

如今，图书馆的社会功能得到了显著拓展，利用网络开展读者活动已成为一种全新渠道。在全球一体化的背景下，图书馆的服务对象不仅限于到馆读者，而是面向整个社会乃至全球。只有认真倾听读者的声音，并虚心采纳他们的建议，才能确保图书馆的读者活动取得卓越的成效。

第二节　读者推广和利用教育的基本要素

随着现代信息技术的发展，图书馆的内容与形式发生了显著变化，馆藏从传统的印刷和视听资料扩展到各种电子出版物和信息资源。在先进网络技术的支持下，图书馆可以连接到多个电子文献传递和检索中心，这些外部资源被视为重要的"虚拟馆藏"。因此，数字图书馆不仅是信息的无墙集成，也是国家文明和竞争力的象征。目前，首要任务是培养馆员的互联网技能，并教导读者如何有效利用数据库和在线信息资源，以确保数字图书馆的稳步发展。

一、读者

相较于传统图书馆，数字化图书馆主要依托网络等先进工具，对各类文献资料等宝贵资源实施信息化处理。这一过程涵盖数字化处理、传输及控制等多个环节，核心在于对信息进行精确的数字化处理和网络化的高效传递，从而实现文献信息服务的全新功能。通常而言，选择和使用数字图书馆的用户群体——网络读者，其行为基础在于网络和数字化技术的广泛运用。在当今数字化信息时代的大背景下，数字化图书馆不仅推动了人们获取知识方式的革新，如从传统的读书看报转变为通过计算机网络搜索所需知识信息；同时，它也正在逐步改变人们的表达习惯，如借助计算机网络，人们能更加轻松便捷地抒发观点和想法，向世界展示自己的思想风采；此外，数字化图书馆还在悄然改变着人们的社交模式，在计算机网络迅猛发展的基础上，突破了时间、空间的束缚，使人们能够更加自由地进行社交和学习交流。

二、活动的组织者

在当今信息化时代，尤其是在知识经济浪潮的推动下，数字图书馆的功能已超越了单一的图书阅览范畴，而是深刻映射出信息资源的整体状况，成为衡量国家经济发展水平的重要标尺，同时也彰显了一个国家的综合软实力。一般来说，科技进步是衡量国家经济实力的关键要素，而科技的飞速发展无疑受到信息资源的积累与应用所驱动。从微观视角审视，伴随着现代化进程的持续推进，传统图书馆与互联网深度融合，催生了数字图书馆这一新型业态。依托于更为先进的技术手段，数字图书馆为读者提供了卓越的信息获取服务，有力促进了科学探索、技术创新以及教育事业的蓬勃发展。而从宏观层面剖析，积极构建数字图书馆将为我国政治、经济、文化等多领域的发展注入强劲动力，助力我们在全球经济一体化的大背景下，进一步提升我国在全球竞争中的核心地位，全面推进人民群众精神文明建设的深入实施。此外，通过数字图书馆的建设，我们还有力推动了中华优秀传统文化的传承与弘扬，引领相关产业实现快速发展。因此，构建数字图书馆并非单一部门的职责，而是需要全社会共同努力和资源共享的伟大事业。

三、内容

在设计针对数字图书馆用户推广及使用培训活动时，必须涵盖以下核心要素：首先，提升用户的信息素养；其次，详细阐述数字图书馆的功能及其应用环境；再次，对图书馆所涵盖的信息资源进行全方位概述，包括资源的种类、结构等细节；最后，明确指导用户如何获取网络信息资源。

四、方式

针对数字图书馆用户群体的显著差异性，我们必须认识到，年龄、文化程度、社会背景等多方面因素的不同，将不可避免地导致读者理解能力的差异。为此，图书馆需进一步加大投入力度，积极开展针对性强的培训教育工作。通过书面资料、网络平台等多种形式，为用户提供精准指导，助力其更好地利用数字图书馆资源，满足多样化需求，提升服务效能。

第三节　数字图书馆读者推广和利用教育的内容

在深入推广数字图书馆及其使用方法的进程中，针对读者群体，教育培训的核心聚焦于实施有效的指导策略。通过一系列精心设计的措施，旨在助力读者高效利用数字图书馆，并激发其信息意识。这一过程涵盖了提升读者的信息素养，深入了解数字图书馆的各项功能、运行环境，以及详尽掌握各类文献资料、信息资源的类别、结构，并学会如何高效地组织与管理网络信息资源。

一、数字化图书馆环境中读者信息素养的培养

随着信息技术的迅猛发展，各行各业都深深嵌入了信息技术的应用，信息素养因此应运而生，成为信息社会公民不可或缺的基本素养。教育作为提升信息素养的重要途径，旨在通过系统化的培养，增强读者在信息获取、利用及开发等方面的能力和水平，进而在工作与生活中实现高效的信息应用。

在当前信息爆炸的时代，若个体缺乏对信息技术的认知与掌握，将难以适应信息社会的快速变迁。从更宏观的视角来看，国家的发展亦离不开信息技术的支撑与驱动。因此，在现代化建设的进程中，人民应当积极学习并掌握信息技术，将其作为提升自身公民素养的关键一环。

数字图书馆以其丰富的信息资源、先进的技术设施以及雄厚的人才资本，在培养读者信息素养方面展现出巨大优势。通过数字图书馆这一平台，我们可以更加高效地实施信息素养教育，引导读者在信息知识、意识、道德及能力等方面实现全面提升。这一过程不仅关乎个人成长与发展，更对国家的信息化建设与长远发展具有深远意义。

信息知识涉及读者对信息核心内容、技术知识的掌握以及对信息特征的理解。信息意识则反映了读者对信息的敏感性，它要求读者在客观实践中进行分析、归纳和规划，进而采取行动，使信息活动具有明确的方向性、目的性和自觉性。在选择阅读材料时，读者面临多种方式，图书来源亦十分广泛，但受到经济、文化、环境等多种因素的影响。尽管我国网民数量庞大且上网时间较长，但普遍缺乏阅读意识，对信息意识的培养重视不足。在信息道德素养教育过程中，必须建立强烈的社会责任感。信息能力的培养主要涉及对读者进行基础信息操作技能的训练，包括软件应用、信息利用与开发，以及信息系统的构建等。

必须全面强化与提升读者的信息素养。随着数字图书馆的普及，培养全民信息素养已成为核心任务，特别是在信息社会背景下，数字图书馆的多项优势使其成为关键性工具。信息素养涵盖广泛内容，包括意识、知识、能力

等多个维度。在信息系统操作方面，其丰富性尤为显著，操作能力的重要性不言而喻。读者必须掌握相应的技术，才能自如地使用信息系统。全面的信息素养需要通过大量的实践操作来锻炼，因此，在具体的培养过程中，应充分重视实践能力的提升。

二、数字化图书馆环境中文献信息的传递与交流模式、特点

为了深化读者对数字图书馆使用的理解，我们需深入阐述图书馆环境中的文献信息传递与交流机制，从而明确其运行原理及信息资源服务模式，确保读者能够科学、便捷地利用数字图书馆。数字图书馆专为用户构建了信息服务平台，这一平台旨在提供网络化的信息资源获取服务。其核心功能在于信息导航，通过图书馆与互联网的深度融合，实现信息的快速查找与搜集，成为读者探索知识海洋的得力助手。

此外，数字图书馆依托其丰富的信息内容，直接向读者提供全方位的信息服务。网络作为文献信息传递的媒介，使读者能够轻松查询所需信息。图书馆通过网络发布相关信息，展示给广大读者，促进了信息的有效传递与交流，开辟了全新的沟通渠道。这一变化不仅丰富了信息传递的方式，更让读者能够通过网络更全面、深入地了解数字图书馆的魅力。

在信息数字化的背景下，文献信息的网络传输涵盖了主动与被动两大面向。主动传输聚焦于读者与数字图书馆间的积极信息交换，这一过程常借由互联网的社交工具得以实现。当读者萌生对特定文献信息的需求时，他们可通过互联网向数字图书馆明确表达其信息服务需求，包括联系方式等细节，这就是主动获取信息服务的流程。同时，数字图书馆亦能主动出击，向已注册会员的读者推送文献信息服务，只需读者在申请时提供电子邮件地址即可轻松接收。

相对地，被动传输则呈现出一种静待读者上门的姿态，即通过设立专门的数字信息网站，静候读者的浏览与访问。这一模式在当前的数字图书馆服

务体系中颇为常见。值得注意的是，尽管这两种模式在形式上有所区别，但它们之间实则紧密相连，唯有将二者的优势充分融合，方能为读者提供更为高效、全面的信息服务。

在信息服务的供给链条中，图书馆、读者与第三方之间的紧密协作不可或缺。数字图书馆以其强大的功能为基石，鼓励读者充分利用其优势，借助互联网平台搭建专属网站、论坛等，构建起一个数字化的交流空间，宛如线下的俱乐部一般，吸引更多读者参与其中，共享知识，交流心得，从而深刻体验数字图书馆所带来的卓越服务，并在此过程中不断提升个人的信息素养。

数字图书馆读者服务的特点主要包括：

1. 开放性

数字化图书馆的出现源于网络技术的发展，其开放性和服务功能促使图书馆也必须保持开放，建立信息共享平台，以便快速传递信息数据。这表明，通过遵循相关通信协议，计算机能够利用连接工具和设备实现高效信息共享。

2. 集成性

与传统图书馆的空间限制相比，数字化图书馆拥有更大的容量，能够集中整合各类网络信息和文献资源，展现出明显的集成性特点。它支持多种形式的信息传输，如文字、图片和视频，并通过计算机网络实现单点和多点的传输方式，还可以传递控制信息，以便实施相应的远程控制措施。

3. 高效率

网络传递加速了信息的传输速率，进一步提升了处理效率。数字图书馆利用网络进行信息的传输、存储和使用，极大地提高了文献信息的利用效率。

4. 实时性

借助互联网，数字图书馆实现了动态的信息传递，使信息传递更加迅速和便捷，突显了实时性的重要特点。

三、数字图书馆文献信息资源的类型与结构

数字图书馆作为信息资源的宝库，囊括了各类文献资料，其种类与架构体现了文献信息的分类、结构、特性及具体应用方式。该图书馆资源丰富，不仅涵盖了传统图书馆的全部资源，更拓展至网络世界的文献资料，为用户提供文本类型的信息服务。图书馆资料的范畴广泛，包括视听、印刷、缩微等各个领域，以及各类电子信息资源，涵盖丰富多样的信息格式与类型。在互联网开放环境下，外部信息成为潜在的图书馆信息储备库，推动数字图书馆实现实体与虚拟信息资源的整合。图书馆通过互联网与商业电子文献供应平台或其他网络网站建立联系，虽非信息资源的直接拥有者，但通过网络手段可将这些资源传递给用户，并提供相应的获取途径。因此，这些信息资源亦可视为图书馆的"虚拟馆藏"。数字图书馆凭借先进的技术手段，能够提供广泛的信息资源，如数据库、网络新闻、电子出版物、音像资料等，满足用户多样化的需求。

（一）电子出版物类型及其检索

电子出版物，作为以数字化形式储存并传播信息的重要媒体，主要包括电子图书、电子期刊、网络报纸等。在多媒体技术和超文本技术的广泛运用背景下，电子图书已逐步成为关键信息资源，展现出迅猛的发展态势。其显著特征为稳定性高，检索方式简便，内容固定，浏览方式高效。通过网站即可轻松浏览和查询图书目录，同时，借助搜索引擎，可实现电子图书的快速查询。自20世纪90年代以来，电子期刊逐渐崭露头角，迅速崛起，目前种类已超过千种。这主要得益于电子期刊成本较低、存储量大、周期短、操作便捷、搜索灵活、形式多样，以及具备交互性强等优点。

当前，电子期刊主要涵盖两大类：一是期刊的电子版本，二是仅通过网络发布的电子期刊。根据其是否收费，可划分为免费浏览和收费订阅两大类别；依据内容的完整性，又可细分为全面发布所有期刊内容的平台型期刊，

以及仅发布目录和摘要、并包含分散在各不同平台的分布型期刊。在检索方式上，主要涉及目录检索和使用两大方面。许多网站将传统报纸进行数字化收录，并编辑成电子报纸形式，为读者提供便捷的信息资源查询服务。随着网络报纸的多样化和内容多元化，有效促进了检索与浏览技术的创新和升级。通过网络浏览报纸信息，读者可以深入了解过往及现行报纸的内容，进一步深化和拓展阅读层次，对信息的背景、事件的前因后果以及评论等进行全面把握。

（二）数据库

数据库作为电子信息资源发展史上一道悠久的历程碑，其影响波及最为深远。通常而言，数据库以软盘、光盘、磁带、便携式数据库等多样形式呈现。计算机行业的迅猛进步，为联机数据库的开发与建设注入强大动力。在多媒体技术日新月异的背景下，文字视频逐渐崛起，成为举足轻重的信息资源，进而推动多媒体数据库的蓬勃发展。我国对数据库建设事业高度重视，积极投入，取得了显著成果。与此同时，索引、文摘、书目等类型的数据库制作技术日趋成熟，为我国电子信息资源的发展贡献力量。

1996 年，由清华大学精心编辑的《中国学术期刊》正式公开发行。该期刊覆盖了众多学科领域，能够及时进行信息资源的更新，并创新性地设计了全新的检索方式，实现了传统检索与全文检索的有机结合，其应用范围极为广泛。《中国学术期刊》作为我国电子领域的数据库发展的标志性成果，通过网络平台为信息资源的获取提供了便捷。在数字图书馆中，各类数据库均配备了相应的检索模式。为了使读者能够更好地利用这些资源，有必要针对读者群体开展专项培训和指导工作，以助于他们更熟练地掌握操作技巧。

（三）OPAC

联机公共检索目标（OnlinePublicAccessCatalog，简称 OPAC）作为一种先进的信息系统，自 20 世纪 70 年代诞生以来，便在图书馆自动化浪潮的推动下，助力各领域实现转型升级，实现了跨越式发展。迈入 21 世纪，OPAC 更是迎来蓬勃发展，尽管其核心业务仍聚焦于提供目录数据服务，但在商业数据库迅猛发展的背景下，各类丰富多样的信息资源纷纷融入，如音频、视频、图片、动画等多媒体信息。

目前，OPAC 所收录的数据库资源日益丰富，充分展现了机构的多元化特色。同时，通过与全文数据库的链接，实现了全文检索与二次查询的多元功能。得益于 OPAC 操作简便、易于上手的特点，除专业图书馆员外，广大普通读者也能轻松应对，根据具体菜单的指引，顺利完成操作查询，并在过程中得到错误提示及时反馈，通过人机交互方式轻松解决问题。

此外，OPAC 还致力于满足读者个性化需求，根据他们的偏好和习惯，灵活调整显示格式和检索方法，提供更加贴心的联机服务。在这一过程中，OPAC 不仅推动了图书馆服务的创新发展，更为广大读者带来了实实在在的便利，成为现代信息服务的重要组成部分。

四、网络信息资源的组织与展示

数字图书馆所处的环境，乃是与互联网紧密相连的网络信息空间。互联网作为一项开放式的网络信息平台，各类信息正不断地在网络中传递，并通过众多网站进行发布。然而，仅凭读者个人之力，显然难以实现对庞杂信息的有效甄别。因此，必须依托图书馆的专业能力，对信息资源进行系统性的整理，进而为读者提供便捷的查询检索服务。

图书馆在对网络信息资源进行整合的过程中，主要针对的是浩如烟海的网络数据。我们充分发挥数字图书馆在筛选、组织、整合、处理及加工网络信息方面的强大功能，将这些网络信息转化为图书馆的虚拟馆藏，这不仅有效丰富了图书馆的馆藏资源，更是开辟了获取知识的新途径。

面对繁多的网络信息，数字图书馆会进行严谨的处理和加工，确保网络信息更加条理化，从而为读者提供周到、贴心的信息服务。具体而言，这一过程涵盖对网络信息的细致过滤与筛选，以及对整合后的网络信息资源进行科学的评价。最后，按照既定标准对信息进行整理和归类，确保每一项网络信息都能在图书馆中找到合适的归宿。目前，机读编目格式被广泛认为是网络信息资源有序化整理的有效策略之一。

第八章　数字图书馆的服务

第一节　数字图书馆服务的特点

一、数字图书馆服务的特点

数字图书馆的目标是提供全面的数字化服务，这包括传统的网上阅读、下载、文献传递、离线阅读和印刷，以及浏览、查询和最新信息报道等功能。此外，它还提供信息库、参考服务和个性化服务平台，最终目标是为读者提供全方位的数字化服务体验。

数字图书馆相对于传统图书馆具备独特的优势，如没有时间和空间的限制，能够实现更广泛的资源共享和远程服务。此外，数字图书馆借助高科技的支持，在服务对象、内容和方式等方面展现出全新的特点。

（一）服务对象社会化

由于数字图书馆依托网络提供服务，它的覆盖范围扩展到任何地点，不再局限于传统图书馆的读者群体。读者无论年龄和时间限制，都能随时通过电脑访问，获取全面资料。目前，数字图书馆的用户数量已大幅超过传统实体图书馆，同时，服务对象的信息需求也从特定图书馆转向了整个社会。

（二）服务内容数字化和多样化

数字图书馆利用数字化技术将各种载体的原始信息转化为数字格式，由计算机进行统一的储存、传输和管理。这些信息资源不仅包括馆内自有资料，还涵盖从互联网获取的外部资源，如各类数据库和多媒体信息。此外，数字图书馆还包含各类信息产品和知识掌握者，这些都是其重要的信息资源。

（三）服务项目高层次化

数字图书馆正在转变为以个性化主动服务为主，超越单纯的文献借阅和参考咨询。它将重心从文献资源的供给转向高水平的信息服务，以知识为单位。随着知识和智能化水平的提升，以及完善的检索体系，数字图书馆能够为读者一次性提供目录、论文、著作全文、照片、图像和声音等多样化的知识信息。

（四）服务手段网络化

数字图书馆借助互联网实现了强大的信息服务能力，推动了信息资源的共享和服务的网络化。其读者服务涵盖网上学科导航系统的建设、网页维护、数字资源宣传、读者培训、网上咨询和资源传递等，均通过远程通信完成。这种开放性和网络化的特性，使信息服务从个人独享转变为共享，从传统的人工服务转向网络服务，促进了信息服务机构的协作，形成了一个开放的网络化服务体系，实现了服务的创新与升级。

（五）服务方式多样化和主动化

数字图书馆正逐步成为数字资源的中间提供者。它通过 Web 站点向读者展示丰富的资源，利用互联网和搜索引擎让用户能够全球搜索数据。提供的信息内容形式丰富多样，不仅包括目录和文摘，还有信息浏览、软件下载和音视频点播等。数字图书馆还提供专业咨询服务，整合收藏、服务与用户，支持数字信息的全生命周期管理，从而实现从被动服务向主动服务的转变。

（六）服务资源共享化

数字图书馆使得不同读者能够在不同时间查询相同的信息，避免了数据存储地点和副本数量的限制。只要读者在网上找到所需的信息，数字图书馆就会将相关的文本或电子版文件发送到读者的工作站，便于他们阅览或打印。

（七）服务流程一体化

一体化服务是在网络环境下广泛采用的服务模式，为读者提供咨询、文献检索和文献提供的综合体验。读者只需通过数字图书馆网站提交查询，系统将根据需求进行处理，并将结果以数据转换的形式呈现，整个过程都可在客户端操作，为读者提供了快速便捷的服务。

（八）服务的产业化

数字图书馆充分发挥信息资源的作用，推动信息服务朝着商业化和产业化发展。随着文献数字化和服务手段的多样化，以及信息技术的普及，数字图书馆已从单纯的文献储存与传输中心，演变为一个多元化的"信息中心"，具备实现产业化信息服务的必要条件。引入市场与效益观念，将促进数字图书馆的信息化转型，预计会带来可观的经济效益。

二、数字图书馆服务的内容

数字科技使数字图书馆能够根本性地改变其服务对象、开放时间和服务种类。相比于传统图书馆，数字图书馆不仅扩大了服务内容，还提升了服务功能。数字图书馆的服务内容主要包括以下几个方面。

（一）检索服务

数字图书馆的核心服务是文献资料查询，这要求图书编目与馆藏紧密结合。其馆藏不仅包含各种数字图书资料，还包括数据库资源、镜像服务资源，以及通过互联网处理和分类的网络信息导航检索。

（二）参考咨询服务

数字图书馆的参考咨询服务至关重要，需与各社会层面建立联系，以了解读者需求。如今，传统文献检索已转变为基于互联网的互动和智能咨询服务体系，主要形式包括：多层次的咨询服务接口，如常见问题解答和讨论群；智能指导用户进行网络信息搜索；根据需求提供个性化推送服务；以及设置互动咨询平台，快速解决用户问题。

（三）信息筛选和选择型传播服务

数字图书馆在资源供给及服务的便捷性和智能化程度上，远超传统图书馆。它运用现代信息技术深入人们的日常生活，及时响应读者的定题和专题信息需求。通过网络推送技术，定期向用户提供主题信息，筛选服务则为用户提供有价值的内容，并通过协作过滤实现有效的信息筛选。用户对信息的评价不仅能被共享，还能帮助查找热点内容，使用户能够轻松发现其他人关注的相关信息。

（四）用户教育和培训

用户的教育与培训是数字图书馆信息服务的关键部分。数字图书馆将正规与非正规教育结合起来，打破校园界限，使人们能够随时随地学习。同时，它不仅提供丰富的知识资源，还教授查找资料的技巧，支持合作性远程学习，并在帮助用户准确提问、查找相关资料及应用信息方面发挥中介作用。

第二节　数字图书馆的虚拟参考服务

一、虚拟参考服务的概念

虚拟参考服务（VRS）是一种基于网络的咨询模式，用户可以通过电子邮件、聊天或在线表单向"信息专家"提出问题，专家会通过电子邮件提供答案。这项服务不受地域和资源的限制，能够全天候为用户提供支持，并在指定时间内确保准确的回应。其核心在于利用数字和网络技术，帮助用户高效获取所需信息。

VRS 系统具有两个主要特点：一方面，它采用现代网络交流方式，取代了传统的面对面或电话咨询；另一方面，VRS 通过多领域的专家协调回答用户的问题，提供专业的问答服务，答案既可以是直接的知识性信息，也可以是获取相关资料的线索。要有效实施虚拟参考服务，必须具备良好的计算机网络环境、数字化咨询系统、丰富的参考资源以及经验丰富的馆员。

VRS 的工作步骤如下：第一步是问题接收，通过多种形式接受用户提问；第二步是提问解析和分派，分析筛选问题并查询已有答案，若无适合的，则分派给专家；第三步由专家生成答案，利用其专业知识解答；第四步是答案发送，将回答展示在系统页面或发送至用户邮箱；最后一步是跟踪，记录问题解决过程并归类信息，以逐步形成可检索的知识库。

二、数字图书馆虚拟参考服务的模式

数字图书馆虚拟参考服务的一般模式有如下几种。

（一）静态的网上咨询服务

静态网上咨询服务的特点在于，用户与服务提供者之间不进行实时互动。虽然服务内容可能会定期更新，但基本模式保持不变。常见的服务内容包括借阅须知、书目查询、资料查找、网上新书简报、图书馆布局、常用资源介绍、学科导航、数据库等信息，为用户提供便利的查询和指导。

（二）电子邮件驱动的虚拟参考咨询服务

作为最早、最简便、最普及且最易实现的虚拟咨询模式，它在图书馆界自推广以来，迅速在各大高校及公众图书馆中普及开来。该服务模式表现形式多样，可大致归为两类。

第一种形式直接明了，用户可通过链接直达 Outlook Email 页面，按需填写信件内容并发送。咨询请求通常由参考咨询部门接收，他们随后将查询结果或信息获取途径反馈至用户邮箱。

第二种则更为注重互动，幕后的参考咨询馆员得以直接面向读者，使读者对咨询馆员的情况有清晰了解。读者可根据自身需求，选择专业领域的咨询馆员进行咨询。在此模式下，读者填写问题表格并发送至相关咨询馆员，随后便能迅速收到满意的答复。为有效管理此类服务，通常需设立专门的管理中心，借助网络反馈机制集中处理读者咨询，并将问题与答案汇总至中心。管理中心不仅负责协调各咨询馆员的在线工作，还能在馆员无法解答时，将问题转交其他咨询人员或自行解决。

（三）基于实时交互技术的虚拟参考咨询优化

在传统的在线咨询模式下，电子邮件所承载的虚拟参考咨询服务往往难以达到即时互动的期望目标。为此，科研人员积极探索并创新技术手段，力求实现更为高效的即时互动。据一项权威调查报告显示，已有 20 家（占比 29%）图书馆成功引入了实时虚拟参考咨询服务，其技术载体主要包括网络聊天室

（Internet Chat）、网络共享白板（Shared White Board）、网络会议（Video Conferencing）及网络呼叫中心（Call Center Technology）。

借助互联网技术，虚拟参考咨询服务正逐步迈向新高度。以美国宾夕法尼亚大学商业学院为例，该校利用 LivePerson 等先进聊天软件，精心打造了一个虚拟参考咨询服务聊天室，并巧妙地在官方网站上设置了便捷链接。该网站独具匠心，为各专业量身定制了小型聊天室，由专业的参考咨询馆员担任各室负责人，行使管理职责。用户仅需轻松登录图书馆网页，点击"实时虚拟参考咨询"选项，即可开启这段独特的聊天式咨询服务之旅，双方可通过文本交流，共享知识与见解。

更进一步，网络共享白板与网络会议技术的融合，更是为用户与参考咨询馆员之间搭建了语音与影像并存的即时互动桥梁。依托 NetMeeting 等软件平台，辅以视频摄像机、麦克风及对话窗口的助力，该系统不仅保留了聊天功能的基础优势，更实现了在同一时间内浏览网页、查询信息，并将查询结果即时传送至聊天室与白板上的创新功能。这一变革性的设计，让参考咨询人员能够直面读者，实时展示图片与文本内容，极大地提升了沟通效率与用户体验。

此外，网络呼叫中心应用软件同样不容小觑。它集电子邮件、聊天室、网络会议等多重功能于一身，并与网页及应用共享功能紧密结合，为用户提供了灵活多样的一对一及一对多咨询形式。在咨询过程中，双方可轻松实现不同格式文件的实时传送。参考咨询人员更可借助该平台，向多位读者同步演示信息检索过程，开启了一种类似远程交互教学的全新教育模式，为知识的传播与共享开辟了更加广阔的空间。

（四）网络协同化的数字参考咨询服务

这是一个由多家图书馆信息机构共同构建的分散、虚拟的服务网络，旨在为广大读者提供便捷的参考咨询服务。该网络依托庞大的互联网资源和各图书馆的馆藏资源，借助全球图书馆及相关组织的数字化网络，以资深的参考咨询馆员和专业领域专家为支持，构建了一个专门的咨询服务体系。这一体系能够跨越时间和地域的限制，为任何读者在任何时刻提供咨询服务。

鉴于其使用的便捷性和响应的迅速性，通过电子邮箱和即时互动方式进行的参考咨询往往会引发咨询需求的激增。然而，这也可能带来挑战，如咨询问题可能超出专家的知识范畴或可用资源范围。为应对这些挑战，各图书馆提出了网络资源共建与协同合作的策略，旨在充分利用各馆的馆藏资源和参考咨询馆员的人力优势，开展跨领域、跨地区乃至跨国界的阅读咨询协作。

基于上述理念，人们正积极探索利用互联网技术，构建多部门乃至多系统间的合作化虚拟参考咨询服务系统，以期为读者提供更加全面、高效、优质的资讯服务。

三、国内外数字化参考咨询服务的实践

（一）国外数字化参考咨询服务的实践

1. 美国教育部资助的虚拟咨询台系统（Virtual Reference Desk）

美国教育部资助的虚拟咨询台系统是一个重要的合作咨询项目，基础是80余家专业咨询站点，旨在为中小学师生提供7×24小时的专业咨询服务。用户可以直接访问这些专家咨询网站，向专业人士提问，专家会将答案发送到提问者的邮箱。每个专业咨询网站通常有多位专家参与解答，通过电子邮件向专家组发布问题。该系统通过互联网整合各类咨询平台，用户可以直接向虚拟咨询台提出问题，系统则利用所有专家的资源来解答。

2. 美国的 CDRS

CDRS（Collaborative Digital Reference Service），作为一项由图书情报机构、相关组织及个体共同构筑的综合信息服务网络，致力于向全球范围内的读者提供无界限的咨询服务。此系统精心构建，涵盖成员属性文件、提问管理器、问答结果集以及问答知识库等核心模块。成员属性文件详尽记录着参与机构

的特色与人员信息；提问管理器则高效协调读者提问与专家解答的对接；问答结果集则作为信息宝库，储存咨询成果，便于后续检索与应用；而问答知识库更是汇聚了众多参考咨询人员的智慧结晶，为提升服务质量奠定坚实基础。

CDRS，作为在线咨询服务领域的一次革新，其运作模式与管理理念均超脱传统框架。其典型工作流程涵盖接收提问、精准分配、即时回复、妥善存储答复及不断充实问答知识库等五大环节，形成了一个高效运转的闭环系统。

更为重要的是，CDRS 作为一项全球性的协作倡议，其影响力与日俱增。截至 2013 年底，已吸引来自超过 200 个国家和地区的图书情报机构、相关组织及专家顾问网站的积极加入，共同织就了一张覆盖全球的在线参考服务网络。这一成就不仅彰显了 CDRS 的广泛影响力，更使其成为当今世界规模最大、服务范围最广的在线参考服务系统之一。

3. 英国的"请教图书馆员"（Ask a Librarian）

EARL（Electronic Access to Resources in Libraries），即图书馆电子化资源取用项目，汇聚了超过百家的公共图书馆力量，携手共创网络资源的新篇章。在英国，"公共图书馆网络联盟"（the Consortium for Public Library Networking）作为先锋，引领着该国公共图书馆通过互联网的桥梁，向公众输送高质量的信息服务。其中，"Ask a Librarian"这一特色服务尤为引人注目，它允许用户直接向图书馆咨询员发问，迅速获得详尽解答。

"Ask a Librarian"不仅是 EARL 公共图书馆联网联盟的核心业务之一，其起源可追溯至英国公共图书馆网站的创新尝试。该服务致力于通过互联网平台，最大限度地拓宽服务范围，惠及广大读者及社会各界人士。目前，该联盟已拥有 94 家会员馆，它们遵循着轮流值班的先进管理制度，确保每一天都有专业的图书馆团队在线待命，随时准备为读者提供优质的咨询服务。

放眼全球，成功的数字图书馆咨询服务案例不胜枚举。例如，美国教育部推出的 Ask ERIC 服务、密歇根大学构建的互联网公共图书馆、马里兰大学图书馆设立的"电子查阅服务"等，均属此类服务联盟中的佼佼者。此外，芬兰的18所公共图书馆携手打造的"向图书馆提问"服务，也是国际间数字图书馆咨询服务领域的一颗璀璨明珠。

（二）国内数字化参考咨询服务的实践

当前，国内的数字化参考咨询服务尚处于初步发展阶段，众多图书馆所提供的服务仍局限于单一的数字参考咨询层面。然而，值得关注的是，已有少数图书馆，例如上海中心图书馆和广东省中山图书馆，开始积极探索并实践合作式的数字化参考咨询服务模式。

1. 上海市中心图书馆网上联合知识导航站

上海市中心图书馆所推出的网上联合知识导航站，乃是上海图书馆牵头的数字化服务工程，其核心使命在于与上海地区公共图书馆、科研院所及高校图书馆等深度携手，为广大读者与科研人员提供专业化参考咨询及知识导航服务。此项目不仅是国内首个针对世界图书馆事业发展趋势的数字化创新实践，更是立足于现代化、全球视野及未来视角的前瞻服务。它以上海图书馆及其相关单位的文献资源为基石，依托互联网的海量资料与多元检索技术，汇聚上海图书情报领域一批杰出的中青年参考馆员，通过深度开发和优化利用上海各类图书馆网络信息资源，实现信息资源的互补优势，进而为各行各业在信息时代的发展提供精准导航。系统最显著的特点便是专家咨询服务，目前已有17位来自上海图书馆、上海交通大学图书馆、复旦大学图书馆等高校图书馆的精英成员组建成专业团队，他们在农业、社会科学、电脑管理、语言文字、工程技术、教育和心理学等多个领域，为广大用户提供专家级别的咨询服务。

2. 广东省图书馆专家联合导航站

广东省图书馆专家联合导航站，依托广东省中山图书馆、超星数字图书馆等单位的研究馆员及广大网民的力量，致力于为广大社会公众提供在线参考咨询和文献远程传输服务。以图书馆的丰富馆藏资源为核心，整合互联网上的海量信息和各类检索技术，该导航站的导航团队竭诚为用户提供难寻书籍的协助查找，提供学术资源和知识支持，助力教育、科研和文化事业的蓬勃发展，为广大民众的学习和生活带来极大便利。

该导航站还特别推出 24 小时有问必答服务，涵盖远距离文件传输和网络阅读等多重服务。用户可通过该网站便捷地获取超过 500,000 种电子文献，以及超过 1,000,000 份中文期刊论文，还可直接查阅和阅读全文。此外，该导航站的导航系统覆盖多个站点，包括超星、中国数图、E 书时空、亦凡图书等，功能强大，囊括在线即时问答、自动回复、在线阅读与下载、自动建档与查询等诸多实用功能。值得一提的是，解答窗口更支持文本编辑、图片粘贴和超文本链接等操作，真正实现了数字图书馆基础职能的整合和无缝链接。

根据国内外参考咨询服务的实践经验，开展此类服务旨在满足知识经济时代的需求。然而，在推进数字参考咨询的过程中，我们面临着一系列亟待解决的问题，包括但不限于知识产权的保护、服务质量的标准化以及参考咨询馆员队伍的建设等，这些问题均需要深入剖析并采取有效措施加以解决。

第三节　数字图书馆的主动推送服务

一、信息推送技术

信息推送技术，亦称网播技术，是一种创新的网络服务模式，它通过网络服务器的主动行为，将数据传输至客户端，从而有效克服了传统网络信息传输方式的被动性。在这种模式下，网络服务器不再仅扮演信息"拉取者"的角色，更成为积极的数据推送者。传统的网络信息传输方式，如拉取技术，其特点是用户通过浏览器向数据库发送查询请求，仅能在一定程度上实现信息的被动获取。而推送技术则以其主动性和高效性，为用户提供了更为便捷、个性化的信息服务。推送服务的核心在于一系列软件的运用，这些软件能够深度挖掘用户需求，收集"用户偏好信息"，并根据用户设定的时间间隔，将信息准时送达客户的计算机终端。

推送技术的核心在于建立一种信息代理机制，将用户所承担的责任转移至服务端，由服务器为用户提供个性化的在线定制服务。在客户端，用户需预先在代理人服务器上进行登记，以实现资讯的初始定制，并将用户需求的资讯传递至服务器。首次使用时，用户需设定自己所需的信息频道，定制信息将通过网络推送给用户。

在服务端，主要由一个信息采集系统和一套以内容为基础的高速缓存器来管理动态信息，同时利用信息搜集、信息过滤和推送等技术为用户提供个性化的信息服务。当一台服务器通过信息推送软件将信息推送给用户时，推送中介软件（将推送服务器连接至客户端的软件）会通过网络的一致性、可靠性及安全性完整地传送信息。

二、信息推送技术的服务形式

信息推送技术的服务形式一般有以下几种。

（一）通知

推广技术的最基本方式是通过通知，用户能够管理通知的形式、时间间隔等。通知不需要过强的交互性或强制性，对资源和信息量的需求也相对较低，这使得它成为一种简单有效的推广手段。

（二）提要

提要相比通知更具智能化特征，能够自动查找用户需要的信息并传递给他们。用户可以通过关键词、日期、数值和对比等条件进行查询，从而获得所需信息。虽然提要对资源和信息量的要求更高，但它能更便捷地满足用户的查询需求。此外，提要涉及较多的后台处理活动，为用户提供每日报告，但其操作也可能受到不可预见的查询环境限制。

（三）自动拉出

自动拉出功能为用户提供一组可定期查看的网页，系统会自动收集并存储这些网页，以便用户后续浏览。此外，用户还可以选择通过电子邮件接收相关资料，这样可以确保他们了解到的信息是专门为他们准备的，从而提高信息的相关性和使用便捷性。

（四）自动推送

自动推送服务能够根据用户的更新进度灵活地提供资讯。用户需要在网站上进行注册并持续关注更新，通常还需安装特定的客户端程序以定期发出更新请求。如果用户未提交相关资料，就无法享受该服务。通过自动推送，用户可以获得整洁的版面展示，或在页面底部看到醒目的标题。这种服务具备丰富的交互功能，用户不仅可以选择想要浏览的内容，还能筛选希望发送的信息，并有可能收到其他感兴趣的推荐资讯。

三、信息推送的实现方式

基于不同的技术，信息推送有不同的实现方式。

（一）邮件方式

通过电子邮件向注册用户主动发送信息是一种有效的服务方式。这一过程要求构建一个可靠的互联网邮件发送系统，以确保信息能够及时传达给用户。

（二）基于CGI的推送方式

该推送方式采用CGI（公关网关接口）来提升网络服务器的功能，以实现数据上报和个性化信息服务。虽然这种方式实际上是一种拉取技术，但用户在体验中感觉像是信息被主动推送。具体过程是，网站在网页中嵌入 HTML 表单，用户完成注册后，服务器通过 CGI 命令生成所需的 HTML 页面，最终将定制信息发送给用户。

（三）客户代理方式

客户代理方式利用代理服务器来收集用户感兴趣的信息，并与信息提供商建立联系，浏览相关网站获取所需内容，然后将其推送给用户。实现此方案需要在网络服务器上构建信道限定格式（CDF），并依赖智能代理服务器及充足的资源。从用户的角度来看，这种服务非常简便，属于智能拉取的模式，由代理服务商主动提供服务。

（四）频道方式

频道方式为用户创建了一个集成的应用环境，结合服务器推送技术和用户组件。用户可以在特定网站上按自己的兴趣浏览内容，仿佛在观看电视节目，并能够设定播出时间。该系统中，服务器负责收集各种信息并将其推送给用户，而用户组件则接收这些数据并进行指令提交，优先发送数据量较大的信息，从而提高信息获取的速度。

四、推送技术的工作流程

通过对原理的深入阐述，信息推送流程得以清晰展现。

首先，构建一个用户需求数据库是至关重要的。用户能够在此平台上注册并详细阐述其信息需求。通过细致的用户需求分析与统计，我们能够生成精准的电子身份证，进而为用户提供个性化且及时的信息服务。

其次，建立信息库是不可或缺的环节。我们需广泛收集资料，并进行科学合理的分类。制定并遵循统一的标准，特别是针对个性化需求的定制标准，以确保海量信息能够准确无误地按照既定标准入库。

最后，信息主动推送机制将发挥关键作用。服务器将依据用户的特定需求及预设的推送规则，自动筛选出符合用户需求的信息，并直接推送至用户的计算机终端。这一流程不仅大幅提升了信息传播的效率，更确保了信息的精准度与针对性。

五、数字图书馆中的推送服务

应用推送技术革新数字图书馆服务模式，精准推送有用信息至需求用户，实现信息的主动送达，而非传统的"读者寻信息"，转变为"信息觅读者"。

该技术不仅积极服务于广大网民，还能针对特定群体提供个性化信息服务，既提升服务效率，又缩减用户搜索时间。在数字图书馆内构建专属信息服务平台，进一步丰富对读者的精准信息服务内容。

鉴于此，本文提出一项针对数字图书馆的信息推送业务模式设计：

（1）用户首次登录数字图书馆网站，提出信息推送服务申请。

（2）数字图书馆网络服务器随即向用户发送申请表格，涵盖用户名、密码、信息主题、关键词、推送地址及周期等关键信息。

（3）用户填写并提交申请表格后，服务器将用户特征信息及查询需求传递给"推送服务代理"。

（4）"推送服务代理"依据用户请求，在特征信息库及用户信息库中分别新增记录。

（5）定期，"推送服务代理"向"查询代理"发送用户请求信息。

（6）"查询代理"根据"推送代理服务器"的请求，定期检索相关数据库，并将检索结果反馈给"推送代理服务器"。

（7）"推送代理服务器"会根据用户设定的要求，将更新信息定时推送至用户指定的通讯地址。

六、图书馆推送技术实例

近年来，中国科学院上海文献情报中心基于其基础开发了多种信息推送系统，包括目次和新书信息推送系统。这些新系统提升了原有的综合管理体系功能，进一步丰富了信息化服务的选项。

（一）目次信息推送系统

目次信息推送系统根据用户的需求，通过电子邮件发送最新的期刊内容。用户只需在图书馆填写 50 个感兴趣的期刊名称和主题词，就能定期接收更新，系统每两周更新一次。此外，用户还可以访问全文浏览服务，充分利用图书馆的馆藏资源。

（二）新书信息推送系统

新书信息推送系统通过中心图书馆的集成系统，向读者及时发送新书目录。目前已有超过 500 名用户受益于该系统。在图书上架的同时，系统会将最新的书目信息推送给读者，让他们能够迅速了解图书馆的新增书籍。

（三）带有分类选择功能的新书信息推送系统

新书信息推送系统经过改进，增加了分类选择功能，能够根据不同读者的需求，精确推送相应类别的图书信息。这一系统在原有图书资料推送的基础上进行了优化，提供更加个性化的服务。

第四节　数字图书馆的定题服务

一、定题服务

定题服务，作为一种针对用户特定信息需求的服务模式，其核心理念在于围绕特定主题进行信息的搜集、筛选与整理工作，并在规定或非规定的时间节点向用户交付信息。该服务模式能够更精准地满足用户的个性化需求，同时提升信息服务的针对性与有效性。

定题信息服务涉及对社会现有信息的系统整理与加工，并将其存储于检索工具或系统之中，以便根据用户的特定需求提供定制化的信息服务。通过定题信息服务，可以显著降低读者在信息检索过程中所耗费的时间，从而有效提升信息检索的效率。

二、数字图书馆定题服务的特点

数字图书馆提供的定题服务允许读者提交具体的信息需求，图书情报人员则运用他们的专业知识和技术手段，积极为用户寻找和提供相关信息。这一过程不仅展示了情报人员在检索和分析方面的能力，也体现了他们在信息筛选和总结上的专业素养。

数字图书馆的定题服务检索系统（SDI）具有资源丰富和便捷智能的服务优势，远超传统图书馆。该系统利用多种网络信息推送技术，包括电子邮件、网页通知及专用软件，定期向用户推送预先筛选的主题信息服务。这种服务的主要特点在于其高效性和个性化，确保用户能够及时获取所需的专业资讯。

（一）信息流动由 Pull（拉）向 Push（推）转换

在数字化图书馆领域，SDI 服务模式实现了从传统被动服务向主动服务的飞跃。传统的 Client/Server 结构下，信息传输主要依赖于"拉"（Pull）机制，服务器在此过程中扮演着被动提供服务的角色。然而，在数字图书馆中，服务端积极向用户和系统推送信息，展现了主动服务的新风貌。SDI 技术运用了先进的 Push 技术，有效提升了查询与传输的个性化和智能化水平。它能够迅速响应用户需求，及时提供关键信息，同时避免了 Pull 模式可能引发的信息延迟问题。此外，SDI 显著降低了用户重复操作的频次，优化了用户与情报工作者之间的交流体验，体现了科技服务于人的理念。

（二）更好地为用户提供信息挖掘服务

在数字图书馆 SDI 系统中，信息工作人员需深入挖掘、精细加工、创新转化并拓展信息资源，以充分满足广大用户的需求。针对特定用户的特殊需求，我们应认识到，数字图书馆内的各类信息库可能构成异构数据库。为了精准定位并提供最符合用户需求的信息资源，必须运用先进的数据挖掘技术进行深度处理和精准分析。实施数据挖掘技术对 SDI 传统业务模式的改造，不仅是 SDI 业务发展的关键技术标志，更是推动图书馆服务向数字化、智能化迈进的重要举措。

（三）SDI 的个性化得以充分体现

SDI 是一项极具代表性、针对性和个性化的图书情报服务。相较于传统图书馆信息服务所采用的卡片式、书本式目录及文摘检索工具，并依赖人工方式进行服务，SDI 在数字图书馆环境下实现了显著改进。通过应用数据挖掘技术、智能推拉信息机制、动态网页生成以及智能代理等手段，SDI 能够高效地辅助用户迅速且精确地获取所需信息。此外，信息服务人员能够紧密依据用户需求，实现信息的更快速响应与更精准推送，从而最大化地彰显 SDI 个性化信息服务的独特优势。

三、数字图书馆定题服务的原则

以满足读者信息需求为核心，依托资料收集，运用科学方法和专业技术，从科研角度对数据进行深度分析，为用户提供科学决策、精准管理的高附加值信息服务。为确保数字图书馆定题服务的高质量发展，必须恪守以下原则。

（一）主动性原则

主动性原则要求信息服务机构积极掌握全球科学技术的进展与趋势，主动收集相关资料，选择前瞻性和具针对性的课题，为信息需求者提供切实有效的服务。这种积极态度旨在将潜在用户转化为实际用户，提升服务的有效性与影响力。

（二）用户原则

用户原则要求服务提供者充分了解不同用户的需求，并在此基础上提供令人满意的服务。然而，用户往往仅表达基本的时间、空间和内容需求，缺乏对深层次信息需求的充分阐述。为提升用户体验，服务机构需要通过多次沟通深入挖掘这些潜在需求，同时为用户制定有参考价值的检索方案，从而确保他们获取更有意义的信息。

（三）信息搜集原则

1. 准确性

准确的信息收集对提供有效的定题服务至关重要。随着现代科技的快速进步，科研变得愈发专业化，不同专业之间的交叉与渗透改变了研究和管理人员的知识架构，促使他们对相关专业知识产生更高的需求。因此，在资料收集过程中，不仅要全面了解各专业的发展动态，还需关注新兴分支领域的发展趋势，以确保所获取信息的准确性和前瞻性。

2. 及时性

定题服务的关键目标是向用户提供最新和最准确的信息，这要求数字图书馆系统能够实时收集和更新各种信息资源。

3. 全面性

在信息收集过程中，不仅要整合馆内的资料，还应在各类网络信息库中进行查找，甚至通过共享方式获取其他图书馆的资源，因为多样化的资源是提供有效信息服务的关键。

四、数字图书馆中定题信息服务的实现

数字图书馆定题服务之实施步骤如下：用户提出信息需求→数字图书馆在线服务部门审慎确定检索关键词→全面搜寻相关网页→精确锁定并访问所需网页→批量下载相关信息资源至本站点→汇总形成用户所需信息资源→按照特定语言和格式进行有序化整理和编辑形成方案→及时传递给用户。此过程即是对网络信息进行深入分析和严格筛选，从中提炼出有价值的知识点，再进行智能化的组合。作为一项服务性项目，我们还需关注以下几个方面的问题。

1. 选定定题服务的用户

在现代互联网技术的支撑下，图书馆并无需对所有用户提供个性化信息定制服务，而是应依据其既定服务目标，精准锁定目标受众。为科学合理地制定信息检索策略，必须深入调研用户的职业特性、研究领域及信息需求等方面，以确保服务的精准对接与高效满足。

2. 课题的选择

为确保选题的精准性，必须深入细致地开展工作。例如，高等院校图书馆应全面、详尽地对全校的科学研究工作进行调研，明确识别出那些具备攻关潜力的项目，那些与领导决策密切相关的项目，以及那些亟需提供定题服

务的项目。

3. 创建用户提问档，分析所获信息

依托网络通信技术，我们对搜集到的信息进行深入分析与系统整理，构建起完备的用户提问档案。此档案详尽记录了用户账号、姓名等个人信息，以及由提问关键词组成的布尔逻辑表达式，便于信息的存储、分类与检索。针对用户的信息需求，我们精心制定检索策略，旨在提供更为精确、高效的信息服务。在用户所需资料方面，我们准备了文摘、索引等实用工具；在网站喜好方面，我们精选了用户喜爱的资源库；在资料库使用上，我们优化了检索流程。通过这些举措，我们致力于为广大用户提供精准、便捷的信息服务，共同推动信息化建设迈上新台阶。

4. 注意反馈信息的收集

为解决特定问题，必须搜集相关资料，并结合互联网通信技术，及时向用户提供符合其需求的在线信息服务。此外，亦需通过网络平台搜集用户反馈，包括问题修正意见及其他建议。基于此，利用已存档的提问记录，对更新的信息资源进行检索与分析，并将检索结果反馈给用户，以确保信息追踪服务能够持续满足用户需求。

第五节　数字图书馆的个性化信息服务

一、数字图书馆个性化信息服务的内涵

个性化信息服务是一种定制化的信息解决方案，它立足于用户的知识体系、信息需求、行为模式及心理偏好，旨在提供契合用户个性化需求的信息服务。此项服务涵盖了对用户需求进行精准分类、高效筛选、细致整理和深入分析，同时，助力用户构建个人信息化平台，实现针对性的信息与服务推送。

数字图书馆个性化信息服务依托于互联网平台，以用户需求为根本导向，围绕用户的兴趣偏好与使用习惯，开展了一项积极主动的信息服务活动。该服务的核心理念是用户中心论，通过深入分析用户的行为模式和偏好，旨在提供更为精准的信息服务。其主要目标可概括为二：首先，使用户能够基于个人兴趣提出定制化信息需求；其次，依据用户特性，提供最富价值的信息资源，并根据用户需求的动态变化，适时调整信息资源的供给。

数字图书馆个性化信息服务的内涵可细化为以下三个方面：首先，用户能够依据个人需求访问相应的数字图书馆资源集合；其次，用户得以定制个性化的界面，以便于信息的检索与获取；最后，数字图书馆及其服务人员应能够根据用户需求的变化，及时更新并提供信息服务。个性化信息服务展现了数字图书馆对用户需求的重视，通过提供定制化服务，满足用户多样化的需求和选择。

二、个性化信息服务的基本要素

个性化信息服务的基本构成元素涵盖个性化信息服务在实际应用中的具体实现、用户建模技术、信息过滤与信息分流机制、系统架构的设计以及用户模型评估准则等多个方面。

（一）具体应用

1. 个性化入口

个性化入口，作为一项先进的网络技术，致力于为用户提供定制化的网络或信息系统服务。该技术主要应用于个性化站点的建设，通过简单的关键词或主题词列表，赋予用户自主选择科学研究课题的权利。在电子商务领域，个性化入口的应用极为广泛，例如微软的 IE 等浏览器均支持按照个性化需求管理书签功能。这一创新举措，充分体现了以人为本的服务理念，为推动我国信息化建设注入了新的活力。

2. 过滤和排序

在个性化信息服务领域，过滤与排序技术作为核心研究方向，其主旨在于依据用户需求对信息文件进行精细化分类与筛选。通过精准过滤掉关联度较低的文件，我们能够显著提升返回信息与用户需求之间的匹配精度，实现服务的精准对接与高效满足。

（二）用户建模

为深入贯彻以人民为中心的发展思想，切实满足广大用户日益增长的个性化服务需求，我们致力于实现用户建模目标，即精准把握用户的信念体系、目标设定及行动计划。在这一过程中，我们首先需对用户进行严格的身份认证，确保所获取的个性化信息的准确性和全面性。这主要通过隐性用户信息反馈和显性用户信息反馈两种途径来实现。其中，隐性用户信息反馈是依据用户在平台上的行为路径、停留时长以及文档浏览量等数据，深入分析并推断出用户的需求偏好；而显性用户信息反馈则要求用户积极主动参与，对当前网页内容进行评价或提出宝贵建议。通过这两种方式的有机结合，我们能够取得更为精准有效的用户洞察。接下来，我们将用户模型装载至系统之中，若该模型此前并未建立，则系统将根据预设的缺省机制自动构建一个新的用户模型。最后，我们根据用户与系统的交互行为，持续优化和升级模型，以期为当前用户提供更加贴心、便捷的定制化服务体验。

（三）信息过滤

信息筛选工作立足于用户需求，从浩如烟海的资源流中精准锁定符合要求的信息。该过程可细分为三个层面：首先，对资源流中的信息进行标识化处理，确保用户所需信息被限定在一个明确的子集之内，从而实施机械式的筛选操作；其次，运用关键词进行深度过滤，用户只需选定关键词，系统会自动将其与资源流进行匹配，从而筛除掉所有不符合条件的信息；最后，依托用户的历史访问数据，智能分析用户的信息需求，无需用户额外提供任何描述，即可实现个性化的筛选服务。

（四）信息分流

在面对大规模用户群体和信息资源时，进行精细化的用户信息筛选将导致宝贵资源的极大浪费。究其原因，源于用户需求间的复杂交织与重叠，以及在对每项用户需求进行判断时所产生的重复劳动。因此，若能将多元化信息需求整合至高效便捷的共享架构，并实施精准的整合调度策略，我们便能获得远超传统信息过滤方法的卓越效能。这种创新方式被业界称为"信息分流"。在实际操作中，数据信息分流工作需精细筹划。对于具体用户而言，最优的分流效果应是平均分流时间最短，而判断机制则可借鉴一种名为"多叉哈夫曼树"的高效数据结构。

（五）体系结构

在个性化信息服务体系中，用户模型的定位问题至关重要。其部署位置可选性广泛，包括系统服务器、用户计算机以及两者间的代理服务器。用户模型的位置选择与信息分流过程密切相关，若要实现数据分流，通常需将用户模型置于服务器层面，以确保数据分类工作的顺利进行。反之，若将用户模型置于其他位置，则可能加大数据分类的难度，影响整体服务效率。因此，明确用户模型的定位，对于优化信息服务流程、提升数据处理能力具有不可忽视的作用。

（六）用户模型的评价标准

1. 粒度

可以细化为两大类：第一类是每位用户均拥有一个独立模型；第二类则是部分用户共同使用一个模型，即类用户模型。

2. 修改与更新能力

用户模型可划分为静态与动态两大类别。静态模型在系统中保持恒定，不受用户交互活动的影响；而动态模型则能够灵活地根据用户的实时交互进行适应性修改与更新。前者既可由系统预设，亦允许用户在系统启动初期自行构建；后者则具备实时捕获并调整模型内容的强大能力。

3. 时效性

用户模型可细分为短期与长期两大类别。短期模型紧密依托于即时的交互流程，一旦交互任务圆满达成，其效用即告终结，无需持续保留；相较之下，长期模型则展现出跨越多个连续交互周期的稳健性，得以持续维护与优化。

4. 模型的数量

此概念涉及单模型系统与多模型系统的区分。单模型系统指的是每个用户仅配置一个模型的情况，而多模型系统则意味着一个用户可以拥有并管理多个模型。

三、数字图书馆的个性化信息服务

（一）个性化的界面设置

用户可以根据自己的喜好定制界面设置，具体包括网页外观的选择，如颜色、主题和字体，以及问候语和刷新频率等。此外，用户还可以通过个性化的栏目布局来调整版面，满足特定需求。内容模块的定制则确保提供的信息和服务能精确契合用户的个性化需求。

（二）个性化信息环境

传统图书馆因其服务模式的单一性，往往无法满足来自不同层次、专业和地域的用户需求。相较之下，数字图书馆具备个性化信息服务机制，能够依据用户的特征和具体需求，提供更加针对性的信息资源和服务，从而有效满足用户的个性化要求。

为了提供个性化的信息服务，数字图书馆必须打造一个符合用户需求的信息环境。这意味着图书馆应从服务提供者的角度出发，为用户设计一系列辅助工具和机制，例如建立用户的私人馆藏，以更好地满足他们的特定需求，并提升他们的检索能力。

数字图书馆提供的个性化信息环境能够帮助用户根据其需求建立私人馆藏，并提升他们的检索能力。用户可申请账号并登录个性化界面，提交多个检索策略，形成个人描述文件。数字图书馆通过软件工具将所需信息转化为用户的私人馆藏，并定期进行更新，确保用户获取最新且最相关的资源。

（三）个性化的信息快报

数字图书馆的个性化信息快报服务为用户提供及时的最新信息通知。根据用户的检索条件，系统定期向其发送相关资源信息。这种服务便于用户根据自身的查询习惯和关键词进行定制，体现了个性化的特点。因此，在处理用户档案时，数字图书馆应充分考虑用户在查询策略、检索方法和结果处理等方面的个性化需求，以确保满足不同用户的服务期望。

四、数字图书馆个性化信息服务的实现方式

（一）数字图书馆个性化信息服务的技术基础

鉴于数字图书馆的独特属性，在推进个性化信息服务的实践中，必须构建健全的技术支撑体系。在打造个性化信息服务技术平台的过程中，需重点关注以下问题。

1. 信息分类问题

分类问题主要体现在两个方面：首先，数字图书馆需要对大量信息进行内部分类，以便于管理和检索；其次，用户对信息类别的理解可能各异，因此，数字图书馆的信息服务系统应允许用户自定义分类，帮助他们根据个人

需求有效组织信息。

2. 信息搜索问题

目前的信息搜索方式主要分为两类：一种是传统方法，依赖于信息提供者提交的索引信息来获取链接，适用于大型信息服务商，但其检索精度和智能化程度较低；另一种是利用智能代理技术进行信息查询，尽管这种方式更为灵活，但现有的主流浏览器和搜索软件尚未实现智能化查询能力。

3. 安全与隐私保护问题

安全管理涵盖用户使用安全和系统管理安全两个方面。用户使用安全关注授权和身份认证，确保只有合法用户能够访问系统，并保护账号免遭盗用和信息泄露。系统管理安全则集中在用户个人信息的保护和数据加密方面，因此必须制定个人信息安全策略和披露机制，以确保系统整体的信息安全性。

（二）数字图书馆个性化信息服务的模式

当前的个性化信息服务主要分为个人定制和系统预测两种模式。个人定制允许用户根据自身需求设定信息来源、展示形式和服务类型，而系统预测则通过分析用户的使用习惯和偏好，自动筛选出对其有价值的资料并推送，从而提升检索的效率。

1. 电子邮件服务模式

电子邮件在个性化信息服务中展现出诸多优势。首先，它的使用非常方便，用户无需掌握复杂的电脑知识或查询技术，就能直接从邮箱中获取资料。其次，邮件可以根据用户设定的时间和顺序进行发送。此外，电子邮件还支持群发功能，允许对部分用户进行分组并发送特定内容。最后，一旦邮件下载完成，用户可以离线阅读，这样不仅节省了通信时间，也降低了费用。

2. 即时呼叫服务模式

即时呼叫服务是一种创新的个性化信息传递模式，它结合了电话、传真和计算机等多种通讯工具，使用户能够灵活地访问系统并获取所需信息或处理事务。此模式的显著优势在于其实时性和个性化，用户可以在任何时间、任何地点随时获得所需的信息，突破了时间和空间的限制。

3. 网页自定义业务模型

在互联网环境中，网页是信息的核心单元，主要分为静态和动态服务模式。静态网页使用 HTML 构建，提供固定的信息和介绍，适合内容不常变动的网站。相对而言，动态网页则根据用户的特定条件，从数据库中提取和更新相关信息，提供更丰富和个性化的用户体验。由于动态网页具有更高的智能互动性，能够有效减少用户时间和费用，因此越来越多的人倾向于选择这种模式。

4. 信息推送服务模式

当前的信息推送服务主要分为两类。一类是依赖人工操作的推送方式，用户通过电子邮件接收相关信息。另一类是智能化推送，采用智能软件和代理服务器来筛选和传递用户感兴趣的内容，从而提升信息的准确性和及时性，帮助用户更有效地获取符合自身需求的消息。

第六节　数字图书馆用户培训

数字图书馆对用户的要求较高，尤其是在综合素质方面。一些文化素质较高的用户能够轻松获取所需信息，而其他用户可能因文化水平不足而面临挑战。为此，数字图书馆应定期开展教育与培训活动，帮助用户了解最新的信息技术和获取信息的有效途径，从而改善他们的信息获取和利用习惯，提升整体使用效果。

一、数字图书馆用户培训的原则

用户培训的核心并非让用户成为专业的信息工作者，而是帮助他们主动应用信息、准确表达需求。培训应专注于提升用户获取信息的能力，而非让他们掌握复杂的理论知识。用户希望通过培训提升自身的信息获取技能，只有满足这一需求的培训，才能获得他们的积极参与。

（一）针对性原则

用户的信息意识与能力受到国家、地区、行业等多重因素的影响。因此，用户培训应以尊重历史和现状为基础，依据用户的实际接受能力和具体情况进行相应的教育和引导，旨在提高他们的信息素养和使用能力。

（二）循序渐进原则

用户培训应遵循循序渐进的原则，以便用户能够逐步掌握信息使用的技能。通过在早期建立深厚的感性认识，用户在中期的知识和技能训练中将更容易提升，最终实现熟练应用。培训内容应根据用户的年龄、知识水平和需求量身定制，帮助他们从感性认识过渡到理性理解。

（三）适用性原则

用户培训的核心在于提升用户获取知识和技能的能力，以激发他们的主动性和满足感。有效的培训应建立在用户已有的信息需求之上，促使他们主动采取行动，进而产生更多需求。只有在满足这些基本需求的基础上，培训才能取得更佳成效。

（四）效益性原则

数字图书馆在进行用户培训时，应优先考虑社会效益，经济效益则作为辅助。在设计培训方案时，需要兼顾短期和长期的成效，确保用户在满足自身信息需求的同时，能够提升他们的信息素养。

（五）超前性原则

在数字图书馆的用户培训中，应遵循超前性原则。这意味着培训不仅要解决用户当前面临的信息检索问题，还需关注用户未来可能遇到的挑战。因此，培训内容应当兼顾经验性与前瞻性，培养用户的长远能力。同时，培训目标应涵盖现实用户与潜在用户，帮助潜在用户转变为实际用户，确保其信息获取能力的持续提升。

二、数字图书馆用户培训的方法

数字图书馆作为一个新兴的概念，确保公众能够深入理解和充分应用其信息资源，是维系其稳健运作与持续发展的关键所在。针对数字图书馆用户展开系统性培训，旨在双轨并行：一是提升现有用户的操作技能，确保他们能够准确无误地利用数字图书馆的各项功能；二是扩大用户基础，通过有效宣传与教育，将潜在用户群体转化为实际用户，进而提升数字图书馆的社会影响力与普及率。以下将列举并阐述几种行之有效的培训策略。

（一）当面辅导培训法

电子图书管理员基于实际状况，深入浅出地向用户阐释相关技术与技巧，通过举一反三的方式，不仅使读者充分理解服务与资讯内容，同时掌握使用方法。此方法注重实践结合，简便易行，成效显著。无需专业培训组织，亦无需大量设备投入，既可实现单独培训，又可进行群体指导。它不仅有助于用户全面了解当前状况，还能有效预防未来问题的发生。然而，此类培训对于数字图书馆人员的责任心、业务素养及职业道德标准提出了较高要求。

（二）书面辅导培训法

该方案涉及相关单位向广大用户发放精心准备的文字资料。通过用户自学的方式，全面掌握数字图书馆资源，充分了解其服务内容与利用价值。此方式特别适合于那些具备较强自主意识，以及在信息活动中积累了一定实际经验的用户群体。

（三）办班集中培训法

本办法针对不同类别用户，量身定制了短期培训班、讲习班、研讨班、精英班等课程体系。通过这一系列课程，用户能够在短时间内掌握数位图书馆的使用技巧，从而有效提升自身业务能力。此类培训方式已被广泛采用，其最大优势在于能够高效地覆盖更多用户，促进知识普及和技能提升。

（四）用户交流培训法

相较于传统的培训模式，该模式在培训主体和接受培训的人员上实现了双向互动，通过用户间的直接交流，促进了知识的共享与技能的互助，从而全面提升了对数字图书馆的认知。例如，通过组织用户经验交流会、用户大会、用户协会、使用者联谊会以及有奖竞赛等多种活动，这些都可以成为针对特定用户群体进行沟通与培训的有效途径。该模式展现出强大的灵活性，往往能够产生出乎意料的培训效果。

（五）媒介培训法

该方法是依托特定媒介实施用户培训，例如开展电视讲座、广播讲座以及融合教育性和艺术性的公益广告活动。此种媒介培训方式具有广泛的适用范围，对于某些知识的普及和提升具有显著成效。

（六）参观培训法

参访培训法，即根据用户培训需求，相关单位精心组织安排实地考察活动，使用户深入理解和掌握事物内在结构及运行机制，进而丰富知识体系。该方法具备以下优势：首先，能够显著提升知识传递效率。多项研究表明，视觉感知相比听觉感知，记忆效果可提高一倍以上。相较于阅读教科书或观看图片，现场观察使用户能够更迅速、更准确、更深刻地获得直观、鲜明、真实的感性认识，同时紧跟最新发展动态。实地参观有助于克服教材滞后性问题，用户可直接接触实际情境，而非受限于书本信息。因此，在数字图书馆用户培训过程中，实地参观扮演着至关重要的角色。

（七）网上实时帮助

数字图书馆致力于通过深入分析用户最佳检索词和方式，不断提升用户检索能力，以充分满足其日益增长的信息需求。此种方式极具成效，因为它立足于实际服务过程中的培训，更具针对性和实用性。随着时间的推移，用户将能够更熟练地掌握检索技巧和方法，从而显著提升检索效率和准确性。

第九章 5G时代图书馆服务变革与思考

第一节 基于5G技术的图书馆服务变革和思考

一、5G技术概述

5G技术规划了三大核心应用场景：增强型移动宽带（eMBB）、海量低功耗连接（mMTC）和低延时高可靠连接（uRLLC），这些设计旨在满足设备对高效、大带宽、低延迟和高可靠性接入的需求。回顾移动通信从1G到4G的发展历程，其核心焦点在于人与人之间的通信，个人通信构成了移动通信的核心业务。然而，5G技术的出现标志着通信领域的重大转变，它不仅涵盖了人与人之间的通信，还拓展至物联网、工业自动化、无人驾驶等新兴技术领域。通信的焦点从人与人之间的交流转向了人与物、物与物之间的互联，标志着万物互联时代的真正到来。

未来，5G技术有望引发一系列产业变革，催生新兴应用，如远程教育和跨区域医疗服务。此外，它将推动云计算产业的成熟，使大量数据能够实现高频、实时的交互，从而充分发挥云端的优势。5G还将促进物联网的快速发展，加速无人驾驶和大数据领域的进展，助力智能家居的崛起，并推动智慧城市建设和虚拟现实技术的迅猛发展。

二、5G时代下的图书馆服务发展方向

随着5G技术的普及，图书馆的数字化进程大幅加快，智慧图书馆的建设进入了快车道。在这个大数据和AI技术飞速发展的时代，社会大众对信息获取的速度和方法有了更高的期待。5G的应用，使得图书馆的信息管理和服务传播方式发生了根本性变革，催生了包括无感知借阅、智能导览、4K/8K超高清互动、虚拟课堂等十大创新服务模式的落地。面对信息技术的不断进步，图书馆不仅要提升其网络基础设施和智能化设备的使用，更要注重提供更加定制化、精确化和直观化的服务，以满足现代用户的多样化需求。

（一）图书馆服务的个性化

5G技术凭借其卓越的网络性能，极大地增强了图书馆设备在收集用户信息方面的能力，涵盖了从视频到语音，从借阅记录到电子书的各种数据。通过云计算和大数据分析技术，图书馆能够全面刻画用户的数字行为、环境交互和内容喜好。利用这些数据，图书馆可以建立详尽的用户画像和多样化的应用场景，深入洞察并预测用户的需求。结合丰富的馆藏资源，图书馆能够为读者提供高度个性化的服务体验，包括定制化的信息推送、沉浸式的场景服务以及专业的咨询服务，推动图书馆向更智能、更场景化的服务模式转变。

（二）图书馆服务的精准化

智慧图书馆的服务实现，依赖于大数据、人工智能等先进信息技术的集成应用，成功打破了传统服务在时间和空间上的限制，极大地方便了用户。过去，图书馆服务受限于物理馆藏，用户只能选择现有资源。而在5G时代，服务的核心理念转为满足用户的具体需求，图书馆的职能从单纯的资源提供者转变为需求的积极响应者。服务内容更为细致入微，涵盖了从信息收集到知识服务的各个环节。通过建立和维护一个动态的知识资源库，图书馆能针对不同用户群体的需求进行精细化管理，提供即时且高效的知识服务。同时，

服务的触达方式也变得多样化，用户可以通过手机应用、短距离通信服务、图书馆网站或社交媒体等多种平台享受无缝、即时的图书馆服务，真正实现了信息服务的泛在化。

（三）图书馆服务的可视化

5G 技术对于推动虚拟现实（VR）和增强现实（AR）在图书馆服务中的应用起到了关键作用。它为用户创造了更为沉浸和互动的体验环境，使得通过 VR/AR 设备与虚拟信息的实时互动成为可能，不仅简化了获取高质量内容的过程，还降低了相关成本。凭借其强大的网络支持能力，5G 有望在图书馆的重大活动直播、安全监控、跨馆资源共享以及动态展示等方面扮演重要角色，极大地扩展了图书馆能够提供的服务种类和形式。通过在图书馆内引入 VR 和 AR 技术，用户可以更直观和便捷地查找和定位所需资源，这种新型的互动和可视化服务模式不仅优化了服务质量，也大大提高了用户对图书馆的满意度和忠诚度。

三、5G 时代下的图书馆馆员

随着 5G 技术的广泛应用，图书馆馆员面临着转型的迫切需求，他们必须不断学习和掌握新兴技术，调整服务策略，以提高服务水平，为推进图书馆向智慧化转型打下坚实的基础。在这个快速发展的技术时代，馆员的角色不仅仅是资源的管理者，更要成为技术的适应者和服务的创新者，以确保图书馆能够提供符合时代需求的、高效的智慧服务。

（一）知识储备

在 5G 技术推动下的新时代，图书馆馆员的角色变得更加多元化和复杂。他们不仅要扎实掌握图书馆学的专业知识和传统业务操作，还必须熟练运用计算机技术、各种图书馆软件以及新兴的媒体工具。同时，馆员们应继续秉承并提升在图书分类、整理和借阅服务等方面的传统职责，以确保图书馆服务的连续性和专业性。

（二）文献调研

在物联网和大数据技术的推动下，公共图书馆之间的竞争已从传统的馆藏资源转向了自建数据库的独特性和内容丰富度。在5G的时代，文献调研成为图书馆馆员的一项核心技能。馆员们需要具备从海量信息中搜集、深入挖掘、系统整理、科学分析并有效总结的能力，将这些分散的知识点整合成有价值的资源，构建并维护具有特色的数据库。这种能力不仅能满足用户的个性化需求，还能显著增强图书馆在信息服务市场中的活力和竞争优势。

（三）数据处理

在5G时代背景下，阅读媒介正经历从传统纸质向电子屏幕的转变。图书馆作为知识信息的重要集散地，应更加重视信息传播效率的提升以及移动数字阅读服务的推广。此举旨在提高图书馆资源的可获取性，并使之更贴合用户的使用习惯。图书馆馆员需系统搜集用户基础数据、内容偏好数据、用户交互数据以及情境数据等，以精确构建用户画像。通过对用户数据的整理、分析和归类，图书馆员能够建立用户画像库和场景库，实现对用户资源数据的深度挖掘与应用，从而提供更加精准的智慧化服务。

四、5G时代下图书馆面临的挑战

在5G时代，图书馆的发展机遇主要体现在技术革新与服务模式的转型上，即实现智慧图书馆的构建。图书馆的传统服务模式及其成熟的运行体系可能成为其向智慧化转型过程中的诸多制约因素。同时，适应5G技术的新兴应用以及智慧化服务的新形态亦构成了一项重大挑战。

（一）图书馆的"社会地位"

公共图书馆一直以来都是社会中知识、信息和文化的宝库，通过其独有的地域馆藏与用户建立深厚的联系。然而，在5G技术的推动下，随着万物互联和数据开放的趋势，传统的物理空间限制不再是障碍，用户可以从多个图书馆或数据库中直接筛选并获取所需的文献信息。这种变化可能导致地方图书馆的独特地位受到挑战或被淡化。因此，为了在信息时代保持其价值和吸引力，各地方图书馆必须审视自身在信息资源市场中的定位，发挥特色，构建具有地方特色或专业性的数据资源，以此来吸引并留住用户群体。

在5G技术的推动下，公共图书馆的角色不仅仅是知识的仓库，更是文化和信息的传播节点，它们通过独特的馆藏与用户建立联系，反映出鲜明的地域特征。随着5G带来的万物互联和数据开放，用户获取信息的方式变得更为直接和高效，可以轻松访问多个图书馆的资源，这可能导致地方图书馆原有的"社会地位"受到冲击。为了应对这一挑战，地方图书馆必须重新评估其在信息资源市场中的位置，发挥自身的独特优势，专注于建设和推广具有地方特色或专业性的数据库，以此来增强对用户的吸引力，保持其在信息时代中的相关性和重要性。

（二）图书馆的运营、维护成本

随着第五代移动通信技术（5G）在图书馆领域的推广，硬件设备与软件应用的迭代升级成为必然趋势。图书馆的布局与空间设计亦需作出相应的调整，以适应智能化设施的使用需求。此外，数字图书馆资源的采购亦将涉及巨额资金投入。鉴于智能化设备更新换代的快速性，图书馆为确保其正常运作及用户获得优质的学术体验，必须持续进行设备的维护与更新。数字化图书馆的广泛普及，对网站访问的流畅性及资源获取的速率提出了更高标准，这要求图书馆配备专业人员进行日常维护，并及时解决用户在使用过程中遇到的在线问题。

（三）图书馆的管理机制

公共图书馆在运营、维护、管理和服务方面的智能化水平将得到大幅提升。这种技术进步不仅优化了图书馆的日常运作效率，也对现有的管理体系提出了更高的要求。首先，现有的管理流程和机制必须进行革新，以适应智能化系统的高效运转节奏。其次，随着物联网的发展，图书馆的服务范畴将不再局限于传统的纸质资源，而是扩展至对数字信息的处理和传播，这就要求建立和完善相关的网络管理制度，以规范网络文化、用户行为和数据安全。此外，5G 及其相关技术（如机器人和自动配送车）的引入可能会减少对人工服务的需求，图书馆因此需要考虑如何有效地重新分配和利用这些多余的人力资源。

第二节　5G时代区级图书馆的变革和思考

图书馆的本质职能是信息、数据与知识的保存、整理和传播。5G 技术的引入带来了信息组织与传播方式的深刻变革。首先，5G 的高速率、大容量、低延迟和高移动性等特性，彻底打破了信息传播的时空障碍，使得信息传递变得即时且无处不在，极大地提高了信息传播的效率。其次，随着 5G 终端设备的不断发展，图书馆的信息组织架构和内容呈现形式正在发生变化，同时也影响着用户与图书馆设备的互动方式。第三，5G 时代催生了服务接口的革新，传统的应用程序模式正在向基于云的平台转型，这些平台成为信息整合、知识组织和计算服务的中枢，保证了图书馆系统内数据的流畅运行，为图书馆的持续发展注入了新的活力。最后，图书馆的核心竞争力正从传统的内容和渠道转向对数据资源的深度挖掘和利用，通过结合各种服务内容和应用场景，数据的价值得到更充分的体现和应用。

在 5G 技术推动下，区级图书馆的变革和发展趋势体现在两个主要方面：一方面，需高度重视并改善用户的服务体验，利用 5G 的高速和低延迟特性提供更即时、更个性化的服务。另一方面，区级图书馆必须强化数据的运营和管理能力，针对现有数据管理体系中的弱点进行改进，确保数据的安全性、完整性和可用性，从而构建一个更加稳定和可信赖的数据环境，以支持图书馆的智能化服务和长远发展。

一、转移服务模式

2020 年底，IaaS 已经占据了数据中心系统总支出的 41%，显示出云服务，特别是 IaaS，成为了信息服务机构的首选。随着 5G 技术的普及，图书馆装备了众多智能终端来进行数据的采集与处理。在 5G 的支持下，信息服务领域逐渐形成一个由多平台协同工作、共同结算的生态系统，解决了数据获取的瓶颈，促进了数据获取和共享的全面提升。IaaS 以其高效的数据存取、强大的计算能力以及全天候的服务保障，为图书馆用户提供了更优质的服务体验。作为数据体系中最为复杂的平台，IaaS 的引入对于区级图书馆至关重要。区级图书馆应当注重对 IaaS 模式的分析与应用，将其深度整合到数据管理流程中，以此提高数据管理的质量并建立起实时响应的数据应用体系。因此，图书馆的数据管理专业人员需要加深对 IaaS 的理解，并积极推动数据向云环境的迁移，以实现更高效的数据管理和服务。

二、建立科学完善的智能化服务体系

在 5G 技术的推动下，智慧图书馆的运作核心依然是致力于服务广大读者群体的需求。与传统图书馆仅作为图书存储和借阅场所的角色不同，智慧图书馆通过互联网技术构建起一个科学、高效的智能服务体系，极大地提升了服务的质量和效率。智慧图书馆的演进必须坚持服务读者的基本原则。尽管传统的区级图书馆主要提供的是基本的图书借阅服务，涉及到大量的人工操作，但智慧图书馆利用先进的智能信息技术，提供了更加便捷、多样化和定制化的服务体验。这种服务模式不仅增进了读者与图书馆工作人员的互动，还使得读者能够通过自己的智能设备随时随地与图书馆的实体空间、馆藏资源以及设备进行交互，真正实现了服务的无时空限制。

随着 5G 技术的普及，云计算、大数据分析和人工智能等前沿技术正被大规模地融入到智慧图书馆的建设中。这些技术的应用推动了智慧图书馆的角色从传统的图书信息资源中心向一个集智能化、信息服务于一体的综合信息中心转变。智慧图书馆不仅在信息的存储和提供上实现了全面智能化，还通过高效便捷的服务模式，为广大读者提供了更加丰富和个性化的信息服务体验，标志着图书馆服务内容和方式的深刻变革。

鉴于此，笔者鼓励读者积极利用云服务平台，以简化和提升图书预约、借阅及归还的流程。图书馆可以引入人脸识别技术来进行身份验证，同时依托借阅记录和阅读喜好进行数据分析，为每位读者量身打造服务。通过大数据技术的巧妙应用，智慧图书馆能够高效整合资源，帮助读者在最短时间内精准找到所需的图书。得益于 5G 技术的超高速度和极低延迟，读者们可以方便地使用移动设备访问智慧图书馆的电子资源。进一步地，智慧图书馆将虚拟现实技术与 5G 网络相结合，不仅为读者提供更具沉浸感的体验，还显著提高了服务水平，推动了智能信息服务体系的持续完善。

三、加强数据管理

在大数据的时代背景下，数据管理策略对于数据服务机构来说至关重要，其核心目的是确保数据的安全和稳定。随着 5G 技术的推进，区级图书馆应着重于向大数据架构的全面转型，升级数据存储能力，并不断提高服务内容的质量。5G 技术的引入使得图书馆能够利用更广阔的网络资源和防火墙服务，同时借助人工智能算法来优化数据处理流程，这一切都依赖于制定和执行有效的数据管理策略。此外，解决当前数据管理中的挑战，构建多样化的管理策略，对提高图书馆的服务效率有着关键作用。因此，区级图书馆必须重视并改进数据管理中的薄弱环节，为数据的高效应用、共享和分析奠定坚实基础。

四、推动信息人才队伍建设

区级图书馆的数据管理工作以其严谨性和复杂性著称，要求数据管理人员保持高度的责任心和细致入微的工作态度。他们必须具备持续学习的精神，拓宽知识面、强化管理技能，以保持和提升自己的专业水平。然而，目前图书馆在信息化人才的建设上投入不足，导致数据管理人员在专业技能和素养上存在短板，难以制定符合图书馆未来发展的战略规划。因此，要有效地在图书馆管理中应用 5G 技术，首先需要加强对信息化人才的培养。图书馆应建立健全的人才引进机制，强化人才培训，优化招聘策略，并全面推动人才培养体系的建设。这不仅是为了提升数据管理人员的工作理念和专业性发展，也是为了确保图书馆在信息化和智能化道路上的持续进步。

第三节　手机阅读趋势下图书馆服务创新研究

尽管移动阅读为大众提供了灵活便捷的阅读选项，满足了现代社会的阅读需求，但它同时对公共图书馆的传统服务模式带来了不小的挑战。为了确保图书馆的持续发展和适应时代的变迁，图书馆一方面需要不断巩固和发挥其馆藏资源的独特优势，另一方面则应敏锐地捕捉并积极融入移动阅读的潮流，主动创新服务模式。通过构建符合当代阅读习惯和需求的现代化服务体系，传统的图书借阅服务将获得有效的扩展和深化，进而全面实现图书馆在社会中的职能价值。

一、手机阅读趋势下图书馆服务创新举措

（一）服务理念创新

在信息化迅猛发展的时代，智能手机的广泛使用和手机阅读服务的日趋完善，显著影响了公众的阅读方式。随着生活节奏的加快，手机阅读凭借其便捷和灵活的特点，满足了人们随时随地的阅读需求，读者可以通过网络快速获取所需的图书和信息，这对传统图书馆服务模式构成了不小的挑战。面对这一形势，图书馆行业必须革新服务观念，摆脱旧有的保守思想，积极拥抱手机阅读这一不可逆转的发展潮流，认识到服务创新的必要性和紧迫性。图书馆应以适应和满足读者不断变化的阅读需求为核心，增强服务意识、创新意识以及互联网思维，寻求将传统借阅服务与手机阅读进行有效整合，实现两者的优势互补，构建充满活力的新型服务体系。在这个转型过程中，图书馆需要革新服务内容和形式，借助互联网平台和先进的信息技术，包括大数据，拓宽服务的触达范围，提供实用且增值的服务内容，并在读者、手机阅读与图书馆之间建立起一个协调运作的系统，以此推动图书馆事业的可持续发展。

（二）服务内容创新

图书馆在服务内容上的创新体现在几个关键领域：

1. 推出借阅排行榜服务

通过大数据分析定期更新并发布到微信公众平台，为读者提供借阅指南，如上海图书馆的"市民数字阅读"项目。这种服务不仅帮助读者快速找到热门书籍，还能增进对读者阅读偏好的理解，策划相应的文化活动。

2．设立微书评功能

鼓励读者在智能手机上发表简短的书评，这不仅促进了图书馆与读者间的交流，也为图书馆提供了即时反馈以改进服务。同时，图书馆可以作为读者与作者之间的桥梁，提供在线互动平台，提升服务的附加值。

3．实现 24 小时图书馆服务

读者通过手机注册后可以随时进行图书查询和借阅，这一趋势已经在多个城市的公共图书馆和书店中得到实践，为忙碌的读者提供了极大的便利。最后，提供丰富的数字化图书资源服务，传统的纸质资源查询转向数字化，读者可通过手机快速获取所需的图书或文献，附带的多媒体资料如音频和视频进一步丰富了学习体验，极大地提高了服务的效率和质量。

（三）创新服务方式

1．定制服务

当读者表示希望接收定制化服务时，图书馆能够通过手机短信定期发送包括书目查询、图书预约、续借、自习座位预订以及新书发布会等相关信息的通知。这项服务让读者无需亲自前往图书馆或拨打咨询电话，就能根据自己的兴趣自主选择服务内容，并随时了解图书馆的最新服务动态，如临时变更的开放时间或新书入馆通知。在定制化服务的推广上，国家图书馆与北京方正阿帕比技术有限公司展开合作，采用方正的文本信息处理技术，通过 GPRS 网络向用户的手机免费发送报纸内容，包括文字、图片和动画等。这一创新服务使得用户可以通过手机随时随地获取最新的国内外新闻和各种资讯，不仅实现了数字阅读的便利性，还建立了一个全新的移动媒体传播平台。

2．交互服务

图书馆可以利用智能手机的多种互动功能，建立起与读者之间的在线交流平台。具体的策略包括使用手机短信、微信公众号互动、微博留言等形式，实时获取读者的反馈、意见和需求。图书馆还可以筛选出那些积极参与的读者，邀请他们通过这些在线渠道参与到图书馆的规划和建设中来。这些读者可以通过发送短信或在线留言的方式提出他们的建议和意见。图书馆的管理团队在收到这些反馈后，应迅速做出回应，对提供有效建议的读者表达感激之情。对于那些被采纳的建议，图书馆应当设立奖励机制，以此鼓励更多的读者参与，确保互动服务的有效性，同时持续提高读者的满意度。

二、手机阅读趋势下图书馆服务创新的保障策略

（一）做好宣传推广工作

现代图书馆的服务创新离不开有效的宣传推广工作。为使读者充分了解并利用图书馆资源，需要建立完善的推广体系。对新注册读者，工作人员应在办证时详细介绍图书馆各项服务内容，并引导其关注官方社交媒体平台，及时了解图书馆动态。同时，可通过问卷调查了解读者个性化需求，为后续服务优化提供依据。对老读者而言，则需通过短信、在线平台等渠道及时推送新服务信息。特别值得注意的是，图书馆应大力推广移动端服务功能，包括座位预约、馆藏查询、借阅管理等，培养读者使用智能终端获取图书馆服务的习惯，从而实现图书馆服务与用户需求的无缝对接。

（二）提高人员业务能力

在数字化转型的背景下，图书馆服务质量的提升离不开专业化的馆员队伍建设。为确保移动阅读服务的顺利开展，图书馆需着重加强工作人员的专业素养培养。具体而言，应建立常态化的培训机制，通过系统性课程让员工及时了解行业发展动态和新型服务模式，培养其应对数字化转型的能力。同时，建立科学的考核激励体系也十分重要。通过月度绩效考核，对员工的业务能力、服务态度和团队协作等方面进行全面评估，并将考核结果与薪酬挂钩，激发员工自主学习和持续进步的积极性。这种双管齐下的人才培养机制，将有效提升图书馆的整体服务水平，推动其在数字化时代的创新发展。

（三）加大资金投入力度

数字时代的图书馆服务创新，离不开完善的技术基础设施支撑。为满足移动阅读服务的需求，图书馆必须优先保障资金投入，构建高质量的网络环境，配置先进的硬件设备和专业软件系统。在选择技术设施时，应特别注重其可扩展性和互操作性，以便支持大数据分析、信息传输等核心功能的顺畅运行，为读者创造优质的移动阅读体验。此外，网络安全也是不容忽视的重要环节，图书馆需设立专门的安全保障资金，采取有效措施保护馆藏数字资源和用户隐私信息，确保整个移动阅读服务体系的安全可靠运行。

第四节　新媒体环境下现代图书馆服务

随着社会文明的进步以及信息化、网络化的深入发展，互联网在全球范围内实现了迅猛扩张。这一现象对图书馆服务的创新与提升提出了更为严格的要求，促使图书馆必须改进传统服务流程，创新服务模式，以激发读者的阅读热情并提高图书资源的使用效率。

随着信息技术的迅猛发展，现代图书馆的角色和功能正在发生深刻变革。作为社会信息资源的重要枢纽，图书馆正面临着数字化转型的重要机遇与挑战。在以计算机技术、网络通信等现代技术为基础的新型信息环境中，图书馆需要重新定位其服务方式和发展路径。当前，图书馆已进入数字资源与传统纸质资源并行的复合发展阶段，这要求图书馆必须突破传统思维局限，积极采用互联网思维和跨界融合理念，在资源建设、服务创新、人才培养等方面进行全方位革新。通过以用户需求为中心，运用智能化技术手段，构建互联互通的现代化服务体系，图书馆才能在新时代背景下更好地履行其社会服务职能，为用户提供更优质的信息服务体验。

一、利用网络环境大力发展图书馆资源共建共享

现代图书馆体系正在构建一个跨层级、跨类型的信息资源共享网络，以满足公众日益增长的信息需求。借助计算机网络、通信技术等现代信息技术手段，图书馆可以实现资源的协同开发与综合利用。这种共享机制的核心理念是保障信息获取的普遍性，即消除时空、文化、语言等因素对信息获取的限制，让每个人都能自由访问人类知识宝库。为此，图书馆界提出了"5A"服务理念，致力于实现任何用户（Anyone）在任何时间（Anytime）、任何地点（Anywhere）都能获取任何图书馆（Any library）的任何资源（Any resource）的终极目标。这一愿景的实现，将极大提升社会信息资源的利用效率，推动知识传播与共享的进程。

在数字化转型的浪潮中，图书馆需要充分发挥互联网技术的优势，打造符合现代用户需求的创新服务模式。通过引入大数据分析等先进技术，不仅能够提升图书馆的运营管理效率，还能加强各馆之间的资源共享与协作。这种数字化升级将显著提升图书馆的服务能力和质量水平。同时，开放共享的理念也使图书馆服务更加便捷普及，让文化服务突破传统限制，形成新型服务业态。这一系列创新举措的最终目标，是实现图书馆服务的无处不在，让每个用户都能便捷地享受优质的文化信息服务。这种全方位的服务升级，将有效提升图书馆在数字时代的社会价值和服务效能。

当今社会，科技进步推动着人们信息需求的深刻变革。现代用户不再满足于传统的图书馆服务模式，而是追求内容更新快、覆盖面广、形式多元的综合性信息服务。面对这种转变，图书馆界逐渐认识到互联网技术的重要补充作用。互联网不是要取代传统图书馆，而是为图书馆服务注入新的活力，通过提升工作效率和用户体验，实现线上线下服务的有机结合。这种融合不仅优化了图书馆的空间利用，更提升了整体服务效能。因此，图书馆应当积极拥抱这一变革，通过持续研究和创新，巩固其作为专业信息服务机构的地位，更好地满足新时代用户的多元化需求。

二、利用网络资源增加馆藏资源获取方式

在图书馆学领域，信息资源的获取传统上依赖于购买、交换和接受捐赠等手段。一旦文献被纳入馆藏，图书馆即获得该文献的永久所有权和使用权。然而，互联网的出现极大地扩展了图书馆资源的范畴，打破了传统信息资源收集、整序、贮存及所有权的界限。网络资源虽然不具备传统馆藏资源的"所有权"属性，但其可利用性与馆藏资源相仿。因此，图书馆的信息资源可划分为馆藏资源和网络资源两大类。对于用户而言，所需信息的质量不受其存放位置的影响，无论是图书馆的实体收藏还是网络资源，只要信息易于获取，用户便无需关注其物理位置。因此，网络资源对图书馆而言，与馆藏资源同等重要。网络资源的便捷存取性使其成为图书馆服务的重要基础。图书馆可利用网络对多媒体信息，包括图像、文本、语音、影视、软件和科学数据等进行搜集、组织和规范加工，进而制作成本馆的电子出版物，确保版权归属。此外，通过购买、租用、交换等多种方式获取网络信息资源的使用权，图书馆能够有效扩充馆藏资源，同时规避复杂的版权问题。

数字阅读图书馆的普及性功能之一在于促进阅读推广，使更广泛的群体能够接触并阅读更多的书籍，尤其是那些符合个人阅读需求的书籍。阅读活动不仅限于传统的纸质书籍，还包括数字阅读形式。阅读行为几乎可以在任何场景中发生，其普及性无处不在。

三、服务方式需要改变

传统图书馆以借阅书刊为主的服务模式已难以满足知识经济时代人们对知识的渴求。为了应对挑战，图书馆正经历着一场深刻的变革，其职能从单纯的文献提供者，逐步转变为知识信息服务的提供者和知识开发的推动者。这种新型服务模式以满足用户多元化的知识需求为核心，并借助互联网的优势，呈现出全新的发展趋势和特点。

（一）有偿服务与无偿服务相结合

在市场经济体系中，图书馆在履行其公益性质的服务职能的同时，亦可开展多样化的有偿信息服务。通过积极与大中型企业建立联系，深入理解其信息需求，图书馆能够编辑专题剪报并提供定制化的信息服务，从而收取相应的服务费用。这种做法不仅能够带来经济效益，还能实现社会效益的提升。此外，图书馆通过这种方式能够弥补国家投资的不足，并增强自身的自我生存与自我发展能力。在全民阅读推广的背景下，诸如京东阅读、豆瓣阅读、微信阅读、百度阅读和超星阅读等平台的兴起，为图书馆提供了新的合作机会。图书馆可根据自身需求，与这些平台进行合作，实现线上线下的互动。这种合作模式不仅能够促进电商图书销售量的增长，同时也能提升图书馆的图书借阅量，有效推动阅读活动的普及，实现多方共赢的局面。

（二）主动型服务

了更好地服务于社会信息需求，图书馆正积极打破界限，主动将服务触角延伸至更广阔的领域。它们不再局限于自身的空间，而是积极与社区、企业、家庭等社会单元建立紧密联系，成为社会文化交流和休闲的重要场所。同时，为了适应移动互联网时代的需求，图书馆大力发展移动图书馆服务，将丰富的电子书籍和期刊资源集成到手机端，为用户提供便捷的阅读体验，使移动图书馆成为人们获取知识的重要入口。

（三）针对型服务

随着社会进步和信息社会的构建，图书馆逐渐突破了传统服务模式的局限，紧密贴合社会需求，致力于提供具有特色的个性化服务，以提升用户满意度。通过创新线上功能，图书馆能够提供多样化的服务；同时，通过完善线下服务，图书馆亦能树立良好的服务声誉。图书馆可利用大数据分析技术，判断不同资源的受欢迎程度以及闲置情况，并基于用户近期的关注动态，分析一段时间内资源的受欢迎趋势，进而优化线下资源的分析与推广服务。

（四）多样型服务

在当代，图书馆服务模式正经历着以用户需求为导向的根本性转变，摒弃了传统单一、重复、被动和琐碎的手工服务方式。图书馆正致力于将服务模式从"单纯服务型"向"服务经营型"转变，并将服务推向市场。在这一过程中，图书馆必须充分利用互联网资源，甚至创新图书馆服务模式，以应对用户在使用图书馆过程中遇到的痛点和难点。站在用户的角度，深入分析用户在使用图书馆服务时所面临的障碍和困难，以及他们对图书馆服务的期望和需求。通过引入新的理念和技术，图书馆应更高效、迅速地解决这些问题。同时，通过分析用户使用图书馆的具体场景，图书馆能够更精准地划分和满足用户需求。这些挑战要求图书馆在理念上进行革新和接受，在政策上得到保障和支持，在技术上进行跨界借鉴和引进。通过这些措施，图书馆能够在新的信息环境下提升其服务质量，成为互联网时代不可或缺的知识服务和空间服务中心。

第十章　新媒体下利用现代资源为读者提供服务

第一节　文献传递服务

一、文献传递服务

（一）文献传递服务

文献传递服务，作为图书馆的一项核心职能，旨在通过特定渠道将用户所需的文献资源从源头直接送达其手中。具体而言，该服务流程为：信息用户首先向图书馆明确表达其特定的文献需求，随后图书馆依据这些需求，采取适宜的方式，无论是直接还是间接，都将以高效且成本合理的方式，将用户所需的文献或其替代品送至用户。在遵循著作权法规的前提下，传递的文献内容广泛，以期刊文章为主，同时涵盖标准、专利、技术报告及学位论文等全文资料。此服务面向所有读者开放，任何人均可向图书馆发起文献传递的请求。

文献传递服务提供两种类型：返还型和非返还型。服务传递途径多样，包括通过电子邮件（E-mail）、Ariel 系统、网络平台（Web）、文件传输协议（FTP）、传真（FAX）、标准邮寄、快递服务或亲自领取等方式。

（二）提供文献传递服务机构的类型

随着计算机技术和因特网的迅猛进步，文献数据原件的获取方式已不再局限于传统的馆际互借途径。如今，我们还能借助文献供应机构或厂商所提供的专业文献传递服务，轻松获取所需资料。这些提供文献传递服务的机构，大致可以归纳为以下七种类型：

1. 一般商业性文献传递服务

随着网络技术的发展，越来越多的商业公司开始提供在线文献传递服务。这些服务通常覆盖了各个学科领域，并且拥有庞大的期刊文献数据库，例如著名的 CARL 公司的 Uncover 和 EBSCodoc 平台，它们为用户提供了便捷高效的文献获取途径。

2. 专门商业性文献传递服务

除了提供综合性服务的商业机构外，还有一些文献供应者专注于特定领域的资源。例如，UMI 的 Dissertation Express 平台主要面向需要获取博士论文的用户，而 NTIS 则专注于提供政府资助的研究项目产生的技术报告。这种专业化的服务能够更精准地满足特定用户的需求。

3. 出版者

众多商业性出版社及学术学会出版社均提供其出版期刊的文献传递服务，例如 Gordon & Breach。同时，也有机构如 The American Chemical Society，既出版期刊也提供与期刊相同领域的文献传递服务。

4. 数据库提供者

在数字化时代,企业如 Dialog 和 LexisNexis 通过整合图书馆的数据库资源，向用户提供高效的全文文献传递服务。

5. 国家图书馆馆藏

各国的国家图书馆通过提供馆藏检索和全文文献订购传递服务，极大地丰富了用户获取信息的方式。以英国图书馆的文献供应中心、加拿大的 CISTI 和中国国家图书馆的文献提供中心为例，这些机构不仅为研究人员和公众提供了便捷的文献访问渠道，还促进了知识的传播与共享。

6. 付费的信息服务

众多学术及公共图书馆均遵循申请者付费的原则，向用户供应文献传递服务。当前，各图书馆之间合作的馆际复印与互借服务，实质上正是以付费为前提的信息交流服务。

7. 信息中介商

信息中介市场呈现出多元化的发展态势。一些中介机构专注于提供深度研究和咨询服务，而另一些则专注于高效的文献传递服务。小型信息中介公司可能依赖于灵活的人工方式，通过派遣人员到各个图书馆进行文献复印，以满足客户的全文获取需求。相比之下，大型信息中介公司通常拥有自己的核心馆藏，并建立了广泛的人员网络，遍布全国主要研究图书馆，从而能够更高效、更可靠地提供文献传递服务。

二、文献传递服务机构

（一）国内主要文献传递服务机构

自 21 世纪初以来，我国的文献传递服务实现了迅猛发展。国家图书馆、三大图书馆联盟（CALIS、CSDL、NSTL）以及上海图书馆，作为我国文献传递服务的杰出代表，均发挥了不可替代的作用。

1. 国家科技图书文献中心（NSTL）

NSTL，即国家科技图书文献中心（National Science and Technology Library），是我国最早成立的具有联盟性质的虚拟科技文献信息服务机构。该机构于 2000 年 6 月 12 日，在国务院领导的批准下，由科技部联合财政部等五部委共同创立，主要业务聚焦于文献传递服务。同年 12 月，NSTL 网络服务系统正式投入运行。NSTL 秉持"统一采购、规范加工、联合上网、资源共享"的运营模式，致力于构建一个国家级别的科技文献信息资源保障与服务体系。其网络服务系统，作为面向公众服务的关键渠道，依托互联网技术，为全国范围内的用户提供全面、深入的科技文献信息服务。

2. 高校图书馆文献传递系统（CALIS）

CALIS，即中国高等教育文献保障系统（China Academic Library & Information System），是由国家经费资助的中国高校图书馆联合体。其核心理念在于，在教育部的指导下，整合国家投资、现代图书馆管理理论、尖端技术手段，以及高校内丰富的文献资源与人力资源，共同构建以中国高等教育数字图书馆为核心的教育文献联合保障体系。此体系旨在实现信息资源的共同创建、广泛认知与共享使用，以最大化地发挥其在社会与经济层面的效益，为中国高等教育的发展提供坚实支撑。

尤为值得一提的是，高校图书馆之间的馆际互借与文献传递系统，这一作为"211 工程"总体规划中两大公共服务体系之一的重要组成部分，已经于2004 年顺利启动并投入运营，其设立与运行均得到了国务院的正式批准。

3. 中国科学院文献传递系统（CSDL）

CSDL，即中国国家科学数字图书馆（Chinese National Science Digital Library），于2002 年启动了联机联合编目服务系统，这是其重要的建设项目之一，标志着中国科学院文献资源联合保障体系已初具规模。CSDL 联合服务系统，以联机联合编目服务系统的数据为依托，致力于向科研人员提供以中科院为核心，涵盖全院乃至国内主要文献机构的馆际互借和原文传递服务。科研人员通过该系统，能够便捷地查询并获取来自全院各文献机构及国内主要文献机构所收藏的中西文图书和期刊资源。

4. 中国国家图书馆文献提供中心

中国国家图书馆（简称"国家图书馆"或"国图"）的文献提供中心，自1997 年创立以来，始终作为国家图书馆信息服务体系的核心组成部分。该中心秉承充分利用馆藏资源、助力改革开放、全面发挥国家图书馆职能的核心理念，依托国家图书馆庞大的藏书体系和经验丰富的资深馆员团队，致力于为各级政府、企业及个人提供高质量的文献服务。

当前，国家图书馆文献提供中心已构建起一套多元化、立体化的服务体系，涵盖文献提供、定题检索、馆际互借、文献快递以及网络传输等多种服务模式。通过这些方式，中心为中央国家机关、重点教育科研机构、生产单位以及广大社会公众提供了全方位、多层次、高效便捷的信息服务，充分彰显了其在国家知识传播与文化传承中的重要地位。

5. 上海图书馆文献提供中心

上海图书馆所拥有的广泛而丰富的馆藏资源，构成了其提供高质量文献服务的重要基石。回溯至 1995 年，上海图书馆与上海科学技术情报研究所的合并举措，显著增强了其科技类馆藏的多样性与深度，特别是专利、标准以及科技报告等核心科技文献资源，成为文献传递服务中的关键环节。

近年来，上海图书馆致力于馆藏资源的深度开发与整合，成功推出了科技报告数据库、标准数据库以及 AIAA 报告数据库等一系列新型数据库资源。这些数据库的构建，不仅实现了对馆藏科技资源的全面梳理与高效展示，还通过技术手段实现了与文献提供服务的无缝对接，极大地提升了文献服务的效率与质量，为广大用户提供了更为便捷、精准的文献获取途径。

6. 国内其他文献传递机构

近年来，国内文献传递领域涌现了诸多以地方高校联盟为核心的文献传递联合体。特别在 CALIS（中国高等教育文献保障系统）的积极倡导与推动下，我国高校图书馆联盟的建设取得了显著进展。众多省市，如北京、上海、广东、江苏、天津、河北等，均成功构建了具有各自特色的高校图书馆联盟，其中，"北京地区高校图书馆文献资源保障体系"（简称 BALIS）作为佼佼者，尤为引人注目。BALIS 自 2007 年创立以来，作为北京地区高校图书馆联盟的核心框架，其原文传递服务历经三年多的实践探索与持续优化，现已构建起一定的规模与成熟度，为北京地区的高等教育师生在学习与科研活动中提供了强有力的文献资源支持，发挥了不可或缺的作用。

（二）国际大型文献传递服务机构

1. 大英图书馆文献提供中心

国际知名的文献传递服务机构中，大英图书馆文献提供中心（British Library Document Supply Center，简称 BLDSC）占据重要地位。BLDSC 自 1962 年创立以来，历经多次重要变革与整合。具体而言，1973 年 7 月 1 日，该中心与中央图书馆携手并入大英图书馆新设立的大英图书馆借阅部，实现了资源与服务的优化重组。1985 年底，英国科学参考图书馆也经历了名称与职能的转变，更名为科学参考与咨询服务部，并同样被整合进大英图书馆借阅部之中。此后，大英图书馆借阅部进一步发展为现今的大英图书馆文献提供中心（BLDSC），继续在全球文献传递领域发挥引领作用。

BLDSC 作为大英图书馆（以下简称 BL）的一个分支部门，其资金主要由政府资助，确保了其财务运作的透明度和合规性。该部门的收入和支出均独立核算，遵循国家规定的财务制度。目前，BLDSC 的注册用户数量已达到 5 万名，遍布全球，其中约有 2 万名用户定期利用其服务。每年，该部门处理的原文复制请求量接近 200 万次，原书外借次数也达到了 100 万次，显示出其服务的广泛需求和重要性。

BLDSC 在业务运营中享有独立的管理权限。在英国，国家层面明确支持文献提供服务工作的推进。作为英国地区资源共建共享项目的核心机构，BLDSC 肩负着至关重要的职责。为支持其工作，政府每年划拨近 8 000 万英镑的专项经费，用于文献提供的各个方面，包括但不限于书籍、期刊、标准、会议录、报告等资料的采购，工作人员的雇佣，系统软件的购买与维护，以及各类设备的购置等。具体而言，每年有 100 万英镑专款用于图书资料的采购，旨在丰富馆藏，该款项可购买超过 30 000 种图书资料，且均限定为英文语种。此外，还投入大量资金用于期刊、会议录及报告的购置，每年分别购置期刊 55 000 余种、会议录资料 15 000 余种、报告近 10 万篇。同时，BLDSC 还积极接收并收藏学术成果，每年新增收藏包括 1 万多篇英国本地的博士论文以及近 3 000 篇美国博士论文，为学术研究与知识传播贡献力量。

2. 德国 Subito

Subito 是一个由德国教育科研部主导构建的国际性图书馆快速文献传递系统，旨在显著提升文献资料的供给效率。值得注意的是，Subito 这一名称源自拉丁语，其本意即为"快速"。截至目前，该系统已整合了来自德国、奥地利、瑞士等共计 35 个国家的图书馆资源，共同构筑起为科学、社会、经济等多个领域提供关键文献信息的核心平台。

Subito，作为一个依托网络架构的跨国文献传递服务系统，集成了文献检索、文献请求及多图书馆联合服务等多重功能。该系统允许用户利用其先进的检索机制，轻松访问并搜索成员图书馆的期刊及图书资源。用户可根据自身需求，向相关图书馆提交申请，进而获取所需的期刊论文或实现在线图书借阅服务。此服务覆盖了远程文献传递与图书借阅两大领域，既支持非返还型文献的即时传递，也提供返还型馆际互借服务。通过 Subito，所有用户均能在家中或办公室环境中，享受高效便捷的在线图书馆资源服务。用户可在线选择图书馆并提交申请，快速获取所需文献。值得注意的是，鉴于 Subito 服务所在国家提供的部分资助，该系统的使用费用相较于其他文献传递机构更为经济合理。

3. 美国 OCLC 的 ILL

联机计算机图书馆中心（OnlineComputerLibraryCenter, OCLC）始建于 1967年，乃一非营利性研究组织，致力于为广大用户提供全面的图书馆计算机服务。其成立宗旨在于推广全球信息的应用，降低信息获取成本，以助力各国科研发展和知识普及。迄今为止，OCLC 已覆盖全球 170 余个国家和地区，拥有超过 72000 个会员单位，共同致力于图书馆资料的查询、采集、编目、出借及保存工作，为推动全球文化学术交流贡献力量。

OCLCILL（OCLC Interlibrary Loan Service）构成了 OCLC 联合编目与资源共享服务的重要组成部分，目前全球已有超过 7 000 家图书馆参与了 OCLCILL服务。该系统为用户提供了文献请求服务，并实现了对文献状态的全程监控。

通过 World Cat（联机联合编目系统）的接入，系统能够确定哪些图书馆或信息中心拥有用户所需借阅的图书资料。依托于由 7 000 多家图书馆组成的网络，OCLCILL 为读者提供了文献传递服务。2005 年，OCLCILL 进行了升级，转型为更全面的资源共享服务（Resource Sharing Service）。OCLC 的 ILL 服务提供了一套完整的文献传递服务体系，包括文献传递申请的全流程、文献传递次数的统计、每次申请活动的详细追踪以及文献传递费用的支付管理等。目前，全球主要的文献传递机构均参与了 OCLC 的文献传递服务。1998 年，上海图书馆成为 OCLCILL 服务的成员，是中国首家在 OCLC 平台上开展馆际互借和文献传递服务的图书馆。经过十余年的努力，上海图书馆已在 OCLC 上成功建立了中文文献服务的知名品牌。

三、文献传递的运作模式

（一）国外文献传递的运作模式

1. 国家集中型传递模式

文献传递的模式因国家和地区的不同而各具特色，反映了各地对信息资源共享的需求和实践。在许多国家，集中型模式由于其高效性和便利性而受到青睐，通过国家级文献中心集中管理和提供文献服务，大幅提高了资源的利用效率。例如，大英图书馆文献提供中心凭借其丰富的馆藏和快速的响应能力，不仅满足了国内用户的需求，也为国际用户提供了便利。这种模式的成功依赖于长期的资源积累和优质服务，展示了文献传递在全球信息共享中的重要作用。未来，各国或需在此基础上探索更加灵活和多元的文献传递机制，以适应不断变化的信息环境。

2. 馆际合作型的传递模式

美国的文献传递模式通过馆际联合机构的形式，展现了信息共享的另一种可能性。OCLC 的成功说明，集中与分散相结合的方式不仅提高了文献传递的效率，还增强了用户的便利性。其网上文献传递服务和"OCLC First Search"系统，提供了一个直观的用户体验，使得文献的获取变得更加高效和便捷。这种模式的核心在于充分利用各个图书馆的资源，通过网络平台实现信息的整合与共享，为用户提供了一种灵活且高效的文献服务。随着技术的发展，此类模式可能在未来的文献传递中发挥更大的作用，促进更广泛的信息交流与合作。

OCLC 的文献传递服务不仅仅是技术的创新，更是对传统模式的有效转型，展示了现代图书馆如何利用互联网提升服务效率。通过自动化请求处理和广泛的国际合作，OCLC 能够迅速响应用户需求，极大地拓展了文献获取的可能性。这种模式的成功为其他国家和地区提供了有力的借鉴，例如中国的 CALIS 系统，也在此基础上发展出适应本土需求的文献传递服务。

3. 其他传递模式

在国家公用体系中，上述两种模式均有所归属。除此之外，尚存在众多不属于国家公用文献传递服务的机构，例如科罗拉多州研究图书馆联盟系统公司（Knight Rider Information）旗下的 Uncover 系统。该公司推出的 Uncover Web 动态万维网站，为用户提供了更为便捷的途径，以访问顶级的文献传递服务和最新资料通报服务。该系统汇集了 18 000 余种期刊的目次以及超过 80 000 篇论文，其 Uncover Express 系统则能在 1 小时内迅速高效地将文献传递给用户。费克森研究服务公司（DAWSDN）亦紧随市场动态，采用最新技术，推出了 Faxon Finder 与 Faxon Express 研究服务系统。该公司建立了基于代理商的文献传递期刊目次数据库，并开发了自动化的预订流程和客户报告系统。H3SCD 信息服务公司为了提升用户便利性，推出了一项本地化的文献传递服务。该公司与多家图书馆签订了合作协议，并推出了 EBSCD doc 服务，使用户能够直接接触到世界各地的馆藏资源。这一服务创建了一种图书馆、文献传递机构与用户三位一体的新型文献资源共享和信息获取模式。

（二）国内文献传递的运作模式

文献传递服务模式，指的是文献服务馆与用户馆之间，依据既定的流程与标准，实施文献传递服务的一种工作机制。该机制致力于实现文献资源的高效共享与流通，以满足用户馆对特定文献的需求。

1. 集中式、无中介服务模式

在集中式服务模式中，服务的提供以核心图书馆为中心。用户图书馆必须在服务图书馆的馆际互借系统中注册账户，并通过其读者网关提交文献传递请求。在这种模式下，每个用户图书馆需要至少在一个服务图书馆注册账户，并且只能从注册的服务图书馆获取服务。如果用户图书馆的文献传递请求只能由网络中的另一个服务图书馆满足，则必须通过已注册的服务图书馆来转交请求，除非用户图书馆在多个服务图书馆注册账户以直接获取服务。这种模式的例子包括 CASHL、NSTL、LCAS 和国家图书馆等。

2. 分布式、有中介服务模式（服务馆模式）

在该模式中，参与的两个成员馆均需部署统一的馆际互借与文献传递系统。通过协议机构，成员馆之间能够实现请求的互换，而无需在对方的系统中开设账户。换言之，任一成员馆均可向任何已安装该系统的其他成员馆自由提交请求。在此模式下，成员馆能够利用其本地的用户服务网关来集中处理用户的传递申请，并通过协议机构在成员馆间直接转发这些请求，从而避免了在其他服务馆开户或手动提交请求的需要。鉴于此，对于那些对外请求量较大的成员馆，推荐采用此模式。

该模式亦被称为服务馆模式，因为所有成员馆均配备了相应的系统。成员馆既可以采用集中式模式直接为其他用户馆提供服务，也可以通过分布式模式间接为其他用户馆提供服务。在这种模式下，服务馆将原文直接传递给请求馆的馆际互借员，后者再将文献转交给最终用户。

第二节 数字应用体验服务

数字应用体验服务的引入，标志着图书馆服务的一次重要变革。通过整合用户体验服务模式，图书馆不仅丰富了读者服务的形式和内容，还将读者的需求放在首位。这种以读者为中心的服务理念，强调了图书馆在信息时代的重要性与责任感。通过提升服务质量，图书馆能够更好地满足读者的多样化需求，营造出更具吸引力和互动性的阅读环境。

一、用户体验服务概述

（一）用户体验服务概念

用户体验的概念，系由美国著名的认知心理学家及用户体验设计领域的先驱者唐纳德·亚瑟·诺曼（Donald Arthur Norman）于 20 世纪 90 年代期间提出并予以推广。依据国际标准化组织（ISO 9241—210）的官方定义，用户体验涵盖了用户对于实际使用或潜在使用中的产品、系统以及服务所持有的认知印象与回应，这包括了用户在使用过程的前、中、后各个阶段的全面感受，具体涉及情感、信念、偏好、认知印象、生理与心理反应、行为表现以及成就达成等多个维度。在此核心概念基础上衍生出的用户体验服务，其发端可追溯至经济领域，作为服务行业中一个独立提炼出的组成部分。此类服务旨在通过多元化的策略与手段，促进与用户之间的深入互动，进而创造出独特的感知价值，最终强化用户对特定产品或系统的忠诚度与粘性。

（二）图书馆应用现状

自 2000 年起，美国国家科学基金（NSF）资助的国家科学数字图书馆（NSDL）项目便开始关注图书馆数字服务中用户交互的重要性。该项目不仅开发了多个门户以满足用户个性化需求，还建立了交流平台，以促进用户与用户、用户与图书馆员之间的互动交流。英国伍尔弗汉普顿大学与拉夫堡大学在 2005 年共同开展的 "User Needs and Potential Users of Public Repositories： An Integrated Analysis" 项目，也特别关注了用户服务的交互性。荷兰公共图书馆协会资助的 "数字化青少年图书馆" 项目在 2008 年至 2012 年期间，对青少年在不同情境下的信息行为进行了研究，为数字环境下青少年图书馆网站的交互设计提供了支持。麻省理工学院图书馆则通过设立体验馆员和体验小组，参与图书馆日常业务管理，以实践用户体验。此外，根据美国研究图书馆协会（ARL）2011 年发布的 "Library User Experience" 报告，参与调查的所有成员馆均实施过用户体验项目，这反映了图书馆界对用户交互和体验的重视。

国内图书馆在提升用户体验服务方面不断创新，结合理论与实践，形成了多元化的服务模式。从王世伟教授的 "体验图书馆" 概念到各地图书馆的实践案例，体现了图书馆界对用户需求的重视。通过朱小玲和杨燕玲的研究，用户体验的实现和评估标准得以明确，促进了图书馆服务质量的提升。此外，杭州图书馆和中国人民大学等机构的成功实践，展示了多媒体资源在用户体验中的关键作用，表明图书馆不仅是信息的存储地，更是文化体验的空间。网络服务的强化也为用户提供了更便捷的访问渠道，显示了图书馆在数字化时代的适应与发展。

综上所述，图书馆在用户体验服务中面临三种主要策略。尽管招募志愿者能增强参与感，但受限于志愿者数量，难以广泛吸引读者；网络体验服务虽具广泛性，但常常忽略基础服务，导致体验不够直观。相比之下，建设多样化的体验场所显得尤为重要。这不仅能确保基础业务的有效运作，还能通过与读者的直接互动，提升参与感和吸引力。总之，优化图书馆用户体验的关键在于找到平衡，让读者在体验中感受到图书馆的价值与魅力。

二、用户体验服务模式设计

在当前技术进步的条件下，用户体验服务已经成为现代图书馆服务的重要组成部分，并且能够与图书馆的众多业务领域紧密结合，为读者提供多样化的基于体验的图书馆服务。以国家图书馆数字图书馆体验区为例，该区域将用户体验服务模式与数字图书馆服务相结合，向用户提供包括个性化服务、参与式服务、情感式服务、自助式服务以及人性化环境在内的多种体验服务和环境。其设计维度包括服务内容、服务形式、服务对象和技术手段这四个主要方面。

（一）服务内容

图书馆服务的核心在于其用户体验服务的实施。综合分析，图书馆所提供的服务内容主要由文献实体服务、书目信息服务、参考咨询服务、信息检索服务以及网络化知识服务五大方面构成，其主要目标在于知识与信息的提供、指引与深度开发。引入用户体验服务至图书馆服务之中，代表了对图书馆服务内容的创新性发展。进一步地，图书馆数字图书馆体验区的构建，包括了数字图书馆的推广与普及、资源检索与揭示、图书馆功能的体验、情感层面的体验以及社会层面的体验等五个关键部分，全面展现了图书馆在提升用户体验方面的创新与努力。

1. 图书馆的推广与普及

随着数字图书馆建设步伐的持续加快，特别是国家数字图书馆工程及数字图书馆推广工程的深入实施，图书馆馆藏资源的种类与获取途径均发生了显著变化。在此背景下，多数图书馆均将采用多元化推广策略，以不同维度增进社会公众对数字图书馆的认知与了解视为核心任务之一。

数字图书馆体验区的设立，标志着用户体验服务模式与国家数字图书馆建设成果展示的首度融合。该区域通过一系列互动体验方式，旨在广泛推广并普及数字图书馆、国家数字图书馆工程及数字图书馆推广工程的相关知识，详细阐述数字图书馆的基本概念、构成要素及独特优势，并全面介绍国家数字图书馆工程及数字图书馆推广工程的背景、进展及成效。在此过程中，不仅有效促进了图书馆用户体验服务模式的实践与优化，更实现了对国家数字图书馆建设成果的全景式展示与宣传。

2. 资源检索与揭示

资源的检索与揭示，作为图书馆不可或缺的基本职能之一，同时也是图书馆用户体验服务框架下的关键要素。这一过程涵盖了资源检索与资源揭示两大核心环节，均深度融入交互体验之中，对用户体验的成效产生着直接且显著的影响。鉴于此，国家图书馆数字图书馆体验区精心部署了文津搜索系统与 OPAC 联机公共目录检索两大工具，旨在为读者提供便捷高效的检索途径以及详尽全面的资源揭示体系。该体系广泛覆盖了国家图书馆所藏的纸质实体资源、自建数字化资源、多媒体资源、外购商业数据库以及数字化的古籍善本等多元资源范畴。

3. 图书馆功能体验

数字图书馆体验区的功能体验分为环境体验与业务体验两个核心部分。环境体验主要通过场景设计的手段，结合声音、灯光、影片以及系统控制技术，为读者打造一个真实、生动且人性化的体验环境。此举旨在增强读者的沉浸式体验，提高体验质量。业务体验方面，则是通过设立体验岗位，吸引志愿者参与体验区的日常运营和业务流程。这不仅有助于志愿者深入了解图书馆的运作，特别是数字图书馆体验区的特色，还能使他们熟悉工作流程和管理规范，从而有效提升数字图书馆体验区的品牌价值。

4. 情感体验

在数字化时代，图书馆不仅要提供信息资源，还应注重读者的情感体验。这种情感体验涉及读者在使用服务过程中所感受到的各种情绪。为满足不同读者的心理需求，数字图书馆可以通过设计多样化的情感式体验，如怀旧回忆的触发、求知欲的激发，以及娱乐元素的融入，来增强用户体验。这种情感化的服务不仅能够让读者感受到更深层次的认同和归属感，还能提升他们对图书馆的忠诚度。

5. 社会体验

在现代社会中，读者的体验需求逐渐从单纯的功能和使用价值，转向更深层次的知识和价值认同。当读者希望表达自己的知识、社会观和世界观时，他们期望获得他人的认可。为了满足这种需求，数字图书馆体验区应提供社交互动的机会。例如，通过设立"每日课堂"这样的空间，提供讨论主题和相关素材，鼓励读者分享观点和进行交流。这不仅丰富了读者的社会体验，还促进了思想的碰撞与交流，使图书馆成为一个多元化的知识共享平台，进一步增强了读者与社会的联系。

（二）服务形式

在图书馆服务的转型过程中，服务形式的创新至关重要。传统图书馆主要关注藏书建设，通过外借和阅览等单一服务形式满足读者需求。然而，现代用户体验服务则将读者置于中心位置，强调参与和互动，力求通过多样化的服务形式激发读者的热情与情感认同。数字图书馆体验区作为创新的实践场所，通过讲解服务、自助服务、多媒体展示和主题活动等丰富的形式，满足了读者对多元化体验的需求。

1. 讲解服务

为了提升普通读者的参与感和互动体验，数字图书馆每天安排至少两场讲解服务，涵盖场馆讲解、主题活动讲解和读者讲座。场馆讲解旨在向读者全面介绍体验区的各个展区，帮助他们理解服务内容和参与方式，激发其参与的兴趣。主题活动讲解则配合不同的读者活动，提供及时的说明，确保读者能够充分利用相关资源。而在"每日课堂"中定期举行的读者讲座，不仅提供培训机会，还为读者创造了学习和交流的平台。

2. 自助服务

自助服务在图书馆的应用，极大地提升了读者的独立性与便利性。通过自助服务，读者可以在数字图书馆体验区自主完成书目查询、办卡、充值和资料阅览等操作，省去等待管理员的时间。为增强自助服务体验，图书馆引入了多种现代化设施，如自助检索机和触摸屏资源浏览系统，使得信息获取和互动更加高效。

3. 多媒体展示服务

多媒体展示作为一种创新的展示手段，极大丰富了用户体验服务的形式。在数字图书馆体验区，动态数据和多媒体影片的结合，不仅提供了实时的信息更新，也增强了读者对数字资源的理解和参与感。动态数据向读者展示了国家数字图书馆的实时运营状况，帮助他们直观地了解资源的建设与使用情况；而影片展示则通过生动的视觉效果，向读者介绍数字图书馆的成就及其多样化的服务。

4. 多媒体互动服务

数字图书馆体验区通过引入多种多媒体互动方式，显著提升了读者的参与感和互动体验。其中，虚拟阅读站利用红外线翻书技术，让读者通过自然的动作来浏览资源，增强了互动性。而二维码增强现实服务则创造了一个令人惊叹的阅读体验，使得书中的内容通过扫描变得生动可视。

5. 主题活动

数字图书馆体验区通过定期举办各类主题活动，积极促进读者的参与和互动。这些活动不仅丰富了图书馆的文化生活，还吸引了更多读者的关注。例如，春节期间的楹联活动增强了节日氛围，而"数字知识获取新形态"系列活动则引入了先进的 VR 与 AR 技术，让读者体验到数字化学习的乐趣。此外，结合电影节的 VR 体验和针对普通读者的讲解，进一步扩展了活动的多样性与吸引力。

（三）服务对象

为了提升图书馆用户体验的品质，数字图书馆体验区不仅将用户体验面向广泛的读者群体，还特别针对不同读者群体进行研究，以期满足特定读者群体的体验需求。通常情况下，具有相似特征的读者群体表现出一定的群体心理共性，而不同文化背景、社会阶层和职业特点的群体则展现出不同的心理个性。这些个性差异在用户对用户体验的认知、理解和感受上得到体现，例如，不同年龄层的读者群体在互动体验的参与热情上存在差异，不同教育背景的读者群体对互动体验内容和理解也有所不同。一方面，图书馆用户体验服务的内容对某些特定用户群体具有较大影响；另一方面，图书馆用户群体的特征也会对用户体验服务的开展和实施效果产生影响。为了尽可能地吸引更多的读者参与体验服务，图书馆在开展用户体验服务时，必须对服务对象进行研究，以满足用户的群体心理需求。

（四）技术手段

1. 多媒体互动技术

多媒体互动技术为图书馆提供了一种全新的互动体验方式，通过先进的技术手段，打破了传统空间的局限，创造出新奇的学习环境。在数字图书馆体验区，这种技术的应用使得读者可以通过摄像头和投影仪进行增强现实和虚拟翻书等互动，极大地提升了参与感和趣味性。借助光电感应和图像识别技术，读者可以以非接触的方式与信息进行互动，这不仅增加了学习的乐趣，也为图书馆的服务创新注入了活力。这种结合现代科技的互动方式，推动了读者在数字资源中的探索与体验，使图书馆服务更具吸引力和现代感。

2. 数字媒体技术

数字媒体技术在图书馆的用户体验服务中发挥着关键作用，它通过将多种信息形式进行整合与处理，使得抽象的内容变得直观和易于互动。这种技术不仅优化了场景设计，使空间更加吸引人，还增强了形象设计的表现力，提升了品牌形象。此外，互动程序设计的应用，促使读者能够与信息内容进行更深层次的交互。

3. 智能技术

智能技术为数字图书馆的服务带来了显著的变革，它通过多种应用形式使得信息获取变得更加高效和个性化。在数字图书馆体验区，文津搜索和掌上国图等平台，结合智能终端和移动互联网，提供了便捷的智能信息访问与搜索体验。通过 P2P 和自适应流媒体技术，读者能够享受到实时互动的服务。这种双向互动的模式，不仅提升了用户体验的灵活性和精准度，也展现了智能技术在图书馆未来发展的广阔前景。

4. 虚拟现实技术

虚拟现实技术为图书馆的用户体验提供了全新的维度，使得传统的学习和探索方式得以转变。通过这一技术，图书馆不仅能够创造出沉浸式的学习环境，还能激发读者的多感官参与。例如，用户可以在虚拟空间中体验到与书籍内容相关的视觉和听觉信息，甚至触摸和嗅觉的感知。这种高度互动的体验方式，不仅增强了读者的参与感，也使学习过程更加生动有趣。实时响应用户运动的能力，确保了互动的自然流畅，使得用户与虚拟环境的交流变得更为贴切，提升了整体的用户满意度和体验质量。

5. 网络中控技术

网络中控技术为数字图书馆的互动体验提供了强有力的技术支持。通过建立一套高效的网络中控系统，图书馆能够实现对各种终端设备的统一管理与控制。这种系统的构建，不仅提升了设备的操作便利性，还允许图书馆根据具体活动和用户需求灵活调整体验环境。比如，在举办讲座或展览时，可以通过控制灯光和多媒体设备，营造出不同的氛围，增强读者的沉浸感和参与感。这种智能化的管理方式，不仅提升了服务效率，也为读者带来了更加多元化和个性化的体验，进一步推动了图书馆服务的现代化进程。

三、国家图书馆应用实践

（一）空间布局

国家图书馆的数字图书馆体验区精心规划为多个主题鲜明的展区，涵盖文化工程展示区、数字资源展示体验区、数字图书馆互动体验区以及新技术探索体验区等多个维度。每个展区均独具特色，承载着不同的功能与使命，共同构成了数字图书馆体验区的丰富内涵与多元体验。

1. 文化工程展示区

本展区旨在通过多元化媒体手段与移动互联技术，深入介绍并广泛宣传近年来国家数字图书馆工程及其推广工程所取得的显著成就。展示内容全面覆盖了国家数字图书馆的基本概念、核心特色，以及数字图书馆推广工程的具体建设目标、发展历程与丰硕成果。此外，本展区还依托先进的数据通信技术，实时汇总并呈现全国各地方图书馆推广工程的最新进展，包括虚拟网/专网的联通状况、硬件设施的配备情况、用户规模、应用服务的普及程度，以及资源利用与推广效果等关键信息，确保观众能够全面、直观地了解国家数字图书馆工程及其推广工程的整体面貌与最新动态。

2. 数字资源展示体验区

本展区旨在全面呈现近年来数字资源建设领域的辉煌成就，涵盖数字化图书、期刊、报纸、学术论文、珍稀古籍善本、音乐及影视等多个维度。伴随数字图书馆建设步伐的持续加快，大量宝贵的历史文献资料已成功转化为文字、图像、音频及视频等数字化形态，得以妥善保存并广泛传播。其展现形态、获取渠道及传播路径均实现了前所未有的革新。数字资源展示体验区，依托动画演示、屏幕展示及试听体验等多元化手段，直观地向读者展示各类数字资源的获取途径与使用方法，极大地方便了广大读者对各类数字资源的便捷利用。

3. 数字图书馆互动体验区

本展区致力于全面运用互动体验作为核心展示方式，在数字化环境中呈现图书阅读的创新模式，包括但不限于触摸屏阅读、虚拟现实阅读、数字电视、便携式阅读器以及移动智能终端等多样化形式。同时，该区域特别策划并设立了"每日课堂"系列讲座，配备了各类自助服务设施，旨在为广大读者提供一条便捷、高效的途径，以便深入理解并顺利进行图书馆的各项业务操作。

4. 新技术探索体验区

新技术探索体验区旨在深入发掘并广泛传播当前最前沿的科技进展，通过定期或不定期的读者活动，展示新技术与图书馆深度融合的创新路径与实操方法。活动核心聚焦于新技术生态与图书馆服务模式的融合探索、现代信息技术驱动下数字知识获取模式的革新，以及各类高新技术在图书馆实践中的多元应用。自数字图书馆体验区设立并对外开放以来，已成功策划并执行了多场新技术的发布与普及活动，包括但不限于利用3D打印技术复刻珍贵古籍善本及特色馆藏资源，以及借助增强现实与虚拟现实技术构建虚实交融的图书馆场景体验等，这些举措均有力推动了图书馆服务模式的现代化转型与技术革新。

（二）资源组成

国家图书馆的数字图书馆体验区，依托数字图书馆建设的丰硕成果作为资源支撑，并将数字图书馆推广工程所取得的显著成效作为核心展示内容，向公众全面呈现数字图书馆的发展与应用状况。

1. 国家数字图书馆工程

国家图书馆在国家数字图书馆工程中发挥着重要的服务中心角色，致力于全面建设数字资源。通过完善的信息处理系统，从资源的采集到利用，涵盖了整个生命周期。这些资源不仅包括常见的图书和期刊，还包括丰富的古籍善本和各类文化遗产，如甲骨文和"志鸟专藏"，展示了其在文化保护方面的深厚积累。到2015年底，国家图书馆的数字资源总量已达1160.98 TB，这一庞大的数据资源为数字图书馆体验区的建设提供了坚实基础，确保了读者在信息获取、学习和研究上的多样选择，有力推动了数字化时代的文化传播与知识共享。

2. 数字图书馆推广工程

数字图书馆推广工程作为国家级的数字文化建设项目，致力于让更多人享受到数字图书馆带来的便利和资源。通过覆盖省级和市级图书馆，并扩展

到众多县级图书馆，这一工程有效地提升了全国的文化服务水平。超过 10100
TB 的数字资源不仅丰富了用户的选择，也为数字图书馆体验区提供了丰富的
展示内容，使其成为推广和分享数字文化的重要平台。

第三节　图书馆自助服务

自助服务的引入标志着图书馆向现代化转型的关键一步，使读者能够更
加自主、便捷地获取服务。借助智能化设备和网络技术，图书馆不仅提升了
服务效率，还满足了读者个性化的需求。公共图书馆的自助服务涵盖了多个
方面，体现了服务模式的多样化。通过文献自助、座位登记和在线检索等功
能，读者能够在任何时间和地点，方便地访问所需资源。

一、图书馆自助服务

自助图书馆，也被称为"无人值守图书馆"，其名称和描述多种多样，
例如"无人服务图书馆""图书自助服务站""微型自助图书馆系统""Library
Vending Machine""Library Express""Lending Library"和"Go Library"等，
它们都是图书馆业务自动化处理的关键部分，也是近年来图书馆行业新兴的
一种现代化服务形式。这种服务模式利用了网络通信、计算机技术、门禁监
控等技术手段，为读者提供了高度智能化的图书借阅和归还服务。在自助图
书馆中，读者可以独立完成借书和还书的过程，无需图书馆工作人员的协助。
自助图书馆是图书馆服务功能的扩展和持续，它不仅解决了读者在图书馆开
放时间之外无法借还书籍的问题，还体现了图书馆的人性化服务理念，并且
提升了图书馆的服务品质和形象。

（一）服务理念

自助图书馆的出现标志着图书馆服务向以读者为中心的转型，使读者能够更加自主地获取信息和资源。这种服务模式不仅实现了图书馆资源的最大化利用，还突破了传统服务的时空限制，满足了读者对阅读的即时需求。通过这种创新，图书馆不仅提升了服务质量和社会价值，还让读者能够根据个人兴趣自由选择和使用图书，反映了对用户需求的深刻理解和尊重。这种人性化的转变，不仅增强了读者的满意度，也为图书馆的未来发展奠定了坚实的基础。

（二）服务模式

1. 馆内读者自助

众多图书馆均设立了针对自助设备的专属区域或独立的附属建筑，这些设施旨在为读者提供便捷的服务体验，涵盖图书馆的检索、借阅与归还等核心功能，进而实现了图书馆全天候服务的运营模式。尽管此类独立的馆内自助设备能够确保 24 小时不间断服务，然而，其运行仍高度依赖于图书馆或其附属建筑的物理环境，因此在独立性方面存在一定的局限性。

2. ATM 式自助图书

ATM 式自助服务设备可依据图书馆的实际服务需求进行定制化设计，其特有的还书即上架借出功能，显著降低了人力与物力资源的消耗。该设备的核心优势在于其成本效益高及便于网点化布局的特性。然而，值得注意的是，此类设备在图书资源选择范围上相对有限，且服务内容较为单一，主要聚焦于图书的借还操作，存在一定的局限性。

3. 漂流亭式自助图书

传统图书漂流活动指的是将图书置于图书馆公共区域内，供读者无需办理借阅手续即可自由取阅的方式。而漂流亭式图书馆作为这一传统模式的馆外延伸与补充，其自助服务模式是 RFID 技术与图书漂流理念的深度融合。尽管该模式具备识别多种证件的能力，显著提升了图书资源的利用效率，但其服务内容相对较为单一。

4. 24 小时街区自助图书馆

24 小时街区自助图书馆具备丰富的服务功能，包括但不限于图书借阅、归还、证件办理、信息检索及预约等基础性操作。此外，该图书馆还融合了 RFID 与条形码等先进技术，确保在架图书的清晰展示，便于读者快速识别与选择。尽管 24 小时街区自助图书馆在提供全面服务及实现网点化布局方面展现出显著优势，然而其依赖的 RFID 设备在技术应用与物流配送等层面尚存在一定的局限性，需持续获得相关支持以促进其优化与升级。

服务类型包括独立自助图书馆服务区、图书馆 ATM、图书漂流亭以及街区 24 小时自助图书馆等。自助图书馆系统主要由自助图书馆服务机、图书馆监控中心和物流管理系统等关键部分构成，其中自助图书馆服务机是系统的核心。该系统能够处理图书馆业务的大部分流程，如申办新证、自助借书、自助还书、预约服务、查询服务、资源防盗、资金处理等。由于其功能强大且服务流程快捷方便，自助图书馆自推出以来，便受到了全球读者的青睐和好评。一些专家甚至认为自助图书馆是继实体图书馆、虚拟图书馆之后的"第三代图书馆"。

二、自助图书馆的系统和特点

（一）自助图书馆系统

自助图书馆依赖于一系列支撑系统，这些系统主要包括基本服务设备、图书管理系统、监控设施、图书损坏识别技术以及 RFID 标签识别技术。这些组成部分共同作用，确保自助图书馆的高效运作与安全管理。

1. 基本服务设备

为了提供与传统图书馆相等效的服务，例如图书的借阅、归还以及预约等，必须依赖于数据管理和存储技术的支撑，以实现自助图书馆与主馆间数据的全面共享。同时，为了确保图书的准确提取和上架，坐标定位技术被采用，以解决机械手臂在精确定位上的不足，从而使得 ATM 式自助图书馆能够顺利进行图书的自动提取和上架工作。

2. 图书管理系统

为确保自助图书馆图书资源的合理分布，避免满架或空架现象的发生，需对馆内图书资源实施持续性的实时监控，以精确掌握图书的现存数量。图书管理系统在此扮演关键角色，它能够深入分析图书的供需状况，并自动追踪读者对图书资源需求的变化趋势，为总馆提供科学的资源调配依据。此外，该系统还具备故障自动报警功能，确保在出现任何异常情况时能够迅速响应，保障自助图书馆的正常运行。

3. 馆内监控设备

自助图书馆内的监控设备在维护图书馆安全、防盗、视频监控及门禁控制等方面扮演着至关重要的角色。在正常运营期间，这些监控设备确保了各项服务能够顺畅进行；而一旦出现意外事件或违规行为，如私自携带图书离馆，监控设备将即时自动触发报警机制。同时，门禁系统也将迅速响应，实施上锁措施。事后，通过调取视频记录，能够全面回顾事件始末，为处理提供依据。综上所述，自助图书馆内的监控设备对于保障图书馆的安全性与秩序具有不可忽视的作用。

（二）图书馆自助服务的特点

自助图书馆，作为一种新兴的服务模式，其独特之处显著区别于传统图书馆，具体体现在以下几个方面：

1. 服务性

开展自助图书馆建设的初衷，旨在落实读者自我服务的核心理念，坚决摒弃陈旧的馆员服务模式，确保读者能够根据个人时间安排、兴趣爱好等因素，独立完成图书的借阅、归还等流程，同时确保服务质量不低于传统服务模式。在自助服务模式下，读者彻底摆脱了传统图书馆服务的束缚，能够跨越时间和空间的限制，通过自主操作设备来满足个人需求，这充分体现了自助图书馆的服务特性。在整个自助服务过程中，读者可依据个人主观需求，积极发挥主观能动性，实现服务的自我实现。此时，读者不仅是服务的执行者和操作者，同时也是服务的受益者和被服务者，这体现了自助图书馆服务模式中主体与客体的和谐统一。

2. 科学性

当前，自助图书馆普遍采用RFID（无线射频识别）技术，该技术以其无需直接接触即可实现自动识别的独特优势，被广泛应用于图书借阅与归还等环节。通过发射射频信号，并利用空间耦合原理进行无线信息传递，自助图书馆实现了对物品的自动识别。此举不仅推动了图书馆服务的自动化进程，而且极大地提升了读者的满意度和便利性。同时，RFID技术的科学应用，充分体现了人性化服务理念，促进了图书馆服务方式的创新与发展。

3. 自由性

在传统的图书馆运作模式中，受限于固定的开闭馆时间，无法充分满足读者对图书资源的全天候需求。读者必须在图书馆开放时段内安排自己的借阅活动，导致需求满足受到较大限制。因此，一种更为灵活的服务形式——自助图书馆应运而生。自助图书馆通过引入人机交互技术，摆脱了时间限制，使读者能够根据个人即时需求自由选择借阅时间。这种全天候的自由服务模式，已成为图书馆服务发展的全球性趋势。自助图书馆还扩展了公众的阅读范围，突破了传统图书馆的物理界限，为读者提供了一个无阻碍的阅读环境，从而极大地丰富了民众的阅读体验。

4. 高效性

自助图书馆，作为一项创新的图书馆服务模式，其在建设过程中展现了相较于传统实体图书馆的显著优势：占地面积小、建设成本经济、展现效果迅速且建设周期显著缩短。这些优势共同推动了自助图书馆成为继传统实体图书馆与数字图书馆之后的"第三代图书馆"典范。在服务层面，自助图书馆更加贴近读者的日常需求，其选址灵活、布局合理、交通便利，极大地提升了服务的便捷性。此外，自助图书馆在运营形式上亦实现了重大突破，如无需专人值守、支持自助办证、自助借阅与归还等，这些便利条件进一步提升了图书馆文献资源的利用效率，充分彰显了自助图书馆工作的高效与便捷。

5. 广泛性

自从自助图书馆投入使用以来，其使用频率和受欢迎程度不断攀升，有效推动了图书借阅量和阅读量的增长。自助图书馆以其便捷高效的特点，吸引了越来越多的读者在闲暇时刻通过借阅图书来丰富自我、提升自我。与传统图书馆相比，自助图书馆所展现的广泛影响力更为深远。这种广泛的影响力，不仅为读者打造了一个便利的阅读环境，而且有效提升了图书馆的品牌形象和知名度，进而对城市文化事业建设产生了积极的推动作用。

三、自助图书馆的建设与维护

（一）自助图书馆的建设

自助图书馆的建设可从多方面进行深入思考，包括政策层面的有力支持、经费的稳固保障、自动化现状的评估与整合、文献资源的丰富与保障、业务调整的顺畅进行，以及运营模式的前瞻性规划等。

1. 政策有力支持

自助图书馆的构建与服务遍及社会各个领域，牵涉到项目资金持续保障部门、布设地点所属物业管理部门，以及资源供给与服务融合的各区域图书馆等多元主体。作为肩负公益文化职责的机构，图书馆在推动与协调过程中，面临权限有限的挑战，亟待地方政府出台相关政策予以引导与规范。这些政策应覆盖自助图书馆的建设执行、布点规划、运营模式设定、绩效评估等多个维度，例如，通过制定详尽的配套措施，将自助图书馆纳入地区公益文化设施的整体规划与管理体系中。若无地方政策的有力支撑，图书馆在自助服务项目的建设与运营维护方面将面临重重困难，难以实现长期稳健的发展。

2. 经费持续投入

自助图书馆的资金需求可以分为一次性建设资金和年度运营资金。前者是启动建设所必需的保障，后者则确保图书馆的日常运作，包括能源消耗和维护等基本支出。尽管自助图书馆是一种节约型设施，且能实现明显的规模经济效益，但启动和运营经费的需求依然不可或缺。在地方政府财政有限的情况下，通常会优先将资金投入到基本服务领域，从而给自助图书馆的建设和运营带来较大的财政压力。这种服务的便利性和超前性使得其在财政预算中面临挑战。在规划和实施自助图书馆项目之际，图书馆应秉持务实精神，以实际需求为基石，确保经费的持续稳定支持作为先决条件。需综合考虑地区财政状况及图书馆自身经费预算等实际因素，合理控制建设规模，避免过度扩张。此外，在项目的后续运营阶段，应精心挑选适宜的配送模式、网络架构模式以及维护响应标准，旨在实现运营投资效益比的最大化，确保项目长期稳健运行。

3. 文献充足保障

自助图书馆的运行效果与文献资源的丰富性、可读性和及时更新密切相关。因此，图书馆应在资源储备、规划和管理方面进行全面建设。项目启动前，需精心设计文献采购和更新策略，以确保资源的充足供应。项目运行后，及时更新书籍并制定相应的调配和下架原则是至关重要的。此外，在全城服务整合的过程中，中心图书馆应有效整合各成员馆的文献资源，确保资产的安全与管理的统一。

4. 与已有自动化设施的集成

自助图书馆自动化设施的整合，主要涵盖 RFID 技术的广泛应用与各业务系统的高效集成。RFID 技术的引入，显著提升了自助服务的品质和文献管理的效率。因此，在推进 RFID 系统升级之前，图书馆必须审慎评估其必要性，特别是对标签、基础设施和系统集成的投资成本。系统集成的有效性，直接关系到后期运营的稳定性与管理的规范化。因此，图书馆在实施项目过程中，应特别关注现有业务系统的集成内容、实施的难度和步骤，确保读者数据和业务数据的顺畅互通，以及内部业务流程的平稳衔接。

5. 与原有的业务体系的整合

自助图书馆投入运营后，鉴于馆外服务内容的拓展，文献资源的配置需更加聚焦于读者实际需求。为此，图书馆须对现有业务流程和组织结构进行适时调整，以保障自助图书馆文献服务的高效运行。具体举措包括设立专职运营中心，负责相关工作的统筹协调，以及优化预借书库管理、制定送书服务规范等。此次业务重组，既提升了自助图书馆服务的效率与顺畅度，又确保其成为图书馆整体服务不可或缺的组成部分。展望未来，自助图书馆服务的持续拓展，图书馆应将其纳入长期发展规划，以实现持续稳定的功效，并做好根据服务规模变化进行相应调整的充分准备。

6. 建设运营模式的长远规划

在我国深圳市，自助图书馆的初步构建倚重于政府的全额投入。伴随着自助图书馆应用范围的拓展以及管理经验的沉淀，其他地区图书馆可借鉴试点项目，积极探索引入自助图书馆模式，并拟定远景发展规划。待自助图书馆品牌效应及服务成效得以充分彰显后，图书馆应积极探索与企业或商业团体携手合作，共同投资运营，共创美好未来。此外，借鉴银行 ATM 系统的成功经验，图书馆还可尝试全外包的运营管理服务模式，包括设施租赁和第三方运营维护服务等。这些措施将显著降低自助图书馆建设和运营所需的时间和人力成本。

（二）自助图书馆的维护

1. 日常维护问题

鉴于人为损害与天气状况对自助图书馆日常运营的潜在影响，对其进行定期且周密的维护显得尤为重要。为有效控制维护成本，专家提议，在自助图书馆的广泛推广之际，应加大对公众读者的指导与教育力度，确保读者能够熟练掌握其操作流程。针对天气等不可抗力因素，建议在自助图书馆的设计阶段即融入抬高设备与防水设施等策略，以有效规避潜在风险。

2. 技术问题

自助图书馆的监控、服务机与物流系统之间的网络连接使其容易受到病毒感染和恶意攻击，可能导致整体瘫痪。为此，专家建议采用 MPLS–VPN 加密专网技术，以增强安全性。同时，通过流量控制和服务等级划分，构建专用虚拟网络，将自助图书馆的服务机与核心网络隔离，从而有效提升自助图书馆的运行安全性和应对潜在危机的能力。

（三）自助服务体系

自助服务是一种新型的读者服务方式，允许用户根据自己的阅读兴趣和需求，自主灵活地完成书目查询、藏书借阅、资料检索和文献复印等活动，这些本由图书馆员执行的任务，现在由用户自己掌控。自助服务的进步与新技术的发展息息相关，尤其是 RFID 技术，它为自助借还服务奠定了基础，显著降低了人力和管理成本，并提供了全天候无缝服务，带来了革命性的提升。此外，自助打印和扫描服务的实施也依赖于先进的设备及高效的认证机制。

1. 自助借还系统

国内自助服务的先驱可追溯到 2005—2006 年间相继投入使用的广东东莞图书馆新馆及深圳图书馆新馆。当前，众多国内知名且规模庞大的大学图书馆，诸如北京大学图书馆、同济大学图书馆、中山大学图书馆及北京理工大学图书馆等，均已全面引入了自助借还系统。同时，在公共图书馆领域，诸如中国国家图书馆、首都图书馆、杭州图书馆等重要机构，也均广泛配备了多个自助借还终端设备，以提供更加便捷、高效的图书服务。

2. 自助图书馆

深圳图书馆新馆于 2006 年启用，被誉为"第三代图书馆"，其独特之处在于提供 24 小时自助服务。这个系统由自助图书馆服务机、监控中心和物流管理系统三部分组成，自助图书馆服务机是核心，功能多样，包括书架浏览、电脑操作、网络查询、信息浏览、还书分拣和验钞等。该 24 小时自助图书馆系统功能齐全，几乎涵盖了所有传统图书馆的服务，用户可以便捷地申请新证、借还书、预约借书和查询馆藏信息，提升了服务的效率和便利性。

3. 自助复印/打印/扫描服务

近年来，国内众多图书馆纷纷配备了自助复印打印设备，以提供"无人值守"的自助式打印复印服务。这种服务模式不仅节约了图书馆的人力资源，还减少了读者的排队时间。其合理的收费标准和自助结算方式有效减少了纠纷的发生。此外，这也是图书馆执行知识产权保护策略的一种方式——通过在自助设备上张贴知识产权保护提示，增强读者的版权保护意识，引导他们尊重知识产权，避免图书馆因人为因素而"间接"侵犯知识产权，确保复印打印服务的合法合规。

北京大学图书馆、清华大学图书馆、浙江大学图书馆等高等学府图书馆，以及中国国家图书馆、深圳图书馆等公共图书馆，均采用了联创自助打印复印扫描系统。该系统采用了"自助式无人化管理"模式，通过一卡通等身份认证技术，实现了对使用者、使用时间、打印内容及费用的精确控制。在所有接入网络的电脑上，该系统为读者和管理员提供了便捷且经济的打印、复印及数字化扫描服务，进一步提升了图书馆的服务效率和质量。

4. 自助编辑制作服务

随着教学模式与学习方式的不断演进，大学对学生独立或协同创作生动作品的能力，以及多媒体制作与展示技能，均提出了更为严苛的要求，从而催生了"多媒体素养"这一概念的兴起。为了圆满完成课程作业，学生们往往不再局限于提交单一的文字报告，而是需要呈现包含实验结果或创作成果的 PPT 演示文稿、视频短片等多种形式。在此过程中，读者（即学生）亟需图书馆提供丰富多样的素材资源及相关设施支持，以助力其"作品"的完成。

图书馆作为知识宝库，能够提供的素材涵盖了海量的图片、视音频资源，以及完备的数据库资源，如电子图书、学术期刊、报纸等，为学生们的创作提供了坚实的素材基础。同时，图书馆还配备了各种先进的数码前端设备，如照相机、摄像机、录音笔等，以及采集设备如放像机、微机及各类采集软件，更有各类专业的编辑制作软件和输出设备，如彩色打印机、刻录机、合成机等，全方位满足学生们在多媒体创作过程中的各种需求。

5. 自助学习空间

高校图书馆可以将电子阅览室、书库和自习室整合，依据学科分类设立自助学习空间。这些空间应提供一个舒适的学习环境，满足光线、温度、通风、布局和色彩等基本需求。此外，还应配备多媒体计算机和各类打印、复印、扫描、传真等设备，以丰富纸质和数字文献资源。同时，馆员应具备丰富经验，随时为师生提供帮助，解决学习中的疑难问题。

（四）自助图书馆的工作流程

1. 门禁系统

自助图书馆通过刷卡方式验证读者身份。读者需使用刷卡器读取其证件上的条码信息，以确认其在馆内的有效性。这一过程同时控制自动门的开启和关闭，确保只有有效读者能够进入。

2. 图书检测设备

图书检测设备负责监测图书在出入馆时的磁性状态。自助图书馆使用可消磁的安全磁条（EM-STRIPE），该检测设备与自动门形成电控连接。当读者携带未消磁的书籍通过检测门时，系统会发出信号，触发门禁系统处理。此时，门禁控制器和报警主机将接收到相关信号，门会自动锁定，同时录像设备启动进行监控。

3. 视频监控设备

自助图书馆内部配备了多个摄像头用于监控。当检测设备发出报警信号时，系统会自动启动联动的录影设备，从多个角度对室内情况进行实时抓拍或录像，确保安全和监控效果。

4. 自助借还机

自助借还机由触摸屏、激光条码扫描仪、消充磁设备和收据打印机构成，通过网线与业务系统连接。当读者在触摸屏上进行借还操作时，借还机会同步完成对图书磁条的充消磁工作。成功借阅后，系统会自动打印出借书凭证。

第四节　图书馆空间服务

一、图书馆空间

（一）图书馆空间的演变

从空间生产理论的角度来看，空间的变化源于其形态的变动与动态发展。空间不仅反映了社会实践和人际关系，在特定空间内进行活动时也受到社会约束。社会关系的发展必然伴随着矛盾的出现，而这些矛盾推动了空间形态的转变，从而形成一种动态发展的过程。作为社会实践的产物，图书馆空间随社会形态的不同而不断演变，经历了由低级到高级、由简单到复杂的历史发展过程。

1. "闭锁式"的储藏空间

在我国古代封建社会形态与小农生产经济模式的双重影响下，古代图书馆的空间布局呈现出显著的"闭锁"特性。其核心形式为私人所有的"藏书室（楼）"，其规模与结构紧密关联于权力与地位的层级，仅服务于少数特定人群，并实行严格的封闭式管理机制。鉴于当时社会经济与文化的相对滞后，原始文献载体稀缺且价值连城，文献的利用与传播面临重重困难。同时，封建社会固有的自我封闭特性进一步加剧了这一状况，导致古代图书馆的功能局限于作为文献载体的储存场所，重藏轻用现象显著，藏书构成往往仅随藏书家的个人兴趣而变动，形成了一个相对封闭且自我循环的系统。然而，随着封建社会生产力的持续提升与文献载体技术的显著进步，文献的记录与传播能力得到了前所未有的发展。这一变化促使古代图书馆的藏书范围逐渐跨越了统治阶级的界限，向更广泛的社会阶层延伸。私人藏书的边界也随之拓宽，进一步推动了古代图书馆社会形态的演变与成熟。

2. "开放式"的公共空间

随着近代社会的到来，图书馆经历了显著的质变与飞跃，其最显著的特征在于面向社会大众的全面开放，彻底打破了传统自我封闭的运行模式，积极探索并确立了为社会公众提供文献服务的核心理念。首先，图书馆作为社会文化核心机构的地位得以明确，其功能不再局限于文献的储藏，而是进一步拓展至社会公众的到访利用，充分展现了其社会教育、文献传播利用及文化遗产保存等多重功能。其次，图书馆依据不同的类型及公众需求进行了细致的划分，其中公共图书馆成为近代图书馆的主流形态，其空间布局亦实现了由"以藏为主"向"以用促藏"的深刻转变。最后，图书馆的文献管理水平实现了显著提升，管理手段日益丰富多样，文献目录学理论的广泛应用极大地促进了文献整理归纳的规范性与有序性，同时，图书馆间的广泛交流与合作也为整个图书馆事业的繁荣发展注入了强劲动力。

3. "高科技式"的互动空间

20 世纪电子计算机的广泛应用标志着人类进入信息社会，这一变革推动了图书馆从近代向现代化转型，开启了现代化进程。随着信息社会网络化和信息量的急剧增加，文献的电子化使传统储藏空间面临挑战，促使图书馆的储藏空间向实体和虚拟双重形式发展。同时，社会大众的需求不断变化，他们希望图书馆成为生活中的"第三空间"，一个集学习、交流、体验和休闲于一体的场所。随着现代技术和科学管理手段的普及，图书馆空间在借阅功能的基础上逐渐展现出多功能、多样化和个性化的特征，形成了与社会大众之间高度互动的发展趋势。

（二）图书馆空间的转型

从图书馆空间的演变来看，空间的发展经历了从"以藏为主"到"以藏促用", 再到"以人为主"的过程, 这一变化体现了空间生产理论的核心观念: 空间既是社会实践的结果, 也是未来实践的基础, 成为推动空间转型的重要动力。相关研究表明, 空间在被大规模、标准化地生产时, 可能会在不断复制中失去独特性, 正如事物在发展过程中一样, 内因和外因的共同作用推动空间的变革, 以适应新的发展需求。

1. 功能空间转变

随着社会发展的不断演变, 图书馆逐渐创造出多样化的功能空间, 而这些空间又随着社会的变迁而变化。历史上, 古代和近代图书馆的空间功能主要集中在文献储藏上, 功能相对单一。随着社会空间的发展, 图书馆逐步引入了检索、阅览和加工管理等新类别的功能空间, 形成了较为稳定的功能发展。然而, 进入信息时代后, 电子技术和设备的广泛应用正深刻改变图书馆的功能空间设置, 甚至革新了传统的空间设计理念, 这种变化正在为图书馆的未来发展奠定新的基础。

（1）空间功能的消退

信息数字技术的广泛运用, 显著地改变了人们获取信息的习惯, 这一变革在图书馆空间的使用与利用方面得到了显著体现, 导致了一些特定阶段的功能空间逐渐面临被取代或功能弱化的趋势。具体而言, 随着计算机技术的普及与深入, 图书馆的管理方式实现了现代化升级, 传统图书馆中的目录检索厅逐渐被更为高效便捷的计算机检索终端区所取代。另一方面, 电子阅览室空间的功能也由于现代电子移动设备的广泛应用而逐渐弱化。这些特定空间的功能消失或退化, 不仅凸显了社会生产方式变革对图书馆空间功能的深远影响, 同时也彰显了图书馆功能空间在面对社会生产关系变化时展现出的自我调整与适应能力。

（2）空间功能的融合

在当今知识泛在的环境中, 图书馆的角色正在发生转变。用户更倾向于通过网络迅速获取信息, 并享受自助服务。因此, 传统的藏书功能与新兴的展示、休闲和交流空间开始融合。例如, 图书馆内的网络检索区域与开放学习空间结合了休闲和社交功能，形成了灵活的功能布局。这种空间的整合不仅能满足多样化需求，还能优化资源配置、人员组织和管理策略，从而推动图书馆空间功能的不断演变。

（3）空间功能的拓展

在新技术与理念的影响下，图书馆的空间功能正在向综合性和开放性演变，涌现出互动空间、创客空间和体验空间等新型概念。这些新空间的特点包括：首先，将信息技术与图书馆服务有机融合，为用户提供个性化的互动服务体验；其次，通过这些空间，个人和团队能够展示创意，促进知识分享与合作，满足人们对新知识与技能的渴求；最后，这些空间相对独立，并配备先进的硬件设施，旨在支持用户的学习习惯变化，激发他们的学习思维，帮助他们更好地进行探索与创造。

2. 空间特性转变

图书馆的空间功能已经超越了建筑的规模和藏书的数量，转向通过空间创新促进服务模式的转变和内涵的丰富，以实现教育的目标。如今，现代图书馆的空间分配更加关注用户的实际需求，而非单纯依赖藏书量，向着开放、多样化和人性化的服务环境发展。这种变化不仅反映了空间形态的演变，也体现了图书馆在适应时代需求方面的灵活性与前瞻性。

（1）从封闭性到开放性

古代图书馆向现代图书馆的演变标志着一个从封闭到开放的重要过程。开放性成为图书馆空间发展的关键转折，打破了传统的藏书楼限制，使得图书馆能够利用更广阔的空间。这种开放的大空间不仅提升了灵活的空间组织，还能适应不同功能需求的变换，广泛渗透于空间布局、组织和管理的各个方面，从而为图书馆的服务发展提供了更为广泛的平台。

（2）从固定性到流动性

人与空间之间的交互关系意味着空间不仅界定了人们的活动范围，同时人的行为也能影响空间的设计。早期图书馆的空间主要为特权阶层所用，设计上反映了固定的社会等级。然而，随着科技和信息化的迅速发展，图书馆的空间功能开始发生变化，逐渐变得多元化。不同功能的空间元素相互融合，边界变得模糊，形成了一种流动的多元环境。这种流动特性为图书馆的空间发展提供了更大的灵活性与创造空间。

（3）从标志性到媒介性

图书馆建筑通常是特定区域的地标，强调外观设计以彰显其象征意义。然而，这种标志性往往在内部空间的功能满足上存在不足。随着信息化时代的到来，图书馆的空间展现出新的媒介特性，不再仅仅依赖建筑外观吸引访客，内部空间的丰富多样性成为传递信息和体验的关键。这种空间媒介性通过视觉和听觉设计激发读者的感官体验，反映了现代社会科技与信息的魅力。

（三）图书馆空间的划分

图书馆的空间划分依据其功能属性和服务目标的差异性，呈现出不同的标志与特征。

1. 按照图书馆服务功能划分

根据服务功能，图书馆的空间可以划分为十种主要类型。这些类型包括：藏书空间、阅览空间、学习空间、研讨空间、数字资源空间、视听空间、展示空间、自助服务空间、办公空间和休闲空间。这种划分有助于更好地满足不同用户的需求和使用场景。

2. 按图书馆建筑空间功能划分

根据图书馆建筑的功能划分，空间应设有多个区域，包括信息资源获取区、信息交流区、信息研究区、学习区、信息素质教育区、信息控制区和休闲区。这种设计旨在创建"一站式"服务环境，以便利读者在信息利用、交流、合作和学习方面的需求。

3. 按照"空间"原理划分

依据对"空间"概念的阐释原则，图书馆空间可细分为三个主要维度：文献资源空间、信息行为空间以及文献交流空间。文献资源空间，作为图书、期刊、资料等的"容纳之所"，构成了社会文献收藏体系中最具权威性、开放性、持续性、公益性和普遍性的专业空间；信息行为空间，旨在通过提供文献资源来满足社会成员的阅读需求，是一个专门化的空间；文献交流空间则是文献资源与信息行为相结合而形成的，它是一个与读者进行沟通和交流的动态空间。在更广阔的视角中，人类社会构成了一个庞大的文献、信息和知识交流网络，图书馆作为这一网络中的基础设施，扮演着至关重要的角色。

二、图书馆空间服务

图书馆空间服务，作为图书馆改革与发展的重要方向，旨在通过整合电子、纸本及网络资源、先进技术、专业人力及物理场地等多元要素，向用户全面提供个性化、人性化的智慧服务。此服务模式的核心在于促进读者的自主学习进程，同时激发其灵感与创新思维，进一步推动图书馆事业的持续进步与发展。

（一）图书馆空间服务的形式

1. 个人学习空间

此空间专为满足个人自主学习需求而精心构建，每个学习区域均采用透明落地玻璃进行巧妙划分，确保了空间的通透性与开阔视野。窗外，是一片郁郁葱葱的草坪与充满活力的校园景象，这样的设计旨在不仅满足学习者对私密学习环境的追求，同时也为其提供一个能够舒缓压力、放松身心的场所，促使在轻松愉悦的氛围中激发创造潜能。

2. 协作学习空间

本空间致力于全面满足学生小组学习、深入研究及知识创新的多元化需求，故而广泛配备了规模多样、功能齐全的小组讨论室与研讨室。为提升空间使用的灵活性与便捷性，所配置的家具与设备均具备高度的可移动性和重组性，包括装有轮子的桌椅、灵活部署的白板（既有可移动式也有固定式）、投影仪以及预装各类学习必需软件的电脑等。

3. 多媒体空间

本多媒体空间致力于激发广大读者对新媒体的热情，充分满足其对多媒体创作的迫切需求，并有效提升个人创造力。在我国部分高等院校的图书馆中，已设立此类空间，其中中国人民大学图书馆的运营成效尤为显著。该空间配备了尖端设备，包括苹果图形工作站、缩微胶片阅读机、音视频编辑软件、55寸触摸高清电视以及蓝光DVD等，为读者提供了便捷的缩微胶片阅读和音视频制作条件。自空间开放以来，在教师和工作人员的悉心指导下，众多读者通过团队协作，成功完成了多部高质量的宣传片和纪录片制作任务。

4. 新技术体验空间

该空间引入了全球最前沿的新技术，旨在让用户通过亲身体验感受这些技术，丰富他们的知识，跟上时代步伐。在国内，一些高校也设立了类似的空间，例如北京大学图书馆拥有苹果产品体验区和数字应用体验区，提供多种最新数码设备的体验服务。这些服务包括移动图书馆、移动经典阅读和多媒体课程点播等，帮助用户更好地利用数字资源。

5. 创新空间

创新空间是一个集实验、创新、学习及思想交流于一体的综合性场所，旨在为参与者提供包括场地、材料、工具、设备和技术在内的全方位支持，以促进其实践探索与参与式学习。高校图书馆通过构建创新空间，旨在激发学生的创新灵感，培养其创新思维与创新能力，进而提升毕业生的就业竞争力。此外，该空间还成为师生将理论知识转化为实际成果的桥梁，是实现创意与想法的最佳平台。然而，就目前国内高校图书馆而言，开展创新空间服务的机构尚属少数，仅有部分高校率先实施了这一项目。

6. 休闲学习空间

此区域系专为学子们设计的多元化休憩与学习调节空间。其内常设有咖啡厅、观影室、展览室等设施，旨在促进学生的身心放松与知识拓展。家具布置上，多采用色彩鲜明、活泼且形态各异的设计，营造出轻松愉悦的氛围。此外，空间内还散布着书籍、报刊等读物，具体种类与数量则依据各校实际情况而定。

7. 研究共享空间

研究共享空间，系专为高校科研人员精心策划的学术研讨领地，其学术氛围尤为浓厚。作为学习共享空间服务的重要拓展，该空间对图书馆的技术支撑、资源储备及设备配置提出了更为严苛的标准，故仅由综合实力强劲的高等学府方能成功构建。否则，即便形式完备，亦难以充分发挥其预期效用。

关于研究共享空间的定义，华盛顿大学图书馆给出了如下阐述：此乃一综合性平台，旨在汇聚学生与教师，共同分享研究成果，深入探讨学术议题，并贯穿于研究的全过程——从文献资料的搜集、论文的撰写与发表，到科研基金的申请，均给予全面支持与协助。同时，该空间亦是师生携手攻克科研难题的协作场域，提供演讲展示与专题研讨的专属空间，更有助于用户洞悉同行研究动态，促进学术交流与知识共享。

（二）图书馆共享空间的形式

1. 信息共享空间

信息共享空间（Information Commons，IC），是源自于 20 世纪 90 年代美国的一种创新服务模式，其诞生背景为共享式学习理念的普及与开放获取运动的蓬勃发展。该服务模式旨在培育读者的信息素养，通过提供一个开放、包容的环境，促进学习交流、协作研究活动的深入开展，进而推动知识的传播与创新。信息共享空间是一个经过精心策划与构建的学习、交流、创作及研究场所，它依托于最尖端的计算机、网络与通信技术的支持，通过整合广泛的知识库、电子资源及教育资源，将校园内的学生、教师、技术专家、图书馆员及写作指导教师等群体紧密相连，旨在为广大读者提供一站式的、高效便捷的信息服务体验。

2. 第三空间

奥登伯格依据社会学理论，将社会空间划分为三个层级。家庭环境构成了第一层级，职场环境构成了第二层级，而第三层级则包括了家庭和职场之外的所有空间，例如酒吧、美术馆、图书馆、书店、咖啡馆、公园等。在第三层级空间中，人们可以停留、放松、交流、思考，并自由地表达自我。这些空间成为人们与信息、人与人之间交流和共享知识的场所。图书馆作为"第三空间"的代表，实现了从"书本位"向"人本位"的转变。前者强调静态信息的传递，而后者更强调动态知识的交流。图书馆提供了一个平等、舒适、自由和互动的学习与交流环境，充分发挥了其社会公益功能。在 2009 年于意大利都灵举办的国际图书馆协会联合会会议上，"作为第三空间的图书馆"这一主题引起了广泛关注。

3. 创客空间

创客文化起源于硅谷的"车库精神"，鼓励人们将创意转化为实际作品，并通过网络分享创作过程。自 1981 年全球首个创客空间在德国柏林成立以来，这一概念迅速传播，成为开放社区的重要实验室，集成了制造、工作坊和知识共享的功能。到 2012 年，全球已有超过 500 个创客空间，图书馆的创客空间服务也为创新提供了新的平台。

4. 泛在空间

泛在图书馆作为数字图书馆发展的新模式，强调以用户需求为中心，重塑了服务的多样性和可及性。这一模式不仅扩大了服务的范围和对象，还涵盖了内容、功能等多方面的泛在化。泛在空间则是由网络设施、硬件、软件和信息资源构建的现代知识基础设施，提供了一个随时随地、便捷易用的学习环境，使得任何人都能通过便携设备获取所需信息。

第十一章　新媒体下网络提供的读者服务

第一节　移动图书馆服务

一、移动图书馆

移动图书馆是一种基于先进的无线移动网络、国际互联网及多媒体技术的图书馆信息服务模式。该服务旨在打破时间、地点及空间的限制，使用户能够借助各类移动设备，便捷地查询、浏览及获取图书信息，从而满足其多样化的阅读与学习需求。

移动图书馆作为数字图书馆的一个重要分支，不仅继承了数字图书馆的基本特性，还独具"可移动性"的显著特点。这一特性体现在用户无需受限于 PC 端，而是能够借助手中的便携式数字阅读设备，轻松实现数字资源的浏览、下载、阅读及欣赏，形成了一套完整的系统解决方案。此外，移动图书馆的管理范畴不仅涵盖了传统的报纸、图书、杂志等文献资料，还扩展至音频和视频文件等多媒体资源，进一步丰富了其服务内容与形式。

（一）移动图书馆的特点

移动图书馆，作为移动通信技术与图书馆深度融合的结晶，展现出显著的技术优势。该服务巧妙地将移动互联网的广泛联通能力与图书馆的传统服务相融合，为图书馆工作的创新发展开辟了崭新的局面。

1. 实时性和移动性

鉴于移动通信网络所具备的移动特性，移动图书馆得以挣脱时间与空间的束缚，实现了全天候、全地域的互联互通，从而鲜明地展现出移动媒体的"3A"优势，即任何人（Anyone）、任何时间（Anywhen）、任何地点（Anywhere）均可接入。这一特性极大地便利了读者群体，使他们能够随时随地通过移动终端获取所需信息，同时也有效提升了图书馆的服务效能与效率。

2. 交互性

鉴于手机具备双向通信能力，用户得以通过发送短信的方式向图书馆咨询，从而促成馆员与用户间的高效即时沟通。此外，用户还能利用手机上网功能，自主查询图书馆的藏书目录，并享受预借及续借图书的自助服务，此举充分彰显了服务的互动性特点。

3. 主动性和个性化

用户现已不再局限于被动地接收信息与知识，而是能够基于个人需求主动选择并订制其感兴趣的内容。移动图书馆技术的兴起，进一步赋予了用户更大的自主性与灵活性，使得图书馆服务发生了根本性转变，由原先的被动服务模式转变为积极响应用户个性化需求的主动服务模式。

4. 满足某些特殊群体的需求

移动图书馆的电子终端为那些时间紧张或行动不便的读者提供了方便，允许他们随时随地进行阅读和收听。同时，特殊人群可以通过移动设备轻松访问图书馆的信息资源，无需到馆，极大地提升了服务的可及性。

（二）移动图书馆建设的意义

移动图书馆的构建反映了图书馆在移动技术、网络技术和云计算技术快速发展的趋势，这一发展不仅是时代的要求，也对未来图书馆服务的形式和影响具有重要意义。

1. 整合数字图书资源，实现应有的经济价值

数字资源整合构成了移动图书馆的一个核心特性。具体而言，该整合功能的实现确保了各类数字资源能够迅速且有条理地传递至各类移动终端，使得用户能够便捷地利用这些设备进行资源的检索与预览。同时，移动图书馆在依托移动终端向读者及广大受众提供服务的过程中，必然伴随着网络资源获取成本的产生。这一举措不仅有效维护了移动图书馆作为公益平台的特色，还成功实现了数字资源的经济价值转化。

2. 及时更新各种知识存储，拓展读者阅读范围

移动图书馆充分利用互联网和移动终端的传播优势，实现了数字图书资源的查询、检索、存储和阅读。它不仅通过传统的文字和图片传输信息，还支持音频和视频等多媒体形式，为读者提供更便捷的信息获取方式。同时，移动图书馆不断拓展读者的阅读视野，及时更新知识，以适应社会发展，满足各类信息需求。

3. 加速服务与管理信息化进程

移动图书馆推动了服务和管理的信息化进程。首先，它通过信息化网络和数字资源的有效配置，实现了图书馆的自动化管理，满足了资源共享和馆际互动的需求。其次，移动图书馆拓宽了信息服务的范围，增加了文献资源的存储能力。最后，现代信息技术的应用提升了管理人员的信息化技能，促进了他们在大数据技术方面的知识融合与应用。

二、移动图书馆服务

（一）移动图书馆的服务模式

1. SMS 服务模式

SMS，全称为 Short Message Service，即短信服务，本质上承担着短信的存储与转发职能。该服务并非直接实现点对点传输，而是依赖 SMS 中心作为中

转站，将发送者的短信传递给接收者。在接收者处于离线状态（如手机关机）时，短信将暂存于 SMS 中心，待接收者重新上线时再进行发送。鉴于短信服务在早期移动通信技术中的广泛应用与高度普及，SMS 模式已发展得相对成熟。移动图书馆的建设亦是从此模式起步，其中，SMS 模式的应用主要包含下行业务与交互式业务两大板块。下行业务侧重于图书馆向读者单向推送信息，涵盖的内容有图书馆的开放时间、新书公告、预约取书通知、图书到期提醒、图书馆讲座信息以及图书催还通知等，旨在使读者能够被动而及时地获取所需信息。交互业务涉及读者通过手机短信向特定服务号码发送请求，包括但不限于证件挂失、图书续借、个人借阅信息查询、咨询问题、文献检索和提出建议等。由于短信服务模式对硬件要求不高且易于实施，几乎所有提供移动图书馆服务的机构都支持这一业务。目前，我国大多数移动图书馆支持通过手机短信进行信息推送和个性化定制服务。推送服务内容主要包括图书馆新闻、会议讲座、图书到期和逾期提醒、归还通知、预约图书提取以及新书到馆等信息；定制服务则提供书目查询、图书预约/续借、参考咨询和建议留言等选项。

2. WAP 服务模式

WAP（无线应用协议）是一种全球统一的开放式标准，旨在为移动终端提供互联网内容和增值服务，目前最新版本为 WAP2.0。其灵活的系统结构和开放性使得开发更加交互的服务界面成为可能。相较于 SMS，WAP 网站提供了更丰富的功能，用户可以通过掌上设备访问图书馆的 WAP 网站，享受目录检索、查询开馆时间和访问电子期刊等服务。目前，许多国内知名图书馆，如国家图书馆和多所高校图书馆，已普遍推出 WAP 服务。

3. J2ME 服务模式

Java ME 是一种专为消费电子设备设计的高度优化 Java 运行环境，包括移动电话、数字机顶盒和汽车导航系统等。它于 1999 年在 Java One 开发者大会上正式推出，充分利用了 Java 语言的跨平台特性，使不同的移动设备能够共享应用程序。J2ME 作为 Java ME 的一个进阶版本，代表了一种新兴的移动开发模式，显著提升了系统功能和交互性，解决了 WAP 的一些局限。然而，目前并不是所有手机都支持 Java 虚拟机，这仍然是一个制约因素。

4. IDB 服务模式

IDB 信息服务方式的工作原理，依托于无线网络技术，并充分利用移动终端的联网能力，实现用户直接通过互联网渠道获取所需信息的目标。该过程不涉及对原始信息的任何修改或增加，确保了信息的原真性和完整性。

（1）移动通知与通告发布

鉴于"移动性"概念的日益普及，此新兴模式相较于传统图书馆展现出更为鲜明的个性化特征。图书馆现能够依据每位读者的个性化需求，精准推送定制化阅读服务，从而增强用户体验。同时，读者亦能实时掌握个人阅读动态，包括但不限于图书订阅状态的更新、图书借阅期限的临近提醒等关键信息，确保信息获取的及时性与准确性。

（2）移动阅读

移动阅读服务通过移动图书馆平台，以电子资源的形式为用户提供便捷的阅读体验。该平台深度融合计算机网络技术，于门户网站中设置下载链接，用户可将所需资源下载至移动阅读终端设备，从而实现随时随地的阅读自由。此外，移动查询功能作为传统服务与现代技术融合的典范，允许读者借助移动设备，在 WiFi 覆盖区域或利用 5G 网络在线访问图书馆系统。该功能不仅支持查询可借阅书目、个人借阅记录、图书到期时间及超期罚款详情，更可精确定位馆藏位置，并实现在线图书预约服务，极大地提升了图书馆服务的效率与用户体验。

（二）移动信息服务的模式

1. 聊天服务模式

在网络环境中，图书馆通过运用 QQ 及其附加功能（例如 QQ 群等），精心打造了一个馆员与读者之间双向互动的通道。此举旨在实现图书馆对读者需求和建议的即时掌握，同时确保读者能够更精确地利用图书馆的信息资源来解决问题。该平台既服务于图书馆内部的互动交流，也充当信息发布的媒介，更进一步，它成为馆员与读者之间沟通的桥梁，用于学术研究、数字化参考咨询，以及执行信息报道、资源推荐、读者培训、文献代查与借阅等多样化功能。

2. 博客服务模式

图书馆设立博客平台后，馆员得以将工作中的经验、思考和学术成果记录并分享给读者和其他图书馆专业人员；读者亦可在此平台上发表自己利用图书馆资源的体会、感受、需求和建议，与图书馆专业人员及其他读者进行交流。博客的参与性和互动性为读者之间、读者与图书馆之间、图书馆专业人员之间的交流提供了广阔的平台，促进了思想的交流与碰撞。

图书馆博客作为图书馆与用户互动的关键平台，能够深入图书馆业务的各个层面。其业务范围广泛，包括为读者提供书目导读、信息导航以及知识筛选服务，执行参考咨询任务，以及开展读者培训等。通过这些服务，图书馆博客在提升图书馆服务质量与增强用户满意度方面发挥着重要作用。

3. 微信公众平台服务模式

借助微信公众平台，个人与企业均有机会创建专属的微信公众号，以达成与特定受众在文字、图片、语音等多维度上的深入交流与互动。该平台秉持开放理念，为已注册公众号的用户提供 API 接口服务，允许任何组织或机构依据接口规范，自主开发与构建定制化的第三方服务平台，实现与自有应用系统的无缝融合。微信官方为确保接口的有效利用，向开发者提供了详尽的开发指导文档及丰富的代码实例，有力保障了开放接口部署过程的顺畅进行。基于此开放平台架构，用户可轻松实现包括实时消息处理、用户信息管理、消息批量推送、内容素材管理以及品牌形象设定等在内的多项核心功能。

4. 掌上国图服务模式

国家图书馆的移动服务自 2008 年 12 月 22 日正式启动以来，历经试运行阶段，现已成功整合并运用了短信、WAP、快讯等多元化移动技术。这些技术的应用，逐步构建起了包括移动数字图书馆、短信服务、WAP 网站、国图漫游以及手机阅读在内的全方位服务模块。标志着"掌上国图"服务已全面面向读者开放，旨在为读者提供更加便捷、高效的图书馆移动服务体验。同时，这一举措也为我国图书馆移动服务领域树立了先进的发展理念和经验模式，引领了行业的创新发展。

5. APP 服务模式

随着科技的持续进步与提升，智能手机及移动平板设备的广泛普及，针对移动互联网终端所研发的应用软件日益增多。读者可便捷地下载并安装图书馆专为其移动设备定制的应用软件。通过此定制软件，读者能够直接访问并获取图书馆最新的信息资源，其访问机制与 WAP 服务相类似，主要差异在于图书馆 WAP 服务平台的界面被替换为更为直观的手机应用软件界面，从而实现了更为迅速与便捷的操作体验。

为了优化读者在图书馆体验区内的使用体验，北京大学图书馆针对安卓系统的平板电脑，精心研发了一款名为"北京大学图书馆"的专属应用程序。通过此 APP，用户能够便捷地获取北京大学图书馆的最新资讯、浏览精心挑选的推荐书目，并访问丰富的多媒体课件资源，从而更加全面、高效地享受图书馆的各项服务。

三、超星移动图书馆

超星移动图书馆是一个专为各类图书馆打造的专业移动阅读平台，用户可以通过手机或平板自助进行借阅查询和馆藏查阅。该平台拥有超过百万册的电子图书，以及丰富的报纸文章和中外文献元数据，方便用户进行选择，提供了快捷便利的移动阅读体验。

超星移动图书馆凭借其集成的海量信息资源与云服务共享体系，为移动终端用户精心打造了一站式解决方案。该方案涵盖了资源搜索与获取、自助借阅管理以及信息服务定制等核心功能，旨在为用户带来高效、便捷的信息服务体验。

（一）超星移动图书馆的特点与技术优势

1. 基于元数据的一站式检索

系统通过运用严谨的元数据整合技术，对图书馆内外的各类文献资源，包括中外文图书、期刊、报纸、学位论文、标准以及专利等，进行了全面且系统的整合。此举旨在为用户在移动终端上提供一站式、高效便捷的搜索、导航及全文获取服务。

2. 适合手机的信息资源

在充分考量手机阅读特性的基础上，超星移动图书馆精心筹备了超过 3 万本 E-pub 格式的电子图书，并整合了超过 7800 万篇的报纸全文内容，专为手机用户打造便捷的阅读体验。

3. 云服务共享

超星移动图书馆现已整合进一套高效能的云共享服务体系之中，该平台为用户提供全天候不间断的云图书馆文献传递服务。无论用户需要获取的是电子图书还是期刊论文，均能通过指定邮箱接收其电子全文。截至目前，已有 78 个区域与行业联盟接入了此文献共享云服务系统，并有 723 家图书馆成为其成员。在文献传递请求的响应方面，该系统展现出极高的效率，能够在 24 小时内满足中文文献请求的96%以上，以及外文文献请求的85%以上。

4. 个性化服务体验

通过构建个人空间与图书馆 OPAC 系统的无缝对接机制，我们成功实现了馆藏资源的自助式移动查询、续借、预约、挂失服务，以及到期提醒功能。同时，系统还集成了热门书籍排行榜的展示，以及咨询服务的提供。用户可自主选择参与信息交流功能，包括但不限于咨询问答、新闻发布、公告（通知）的接收、新书推荐、借书到期提醒、热门书籍推荐以及预约取书通知的接收等，从而全面提升了图书馆服务的便捷性与个性化水平。

（二）超星移动图书馆实现功能

1. 在线一站式检索图书馆书、刊、论文等文献信息的功能

移动图书馆的主要作用是通过移动设备如智能手机来检索和访问图书馆的资源。在图书馆数字资源的应用过程中，数据库资源的整合问题同样适用于移动图书馆。目前，尽管已有少数数据库商提供了 WAP 版服务，但这一服务的普及程度仍有限。即便未来所有数据库均能提供 WAP 网站服务，通过移动设备进行统一检索的需求依然存在。若能开发出一个基于元数据的一站式搜索引擎，将为用户带来极大的便利，使资源检索更为轻松，并且可以避免在 WAP 服务中进行跨网关检索的技术难题。超星公司已经将读秀、百链等元数据检索引擎应用于移动图书馆，这使得用户在移动设备上查找和获取资源变得更加迅速和便捷，从而加速了用户对移动图书馆服务的接受程度。

2. 解决了本馆资源与本馆没有资源获取

在全文资源获取领域，超星移动图书馆利用代理服务器技术，实现了用户通过智能手机等移动设备，便捷地访问并获取图书馆已采购资源的全文内容。此外，依托于图书馆购置的百链平台所具备的文献传递功能，超星移动图书馆进一步拓展了资源范围，使用户能够检索并访问全国范围内超过 700 家图书馆的全文资源。对于本馆未收藏的资源，用户可通过文献传递机制进行申请，具体操作为通过手机提交文献传递请求，并填写个人电子邮箱地址，随后，申请的全文资源将被直接发送至用户指定的电子邮箱中，从而极大地提升了资源的获取效率与便利性。

3. 全球最大的中文电子图书和学术视频提供商

图书馆当前的资源主体涵盖书籍、报纸及期刊，其文件格式广泛采用 pdf、html、txt 等，这些格式均具备高度的便携性，能够轻松迁移至移动设备上供读者使用。然而，值得注意的是，电子图书大多采用加密格式进行保护，因此需借助各生产厂商提供的专用阅读软件方能正常阅读。若欲通过手机阅读来自不同厂商的电子图书，则需事先获得各厂商的明确授权。在此方面，超星作为业界领先的电子图书与学术视频服务提供商，其移动图书馆平台凭借无可比拟的电子资源储备及版权优势，为用户提供了更为丰富与便捷的阅读体验。

第二节　图书馆VPN服务

一、VPN 简介

VPN（Virtual Private Network），即虚拟专用网，是一项新兴的网络技术，旨在通过互联网创建一个安全的虚拟通道，使远程用户能够安全地传递数据。这种技术为企业提供了通过公共网络安全访问内部网络的解决方案。VPN 连接通常由客户机、传输介质和服务器组成，但其独特之处在于使用隧道作为数据传输通道，隧道的构建基于公共和专用网络，如互联网或内部网络。

（一）VPN 分类及其技术特点

根据用户的不同使用情况和应用环境特性，VPN 技术大致可以归纳为三种典型的应用模式：远程访问虚拟网（Access VPN）、企业内部虚拟网（Intranet VPN）以及企业扩展虚拟网（Extranet VPN）。具体而言，远程访问 VPN 指的是为远程用户或移动用户与公司、企业内联网之间提供的安全通道。企业内部 VPN 则侧重于在组织内部如何构建两个相互信任的内联网之间的安全连接，特别是公司与其分支机构之间。而企业扩展 VPN，则是面向企业与外部供应商、客户及其他利益相关者，通过公共网络构建的企业网，旨在提供灵活且安全的连接服务。

VPN 技术融合了公众网络的可靠性能与丰富功能，以及专用网络的灵活性和高效性，成为介于这两者之间的一种独特网络形式。其特点包括但不限于上述所述的应用方式及其背后的安全、灵活和高效的连接能力。

1. 安全通信

安全性是 VPN 技术的关键问题。为了确保通信的安全，VPN 采用了四项主要技术：隧道技术用于建立安全连接，加解密技术保护数据内容，密钥管理技术确保密钥的安全性，以及用户与设备身份认证技术验证用户身份。这些技术的结合，确保了信息在传输过程中不被篡改或复制。

2. 节约成本

VPN 技术能够高效利用现有的网络资源，为用户提供一种经济且灵活的网络连接方案。此方案显著降低了网络维护的复杂性和设备成本，从而帮助客户节省了设备购置、人员配置以及管理运营等方面的投资。同时，VPN 还降低了用户的通信费用，避免了长途专线租赁及专网建设的必要性，进一步提升了经济效益。

3. 覆盖地域广泛

通过 VPN 设备或软件，可以便捷地构建分支机构与总部之间的虚拟专用网络（VPN），实现安全的远程访问和数据传输。

4. 可扩展性强

网络配置过程简易，无需额外增设大量设备，且具备良好的可扩展性。通过应用 VPN 技术，用户可以便捷地实现数量的增减。此外，VPN 节点的增设操作灵活，不会对既有网络架构造成显著的调整与影响。

5. 便于管理

可将广泛的 VPN 网络管理任务，包括但不限于安全管理、设备管理以及 VPN 隧道管理等，委托给 ISP 或 NSP 进行集中处理。同时，用户应负责关键性工作的验证，如访问权限的审核、网络地址的管理、安全性的确保以及网络变化的监控等，以确保系统具备较高的安全保障。

（二）常见 VPN 实现方法

在实际应用场景中，VPN 技术的实现主要涵盖三种方案，分别为：基于硬件平台的 VPN 解决方案、基于软件平台的 VPN 解决方案，以及辅助硬件平台的 VPN 解决方案。这些方案各有特点，可根据具体需求和环境条件进行选择和应用。

1. 软件平台 VPN

利用软件公司推出的纯软件 VPN 产品，我们可以便捷地实现 VPN 的基本功能，无需额外购买软件，仅依赖微软的 Windows 操作系统，即能构建纯软件平台的 VPN 环境。特别是自 Windows 2000 系统起，全面支持传统的 IPsec VPN，不仅延续了对 PPTP 隧道协议 VPN 的支持，还创新性地引入了 L2TP 隧道协议 VPN 方案，极大地推动了 VPN 技术的广泛应用与发展。

2. 专用硬件平台 VPN

专用硬件平台上的 VPN 设备，能够满足企业及个人用户对于高度数据安全与卓越通信性能的需求，特别是在处理诸如加密与数据乱码等极为耗费CPU处理能力的任务时表现尤为突出。当前市场上，存在众多硬件厂商提供此类平台。然而，尽管这类 VPN 平台在硬件设备方面进行了大量投资，但其高昂的投资成本亦不容忽视。

3. 辅助硬件平台 VPN

此类 VPN 平台位于软件平台与特定硬件平台之间，其辅助硬件平台的 VPN 实现方式，主要依托现有网络设备作为基石，并辅以适配的 VPN 软件，以达成 VPN 的全部功能。此模式在 VPN 平台中占据主流地位。然而，需明确的是，即便是在此框架下，原有的网络硬件设备亦无法独立胜任全部任务，在特定情境下，仍需引入专业的 VPN 设备以补强系统能力。

二、图书馆 VPN 服务

随着图书馆电子资源的不断增加，读者的利用率和校外访问需求也随之上升。然而，由于 IP 地址限制，图书馆的电子资源通常只对校园网络用户开放，非校园用户无法登录和使用这些资源。为了解决这一问题，提升电子资源的使用率，学者们积极研究利用 VPN 技术进行远程访问，以便满足非校园用户的需求。

（一）VPN 技术在图书馆服务中的设计

在实际应用过程中，VPN 被设计为多种类型，其中最为广泛应用的是站点到站点 VPN 和远程访问 VPN。

1. 站点到站点 VPN 设计

站点到站点 VPN 主要用于连接两个局域网，如校区总部与分部之间的网络。为了保障数据在公网中的安全传输，这种 VPN 采用隧道加密和数据加密，常用 IPSEC 协议来确保数据保密。IPSEC 协议通过定义 IP 数据包的处理方式，构建了安全可靠的隧道，确保数据传输的完整性、真实性和私密性，从而为站点之间的数据交流提供了坚实的安全保障。

2. 远程访问 VPN 设计

远程访问 VPN（SSL-VPN）允许单台远程计算机安全连接到内部网络。它基于 SSL（Secure Sockets Layer，安全套接层）协议，这是一种由网景公司开发的 Web 安全协议，利用公钥加密技术确保数据传输的安全，包括对服务器和客户的身份验证，以及保障数据的完整性和保密性。SSL-VPN 的主要优势在于用户无需安装额外的客户端软件，只需通过浏览器进行操作，同时支持多种操作系统，具备出色的安全性，且维护成本低，部署也相对简单。

（二）VPN 技术在图书馆服务中的应用

要实现 VPN 连接，内部网络必须配置一台 VPN 服务器，负责连接专用网络和互联网。当客户机通过 VPN 与专用网络中的计算机通信时，数据首先由 ISP 传送到 VPN 服务器，然后由 VPN 服务器转发到目标计算机。客户机发出连接请求后，VPN 服务器响应并进行身份质询，客户机则发送加密的响应信息。VPN 服务器会根据用户数据库检查该账户的有效性及其远程访问权限，如果一切符合，连接将被接受。在身份验证的过程中生成的公有密钥会用于对后续数据进行加密。任何支持 PPTP 或 L2TP 协议的客户机都可以与 VPN 服务器连接，无论其操作系统是什么。

（三）VPN 的优势和不足之处

VPN 代表虚拟私人网络，它在外观上模拟了一种专用连接，然而实际上是在公共网络基础设施上实现的。该技术为用户带来的益处主要体现在以下几个方面。

1. 节约成本

VPN 的主要优势在于其能显著降低用户的使用成本，这一特点成为其相较于传统专线网络而言的关键竞争力。

利用公用网络构建虚拟专用网络（VPN）是一种经济实惠且高效的方式，相较于传统的租用专线或安装和维护广域网及远程访问设备，此举可显著节省通信费用、人力和物力资源。

2. 可靠的安全性

互联网作为一个公共网络，VPN 用户能够如同使用专用线路般，安全地传输数据与信息。显然，VPN 技术的核心聚焦于信息安全领域。为此，VPN 的专用产品均集成了加密技术与身份验证等安全手段，以确保在公共网络上连接用户的可靠性，并保障传输数据的安全性与保密性。

3. 支持常用网络协议

VPN 广泛兼容多种网络协议，确保基于 IP、IPX 及 NetBEUI 等主流协议网络环境下的客户机均能无缝接入。此外，新兴的 VPN 技术进一步扩展了其适用范围，全面覆盖 Apple Talk、DECNet、SNA 等几乎全部局域网协议，展现出强大的兼容性与灵活性。随着网络接入技术的持续演进，现代 VPN 技术已能够支持 ADSL、Cable Modem 等宽带接入方式，并兼容手机外网登录功能，为用户提供了更加便捷、高效的网络连接体验。

VPN 技术的不足之处主要体现在其可靠性和性能并不直接受单位控制，而是依赖于提供虚拟专用网服务的互联网服务提供商。因此，学校等组织在采用 VPN 技术时，必须高度依赖于这些服务提供商来确保服务的正常启动与持续运行。鉴于这一现状，与互联网服务提供商协商并签订一个详尽的服务级协议变得尤为重要，该协议应明确并保障各项关键性能指标的实现，以确保 VPN 技术的有效运用和组织的网络需求得到满足。

第三节　发现系统服务

一、图书馆发现系统

发现系统（Discovery System）是近年来涌现的一种创新性整合数字文献信息资源的方法，该方法根植于跨库检索、信息导航系统以及基于 OPAC 的信息整合等系统的演进历程。其核心在于，通过在后端构建一个集中化的索引库，并在前端用户界面提供统一的检索入口，从而实现对多元化数据库和系统资源的无缝集成与一站式检索体验。此机制依赖于预先的数据采集与预索引建立过程，确保了发现系统能够维持较高的检索相关性排序，并显著提升检索效率。

（一）发现系统产生的背景

1. 资源整合的需要

随着图书馆数字资源的迅猛增长，资源建设的核心已逐步向数字资源倾斜。鉴于海量信息资源的涌现，图书馆亟需增强对数字资源的组织与整合能力，并积极探索新型的信息资源整合模式。图书馆始终致力于通过多种途径对数字资源进行整合，包括构建馆藏目录检索系统、期刊与数据库导航服务，提供文献传递便利，以及建立跨库检索系统等，以应对这一变革趋势。

在当前的发展态势下，发现系统应运而生并逐步迈向商业化应用。历经数年的迅猛发展，采用应用发现系统及其类似平台的图书馆数量已突破两千家大关。这一显著的增长态势，充分彰显了图书馆界对于为读者群体提供高效资源发现工具的迫切需求与高度重视。

2. 用户的需要

在互联网时代背景下，用户对搜索引擎的依赖程度显著增加，普遍将其作为信息检索的首选途径，而非传统图书馆的检索系统。搜索引擎之所以受到用户的青睐，主要得益于其操作的简便快捷、无须额外学习成本，以及避免了用户在理解专业术语时的障碍。此外，搜索引擎还具有信息获取的便捷性、即时性以及用户体验的优越性，这些都是图书馆系统需要改进的地方。

尽管图书馆界已经通过引入 Web2.0 社交元素、构建馆内资源整合检索系统等措施来提升服务质量和用户体验，但服务的不连贯性仍然导致用户难以获得满意的发现体验，同时也影响了图书馆馆藏资源的利用效率。以图书馆业务为中心的传统 OPAC 系统，其设计理念已与用户需求渐行渐远。简单的修补已无法满足用户日益增长的信息需求，图书馆界迫切需要找到一个更加强大、能够全面替代 OPAC 的资源服务入口。

（二）发现系统的定义

统一资源发现系统是由系统商携手出版社等内容提供商共同构建，旨在对广泛分散、异构复杂的元数据和部分对象数据进行系统化处理。该系统运用先进的分析与抽取技术，预先收集这些海量数据，随后依据既定的映射转换规则，将其统一转换为标准化格式，并融入元数据标准体系之中。在此基础上，系统进一步构建索引机制，创建出一个预聚合的元数据联合索引库。此库不仅支持本地查询搜索服务，还能通过远程中心平台，提供统一、高效的查询搜索功能，极大提升了信息资源的可访问性与利用效率。

根据 Jason Vaughan 在《图书馆技术报告》中的分析，发现系统可以从五个主要方面进行理解。首先，发现系统通过一个主索引和一个功能丰富的发现层，为用户提供了集中检索馆藏、开放和订阅资源的服务。其次，主索引融合了元数据和全文文献，包括全文数据库、开放存取资源和馆藏目录的相关信息。此外，发现层作为用户界面，负责与图书馆内容系统的互动和展示。预收割索引则是通过定期整合元数据和全文，形成一个集中的索引，以便进行高效检索。最后，内容的规范化由图书馆与出版商共同管理，确保授权用户能够便捷地进行检索和浏览。

（三）发现系统的优点

发现系统是一种检索服务系统，它利用一个简洁的检索接口，对事先建立索引的元数据仓库进行深入检索，并提供统一的检索结果。此类系统有助于用户更有效地获取日益增长和多样化的资源集合，并在一定程度上增强了图书馆所购置或订阅的数据库和检索系统的使用效率。

1. 对大量资源数据的分析处理问题

信息资源数据库、电子出版物库以及索引数据库等，由于其庞大的数据规模，对文献资源的检索与发现构成了显著挑战。为应对此问题，发现系统应运而生，该系统具备高效的数据处理能力，能够执行数据的提取、过滤、转换及集成等复杂操作，旨在精准地挖掘并呈现用户所需的信息资源，进而实现原始数据向高价值资源的成功转化。

2. 对多种类型的资源数据进行分析处理

数字文献数据的特性包括其结构的非固定性以及格式的多样性。具体来说，这些数据不遵循统一的结构，而是具有灵活多样的结构特点。同时，它们的格式也十分丰富，涵盖了文本、音频、视频、图像、HTML页面等多种形式。因此，发现系统需要能够处理各种不同格式和类型的数据资源，以确保全面和准确地收录和管理这些数字文献数据。

3. 能有效地组织和管理检索数据

目前，鉴于系统内含有的资源数量之庞大，亟需对系统内进行的检索活动及所获取的资源元数据结果进行系统的组织与管理。此外，为了提升用户体验与数据安全性，我们将致力于将检索历史及结果存储于云端，以此实现检索服务的云化模式，为用户提供更加便捷、高效的检索体验。

4. 对所发现的资源进行全面分析

基于用户所设定的检索条件与策略，所获取的资源结果数据必须满足进一步分析与利用的需求。这些检索结果可能需要经过精炼或全面分析，方能充分展现其内在价值。发现系统的创建初衷，旨在满足高等学府在学术研究与科研活动中对信息资源的需求，因此，对发现系统在学术研究领域的应用研究，具有极其重要且深远的现实意义。

二、发现系统的特点与分类

（一）发现系统的特点

迄今为止，超过一万家图书馆和信息机构已经建立并使用了各种发现系统。基于对这些发现系统的观察和研究，将其特性总结如下几个方面：

1. 云计算技术支撑环境

经观察，众多系统普遍采纳 SaaS（Software-as-a-Service）服务架构作为其底层支撑，通过将预索引元数据库部署至云端，并由专业的系统服务提供商统一负责更新与维护工作。此举显著降低了图书馆在构建、运用及管理发现系统方面所需投入的成本。

2. 资源聚合

本系统能够从多个数据库中提取元数据，并将来自互联网或各类资源供应商的各类资源进行整合，将这些多样化的资源记录汇聚至一个标准化的预索引数据库中，为用户提供高效的检索服务。资源的聚合功能是本系统与其他检索系统相区别的显著特征。

3. 检索速度快、查全率、查准率高

经深入验证，系统依托预先构建的元数据和全文索引支持，能在毫秒级时间内迅速响应检索指令，并于数秒之内全面呈现检索结果，显著增强了检

索效率。此外，系统在元数据与全文索引的预建过程中，实施了数据规范化与丰富化处理，此举有效提升了检索结果的查全率与查准率。

4. 优异的检索体验

本系统为用户设计了一个统一的检索框，用户可利用数据关键词进行直接检索，或输入多个关键词（以分隔符分隔）进行复合关键词检索。对于检索结果集较大时，系统进一步提供了分面聚类功能，使用户能够进行多维度筛选和精确化操作，从而大幅提升了检索体验。

（二）发现系统的分类

依据资源发现系统的开发形式差异，可将其分类为以下几种类型：

1. 开发商提供的现有系统

此类系统开发商在市场中占据核心位置，他们直接为图书馆提供经过成熟应用的发现系统产品，且后续的安装、配置等服务由系统提供商全权负责，确保图书馆能够顺利运用这些系统。

2. 开发商提供二次开发发现平台

该方案是在系统提供商所供给的发现系统原型基础之上，结合图书馆独有的特性与需求，进行针对性定制与修改，从而构建出一个具备个性化功能的发现系统。该系统允许图书馆依据其资源覆盖面的变动及用户需求的变迁，灵活调整模块布局，增减资源内容，或提供与之相匹配的服务项目。

3. 图书馆自主研发

自主研发资源发现系统，作为最为贴近图书馆功能实现与用户需求的解决策略，已被众多具备强大研发实力的图书馆所采纳。

三、发现系统的架构

目前，发现系统主要采用两种服务模式：单一云服务模式和混合服务模式。单一云服务模式，亦即纯粹的云计算服务模式，利用云计算技术，用户可以访问部署在云端的所有元数据和服务。在这种模式下，图书馆无需在本地安装任何软件，只需订阅发现系统的在线服务，并配置好各个系统间的接口，即可开始使用。这种模式亦被称为"软件即服务（Software as a Service，SaaS）模式"。而混合服务模式则结合了本地部署与云服务。在这种模式中，图书馆会购买软件或订阅系统服务，部分数据存储在本地服务器，而另一部分则存储在云端。本地服务器负责处理用户请求，提供诸如馆藏 OPAC 数据、机构仓储、特色馆藏数据等检索服务。尽管如此，发现系统的核心——中心索引库及主要系统仍位于云端，通过 SaaS 模式提供检索服务。

单一模式的显著优势在于其能够有效降低图书馆在本地硬件部署及后续维护服务方面的人力与资源成本。然而，这一模式也伴随着图书馆对云端数据掌控能力受限的问题。相对而言，混合模式在保障本地数据同步与安全性方面展现出更为突出的优势。表 11-1 详细对比了国外四大主流发现系统的服务模式，为相关决策提供了有力参考。

表 11-1　四个系统的服务架构对比

系统名称	WCL	Summon	Primo central	EDS
服务模式	SaaS	SaaS	SaaS + 本地	SaaS
系统架构	混合	单一	混合	混合
移动界面	有	有	有	有
资源导航	有	有	有	有
与 OPAC 的融合度	提供馆藏查询，可网上预约。通过与馆际互借系统操作，可实现馆际互借和文献传递	提供馆藏信息链接，通过调用 ILS 中的 OPAC 模块功能，可显示实时流通信息和馆藏地址	能实时显示馆藏地址、流通信息，允许预约、续借、写评论等操作，还提供"个人空间"服务	可显示馆藏地址、实时流通信息，用户互动，如写书评、加个性化标签等

四、发现系统概况

（一）国外发现系统

1. 国外发现系统的种类

在全球范围内，目前有四个重要的发现系统被广泛运用于市场。2009年7月，ProQuest的子公司Serials Solutions首次推出了其网络级别的Summon发现系统。在同一时期，Ex Libris透露了Primo Central元数据库的开发动态，并在2010年初推出了Primo系统的测试版本，将其与现有的Primo架构和图书馆目录系统相集成。OCLC早在2007年11月就已经引入了Worldcat Local系统，这是一个提供一站式检索的馆藏和电子资源平台，该系统后来加入了元搜索功能，并从2010年起开始提供类似于网络级别的发现服务。接着，EBSCO公司也加入了竞争，推出了EBSCO Discovery Service（简称EDS）。

2. 国内引进国外系统

尽管我国在资源探索发现系统方面的发展比国际市场晚了一些，但近年来，众多国内图书馆已经开始根据自己的需求，逐步开发和应用这些系统。其中，不乏有图书馆选择引进国际上已经成熟的系统进行本地化建设。例如，上海交通大学图书馆建立的"恩源探索"就是基于以色列Ex Libris公司的Primo产品。清华大学图书馆则融合了同一公司的Primo系统和Metalib/SFX集成检索工具。北京大学图书馆打造的"未名搜索"是在Sirsi Dynix的Symphony管理平台和Summon发现系统上实现的。而华东师范大学图书馆的ONE-search发现系统，选择了EBSCO公司提供的EBSCO Discovery Service作为其检索工具。这些实践表明，国内图书馆正积极拥抱先进技术，以提高资源探索的效率和用户体验。

（二）国内发现系统

在国内相关的检索系统提供领域，主流的服务商已着手向市场推出发现系统或发现平台的服务。

1. 超星中文发现系统

超星中文发现系统是一个强大的学术资源检索工具，它构建在庞大的十亿级元数据之上，并通过整合多样的异构数据库资源，为用户提供了一个高效且精确的检索体验。该系统不仅能够进行深入的引文和知识关联分析，还能通过分面聚类等高级功能，展现复杂信息的直观图谱和趋势分析。其显著特色包括：对中文资源的广泛覆盖与双周更新、由权威词表库提供支撑的检索精确度、专业的中文引文分析工具以及多维度的分面分析选项。此外，系统的智能搜索辅助和全文资源的无缝接入进一步优化了用户的检索经验。

2. CNKI 学术资源发现平台

该发现平台是一个全面且权威的跨语言、跨类型的学术资源搜索工具，它涵盖了广泛的学术资料，包括但不限于期刊文章、专著、博硕士论文、会议论文、图书资料、专利和标准等。借助于尖端的智能标引技术和深度知识挖掘能力，该平台不仅仅是简单地检索文献，更是在全球范围内构建知识的互联网，实现了学术信息的深度链接和知识的综合发现，旨在为研究者提供一个集成化的、基于知识发现的学术研究平台。

3. 维普智立方知识发现系统

这是重庆维普资讯有限公司推出的一个知识资源服务平台，旨在满足用户在资源发现、情报服务和知识管理方面的多样化需求。该平台为图书馆、科研机构和个人用户提供全面的解决方案，构建在先进的云平台架构之上。

（三）发现系统的对比

1. 服务方式

目前主流的发现系统服务商如 Summon、EDS、超星和读秀都采纳了云计算技术，这意味着图书馆可以在不安装任何本地服务器的情况下使用这些服务，从而节省了本地计算资源。另一方面，Ex Libris 公司的 Primo 系统则采用了一种混合模式，它结合了云计算和本地存储的优势：云端处理元数据，而将图书馆自有的馆藏资料和创建的资源保留在本地服务器上。这种方式不仅缓解了图书馆可能存在的数据安全顾虑，还有助于更好地集成中文元数据，提高对中文数据库的兼容性和支持。

2. OPAC 系统整合

在与本馆 OPAC 进行整合的方面，各个发现系统所展现的整合深度存在显著的差异。就我国当前的发现系统而言，其本地化整合的范围主要局限于数据层面，仅作为辅助工具帮助读者定位所需资源，而未能实现对资源内容的深层次标引，进而达到知识发现的层次。这种局限性影响了系统对读者知识需求的全面满足能力。

3. 商务因素

图书馆在选购和部署发现系统时，必须与供应商进行紧密合作并频繁沟通，以确保系统符合自身需求。在考量不同产品时，定价策略和系统的可访问性是重要的参考标准。例如，数据库服务如 Summon 和 EDS 主要基于年度订阅费用模式；而像 Primo 这样的系统供应商则可能在年度订阅费之外，额外收取一次性的安装费用。至于系统的开放性，国际市场上的产品一般对用户更开放，即使是未注册的访客，通常也能够接触到系统界面并使用基础搜索功能，只有个性化服务如借阅和私人空间需要登录。相反，国内产品如超星和读秀，通常设限于已购买服务的用户，不对外提供免费的查询接口。这些差异在选型过程中需要被充分考虑。

第四节　门户网站服务

一、图书馆门户网站

（一）网站及门户网站

1. 网站

网站通常被定义为在互联网上构建的、由多个相关联的网页组成的集合体，这些网页是按照既定规则用如 HTML 等编程语言编写而成的。作为一种便捷的信息发布平台和沟通媒介，网站使得个人和组织可以轻松地向公众展示和传达他们希望分享的信息，或者是提供各式各样的在线服务。人们可以通过互联网浏览器来访问这些网站，从而获得所需的信息或者利用提供的服务。而在网络世界中，"门户"则专指那些提供广泛互联网信息资源，并且提供相关综合信息服务的网站或平台。

2. 图书馆门户

图书馆门户为读者提供了一个易于使用且集成性强的平台，以便他们可以顺畅地一次性获取图书馆提供的各项信息资源和服务。作为现代图书馆向读者提供服务的关键系统，图书馆门户网站是数字图书馆对外的主要服务窗口，它以资源整合和以用户为中心的服务理念为基础，构建了一个有效的信息管理与检索系统。该系统不仅优化了信息资源的组织和存储，还整合了多种工具与服务，提供了定制化和科学的访问方式，确保了资源与服务的无缝衔接。通过这个门户，读者可以轻松访问和利用图书馆的丰富数字资源，享受各种在线服务，完全根据个人的兴趣和需求来定制自己的阅读和研究体验。

（二）图书馆门户网站的定位

图书馆门户网站充当着一个全面的信息资源服务和管理平台的角色，它具备将各种语言和格式的数字资源进行统一检索的功能，并能够将这些曾经孤立的数字和实体资源融入到一个相互链接的知识体系中，从而打破了信息孤岛的局限。该平台创建了一个集成、易用的界面，通过这个界面，用户能够便捷地进行快速搜索、精确定位以及高效获取图书馆资源的操作。作为一个连接内外部资源的枢纽，图书馆门户网站不仅可以发布各类信息，还能将互联网上的资源纳入门户网站的搜索和共享系统中，有力推动了云图书馆的发展。此外，作为数字图书馆的前端门户，该网站基于 Web 浏览器提供了一个资源丰富的用户界面，这一界面不仅整合了资源信息和服务链接，而且还包含了信息发布、用户管理、网络连接和数据存储等关键元素。

二、图书馆门户网站的建设

（一）图书馆门户网站的建设内容

门户网站的构建应当包含以下要素：网站架构与界面设计需精心设计，以确保用户体验的顺畅与视觉效果；信息资源的建设与发布机制需完善，确保信息的及时更新与可靠性；建立统一的信息资源检索平台，提高信息检索的效率与便捷性；实现统一的身份认证，并根据用户需求提供定制化的服务；设立数字参考咨询平台，为用户提供多渠道的咨询支持；运营网站论坛，促进用户间的交流与互动；加强 Web 站点内部内容管理，确保内容的规范性与安全性。

此外，门户网站还应具备以下核心功能：首先是统一入口服务，用户通过一次登录即可访问全站资源与服务，实现资源获取的无缝衔接；其次是统一检索服务，整合所有中文、外文资源信息，提供全面的信息检索能力；第三是全文获取服务，依托资源调度系统，实现馆内外资源的统一调度与使用，根据用户权限直接获取或提供文献传递服务；第四是最新文献服务，通过实时数据更新，确保用户能够及时掌握学术动态并获取最新文献；第五是最全文献服务，全面揭示馆内外各类资源，满足用户多样化的资源需求；第六是优质个性服务，通过定制化服务方案，为用户提供个性化的信息检索与图书荐购系统定制功能，进一步提升用户体验；第七是强大管理功能，为图书馆提供统一的内外部资源管理、用户管理以及特色资源制作等后台管理工具与方法，保障图书馆运营的高效与规范。

（二）门户网站结构与界面设计

数字图书馆门户网站相较于一般门户网站及商业门户网站，在构建过程中需显著强调信息服务的提供与数字资源构建的特质。其设计应秉持合理的信息组织展示原则，尤为重视组织分类与导航结构的精心策划，旨在构建一座连接信息与用户认知的高效桥梁。通过此桥梁，用户能够实现对网站内容的迅速、有效浏览，从而提升整体的使用效率与满意度。

门户网站的结构层次应当简洁明了，根据需求将信息划分为几个主要的主题区域，并围绕这些主题区域构建简单的层次结构。设计时，可以依据门户网站主页的主要主题区域及其相关具体信息，规划出三个层次的结构，以便读者能够根据个人意愿灵活地选择所需信息。在设计数字图书馆门户网站的界面时，必须充分考虑读者的使用习惯，以确保界面既美观大方，又便于操作和友好使用。这样可以吸引更多读者，帮助各学历层次的用户轻松获取所需信息。此外，设计中还应融入门户网站独特的文化特征，以增强其个性化和识别度。数字图书馆门户网站的功能结构可参见图 11–1。

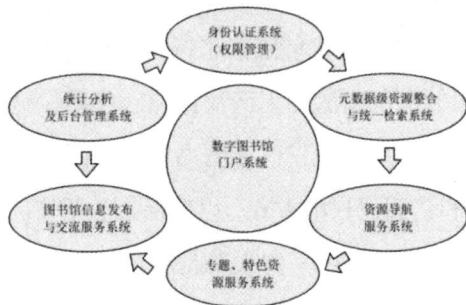

图 11–1　图书馆门户网站的功能结构

（三）门户网站服务平台构建

为实现所需的服务功能，数字图书馆门户网站的建设应整合多种应用子系统，以构建一个综合性的服务平台。

1. 信息资源建设及发布子系统

信息资源是数字图书馆服务的核心，满足读者的最终需求。各图书馆应根据其服务对象和独特馆藏特色，系统性地建设信息资源，并通过 Web 发布系统将馆藏和共享资源以数据库列表或导航的形式展示在门户网站上。为了帮助读者有效利用这些数字资源，数字图书馆需要遵循一定的组织原则，确保资源的整理及时、准确且完整，同时保持结构清晰、层次分明，以便读者便捷查询和使用。

2. 信息资源的统一检索子系统

数字图书馆包含多个独立的信息资源系统，这些系统可能分布在不同的服务器上，并运行在不同的环境中。读者在查找信息时需逐一进入各个资源系统，极为不便。因此，数字图书馆门户网站应提供一个统一的检索平台，使读者能够一次性检索所有相关信息。目前，许多图书馆已采用基于元数据整合的统一检索系统，允许用户在所有资源中进行一站式搜索，这样可以避免逐个登录数据库并输入检索条件的麻烦，从而提升使用的便捷性和效率。

3. 统一的身份认证及用户管理子系统

为了有效保护数字图书馆中的信息资源知识产权，只有经过系统认证的用户才能获得合法使用权，因此建立用户管理系统至关重要。目前，大多数数字图书馆通过 IP 验证和防火墙隔离来进行用户管理，这种方式既简单又高效，有效应对商用数字资源的知识产权保护。然而，这种方法在馆外使用时对合法用户构成了障碍。为此，许多图书馆门户网站开始采用用户远程访问认证系统（VPN）和访问授权的方式，以确保合法用户能够在馆内外顺畅访问数字图书馆的服务。用户在统一身份认证系统中注册后，便可享受门户网站上的所有服务。如果用户在相关资源系统中已有账号并具备相应权限，可以将这些账号与统一身份认证服务的账号进行关联。这样，用户在登录统一身份认证系统时，便能自动使用相关资源系统的账号，顺畅地访问所需资源。

4. 数字参考咨询子系统

数字参考咨询子系统为读者提供了一个通过计算机和网络进行互动咨询的平台。读者可以在线与图书馆的参考咨询馆员进行实时对话，或选择通过电子邮件等方式联系，获取所需的帮助与支持。

5. 网站论坛子系统

网站论坛作为门户网站的关键构成部分，旨在为读者构建一个互动交流的平台。该平台允许读者分享心得体会，并发表个人见解与建议。同时，图书馆亦可借助此论坛，设立相关专题讨论组，以便及时收集读者对图书馆服务及资源使用情况的反馈信息。

6. 统计分析与后台管理子系统

门户网站的系统维护由后台管理系统执行，涵盖统计分析、资源和新闻发布、用户管理等功能。此外，还需管理数据库链接、Web 服务日志配置以及防范黑客入侵等任务。这些维护工作需要定期或不定期进行，以确保系统的稳定与安全。

三、门户网站的服务功能

图书馆门户网站展示了图书馆的概况及其资源与服务，包含供读者远程访问的 OPAC 系统和数字资源访问等数字服务项目。同时，该网站还为读者提供咨询辅导，帮助他们更有效地利用图书馆的资源与服务。

（一）资源服务

这项服务包括图书馆的网上 OPAC 查询、数字资源的检索、浏览和下载功能，使读者能够方便地通过网络获取文献信息，跨越时空限制。门户网站展示的信息资源涵盖各种纸质和数字资源的书目信息，以及符合馆内读者需求的网络资源。信息资源通过导航等形式进行揭示，并借助站内搜索引擎，以符合读者使用习惯的分类体系提供浏览和检索功能。同时，资源调度系统为读者查找和获取信息资源提供便捷途径。图书馆的资源服务功能通常通过多个栏目，如"统一检索平台""馆藏目录""电子图书"等，为读者提供全面的网络服务。

（二）宣传教育

图书馆传统的宣传媒体通常是平面二维的，如海报和宣传单，而网络宣传则呈现多维特性，能够将文字、图像和声音有机结合，传递多感官的信息，提升宣传效果。通过网络平台，图书馆可以宣传资源与服务，提高用户的网络意识和检索能力，充分利用网络传播的及时性和广泛性，扩大社会影响力。图书馆的网络宣传教育功能通过"图书馆概况""入馆须知""读者指南"等栏目提供服务，读者可通过浏览各种指南、下载课件和视频材料，以及参加文献检索课和培训讲座，获取利用图书馆资源与服务的帮助。

（三）交流咨询服务

在这项服务中，应建立一个沟通交流的网络平台，以促进图书馆与读者之间的互动。图书馆可以利用调查引擎、电子邮件、BBS、留言本和虚拟参考咨询系统等模块，进行消息发布、读者调查、意见回复和咨询解答，从而建立良好的互动关系，准确把握读者需求，提高服务质量。同时，读者可通过网站提交申请、反馈意见、咨询问题并定制个性化服务。数字图书馆还可以通过留言簿、馆长信箱、书刊推荐、社交媒体等方式，提供多元化的交流咨询服务。

（四）信息导航服务

在网络时代，信息资源如潮水般涌现，尽管出现了许多搜索引擎，但这些信息往往呈现出无序和质量不均的状态。信息需求者在网上查找所需信息时，不仅耗时费力，而且难以全面和准确地获取，检索效率较低。因此，现代图书馆应根据读者的使用习惯和需求，合理收集和科学组织各种信息资源，通过有效的服务模式提供网上资源导航服务显得尤为重要。图书馆的网络导航服务通常包括多种类型，以满足不同读者的需求。

1. 学科资源导航

这种导航系统负责收集、加工和整理复杂的数字信息资源，创建各学科的网上虚拟资源导航库。用户通过浏览和查询这些资源库，能够在最短的时间内获取相关学科的全面信息，从而真正实现网络导航的功能。

2. 搜索引擎导航

图书馆门户网站通过整合百度等知名搜索引擎的链接，能够帮助读者迅速访问各类搜索工具，从而方便他们获取所需的信息。

3. 链接导航服务

图书馆通过整理读者常用的网站链接，如兄弟图书馆、合作机构和学术平台等，建立了相应的链接导航服务。这一服务帮助用户快速直达所需网站，从而便于他们获取所需的信息。

第十二章 新媒体下读者服务的社会化转向

第一节 图书馆社会化服务概述

图书馆，作为公共文化设施之基石，肩负着承载与传递公共文化服务的核心使命，其重要性不言而喻。在构建现代公共文化服务体系的宏伟蓝图中，图书馆业已占据了举足轻重的地位，成为不可或缺的关键环节。

一、社会化服务的概念

为全面掌握图书馆社会化服务的实质，必须先对社会化、社会化服务以及图书馆社会化服务的含义进行详尽的阐释。

社会化是一个描述个体如何在社会互动中学习和内化文化与规范的过程，使他们能够适应社会生活。随着社会的演变，这一概念逐渐扩展至包括教育、组织和养老等领域，强调将政府或机构的职能转移至社会共同参与的模式。图书馆的社会化则体现在其积极参与社会服务，发挥信息资源的作用，以促进社会的发展与进步。

社会化服务，或称服务社会化，是指某一行业运用自身独特的技术和资源向社会提供服务的广泛概念。它包含两方面含义：首先是扩大服务对象，从特定客户群体转向更广泛的社会群体；其次是变革现有的服务模式，采用更为社会化的服务方式。中国在农业、林业、商业等多个行业中较早开展了社会化服务，各行业因此形成了各自独特的服务体系与特点。

目前，社会化服务的定义尚不明确，主要包括两个相关概念：社会化管理服务和服务社会化。社会化管理服务涉及将企业对离退休人员的管理逐步转交给社会，为他们提供养老金和组织活动等支持。相对而言，服务社会化则强调通过一体化经营，利用领先企业的资金和技术优势，整合科技、信息等资源，为各组成部分提供全面的支持服务，从而实现各种要素的有效协作。

二、图书馆社会化服务

图书馆作为直接服务社会的机构，其社会性体现在有效传播人类科学文化成果的能力。这种功能表明图书馆并非行政部门的附属，而是由社会共同的精神财富构成的服务体系，旨在满足多样化的用户需求。

（一）图书馆社会化服务的含义

社会化包含四个核心要素：社会意识、社会行为、社会责任和社会效果。社会意识是人们理解和对待社会的基础，决定了社会行为的方向。社会行为不仅源于社会意识，也会反过来影响意识的形成。尽管具备社会意识和行为是社会化的起点，但要实现有效的社会化，必须关注社会责任和社会效果，以此评估意识和行为的正确性。缺乏正确的社会意识和行为，个人就难以自觉承担社会责任，也无法产生积极的社会效果。在这一过程中，图书在服务社会方面发挥了重要作用，承担了应有的责任，并取得了显著的成效。图书馆的核心任务是为读者服务，这本身体现了其社会性质。读者既是具体的人群，也是抽象的社会个体。若不服务读者，图书馆将失去存在的意义与价值。从这个角度来看，图书馆的社会化是其本质特征，但如果按照社会化的标准评估，仍有许多工作需开展。图书馆服务的内涵需要更新，以适应不断变化的社会需求。同时，历史上我们对图书馆的社会意识、行为、责任和效果的关系缺乏深入研究，这一领域亟需更多的关注与分析。

图书馆的工作方式长时间处于封闭状态，活动范围狭窄，与社会的接触极少，缺乏主动走出图书馆与外界建立广泛联系的意识。尽管图书馆持续运转，但我们必须承认，进步往往落后于社会文化和经济的发展。图书馆的社会意识较为薄弱，服务行为不够积极，未能完全履行应有的社会责任，因此社会效果未达到预期。因此，推动图书馆服务的社会化不仅必要，也是具有深远战略意义的。

图书馆作为社会的重要组成部分，其利益应与社会利益紧密相连，不能局限于小范围内生存。为了真正实现服务读者的目标，图书馆必须走出封闭的小环境，积极参与广泛的社会活动。尤其是高校和科研机构的图书馆，服务社会化不仅符合时代和社会发展的要求，也是其自身可持续发展的关键。通过服务社会，图书馆能够提高文献利用率，充分发挥信息资源的优势，同时促进社会信息共享，普及科学文化知识，进而提升整个民族的文化素养，为建设富强、民主、文明、和谐的社会贡献力量。

（二）图书馆社会化服务表现

1. 服务对象方面

图书馆的服务对象是读者。根据张树华的定义，读者是那些通过文献获取外部信息的人，从事特定的阅读活动。广义上，读者可以理解为通过各种载体（如纸张、光盘等）汲取知识与信息的文化个体。沈继武指出，所有具备阅读能力并参与阅读活动的社会成员均属于读者的范畴。重要的是，单纯具备阅读能力或与文献接触的人并不能称之为读者，只有那些主动从事阅读以获取信息的人才能真正符合这一概念。赵世良强调，读者通过不同感官来辨识文献符号，从而获取知识，这是一种独特的人类行为。同时，姚新茹认为，读者是社会历史的产物，随着社会经济的进步和人类文明的发展而形成，主要指具备文献需求和阅读能力的社会成员。任何社会成员都可以根据自身需求参与阅读，进而成为读者。传统图书馆学的观点指出，只有那些实际利用图书馆资源的人，才符合成为图书馆读者的资格。

随着电子计算机技术、现代通信技术以及网络技术的飞速发展，图书馆间的传统界限正逐步消融。展望未来，图书馆将构筑成一个网络化的集合体，其中每个图书馆均成为全球信息网络中的一个节点。这一变革将使得所有接入该网络的机构与个人均能自由获取任一图书馆的文献资源。因此，任何利用特定图书馆资源的个体均能被视为该馆的读者。此一转变不仅映射了图书馆由封闭或有限开放状态向全面开放的社会化发展趋势，而且预示着 21 世纪的图书馆将肩负更广泛的社会责任，并发挥更为显著的社会服务功能。

2. 技术与读者需求方面

在现今以及未来的发展趋势中，技术的演进预计将呈现出指数型的增长态势，并将深刻地改变公众对于全球信息产品和服务需求的认知。过去，人们更多地关注新技术对图书馆服务及其工作人员所带来的影响，而对技术变革对图书馆服务社会化趋势的潜在影响关注不足。在网络环境中，读者的特征发生了显著变化，他们对信息资源的获取速度和易用性提出了更高的要求。首先，读者的需求变得多样化和广泛化；其次，网络读者的数量正在以指数级增长，超越了传统图书馆的局限性。再者，读者不再受地域限制，只需上网即可随时访问图书馆的各类服务与资源。此外，网络环境提高了读者的综合素质和自我服务能力，因为面对面的服务逐渐减少，读者更多依赖于计算机知识和信息检索能力。最后，网络使得读者的主动选择权大幅扩展，他们可以自由决定是否上网或访问特定的图书馆。在网络环境下，用户的主动性达到了前所未有的高度，阅读过程变得充满选择。随着读者需求的多样化和网络技术的不断成熟，传统图书馆的服务对象也随之扩展，使得图书馆的服务能够触及社会的每个角落。

第二节　公共图书馆社会化服务

公共图书馆作为公益性服务机构，通过接纳社会群体和提供信息咨询等方式开展社会化服务，这是其固有性质的必然要求。在构建现代公共文化服务体系中，公共图书馆的社会化服务作用显著，也是当前社会发展的趋势。尽管社会化服务仍在探索阶段，需要时间赢得公众认可，但图书馆的服务方式和内容随着经济社会的发展在不断演变，其服务宗旨依然保持不变。在网络化和信息化环境下，公共图书馆应深化服务理念，优化服务手段，拓展服务内容，以满足社会需求的同时，实现自身价值。

一、公共图书馆的社会化

图书馆的社会化主要指其服务的社会化过程，目标是将图书馆的服务广泛而深入地融入整个社会服务系统，最终转型为真正的社会化图书馆。这一进程依赖于创新办馆理念、扩大服务范围以及深化服务层次。全新的办馆理念以延伸服务为核心，只有深入理解并在实践中落实这一理念，才能实现图书馆服务的社会化，从而为自身的生存和发展创造空间。同时，图书馆的社会化也是一个注重个性化和人性化的差异性过程。

（一）我国公共图书馆社会化的特征

现代公共图书馆在社会化转型中表现出显著特征，首先是服务理念逐步扎根，使得图书馆的社会化服务开始得到认可。其次，图书馆在服务手段上展现出多样性和创造性，能够灵活应对不同用户的需求。同时，服务内容的广泛与多元化，体现了图书馆对社会各类需求的响应能力。为了有效达成社会化目标，图书馆应关注观念的革新与服务模式的深化，借鉴其他领域的成功经验和标准，以更好地把握动态的社会需求。这不仅帮助图书馆形成与现代社会相契合的价值观和行为模式，也使其获得"社会人"的身份认同，从而在社会体系中占据重要位置。

（二）公共图书馆的社会化趋势

在当前的时代背景下，传统意义上的图书馆已难以满足民众日益增长的精神文化需求。鉴于此，众多具有前瞻性的图书馆已摒弃了单一的图书借还服务模式，而是积极调整其运营理念和业务布局，以适应社会多元化的发展需求。它们致力于探索与拓展自身生存与发展的新路径，通过寻求多元化的"扩展"契合点，力求实现服务价值的最大化。展望未来，人们造访图书馆的目的或将超越单纯的图书借阅，转而追求更为广泛的文化体验、娱乐享受、信息获取、社会教育乃至纯粹的休闲时光，图书馆正逐步演化为集多种功能于一体的综合性文化服务中心。

1. "读者的图书馆"必然向"社会的图书馆"发展

（1）什么是"社会的图书馆"

在信息社会的背景下，图书馆正经历深刻的转型，从传统的"读者的图书馆"向"社会的图书馆"演变。这一变化受到信息技术革命和社会成员需求变化的推动，形成了广泛的共识。"社会的图书馆"不仅面向公众，更整合了信息交流、社会教育和科学能力提升等多重功能，构建了一个服务全体社会成员的现代文献信息服务体系。这种转型不仅是功能上的扩展，更是图书馆形态的根本性变革。图书馆由以往的孤立、单一和局限于某一领域的传统模式，转向一个网络化、整体化和多维度的现代架构。

（2）"社会的图书馆"是从"读者的图书馆"发展而来的

"社会的图书馆"是对"读者的图书馆"的重要发展，它继承了阮冈纳赞"五定律"的所有优点，包括广泛的读者基础、便捷的使用方式和科学的管理。同时，现代化手段使其变得更加开放和便捷。图书馆不仅要服务于自己的读者，更要对整个社会的发展负责，适应知识与信息需求的增长。因此，现代图书馆必须突破原有的局限，面向全社会，积极参与全球信息市场的交流。其建设和发展不再仅仅关注读者，而是上升到"社会"的广泛层面，体现出其作为有机体不断发展的必然性。

2. 缩小社会成员在获取知识和信息方面事实上的不平等

公共图书馆的服务模式正在经历显著的转变，逐渐超越以往仅面向单一读者的局限，向整个社会的经济、政治和文化生活扩展。这样的转型使图书馆能够更有效地发挥其社会功能，实现服务的广泛性和普遍性。如今，读者不仅能够访问个别图书馆的资源，还能依赖整个图书馆网络的协作与支持。随着现代科技的迅猛发展，读者的获取信息能力大幅提升，他们能够接触到更丰富的人类文化成果。同时，那些在过去未能享受到图书馆服务的群体，如今也能够体验到更优质的服务。这种变化不仅提升了图书馆的服务质量，更符合社会文明进步的需求，旨在缩小知识和信息获取方面的差距，确保每位社会成员都能平等地享有图书馆服务，从而推动社会的全面发展与进步。

二、公共图书馆与社会化服务

1. 公共图书馆社会化服务理念的确立

现代图书馆的服务理念正在经历深刻的变革，这一变化根植于经济发展的背景中。随着社会经济的快速发展，人们的生活方式与环境发生了显著变化，这要求文化服务进行相应的调整。与此同时，图书馆也必须顺应这些变化，以确保其生存与发展。现代发展的理念强调，所有的生产和服务模式都应围绕满足人们的物质与精神需求展开。这一理念为现代图书馆的服务方向提供了明确的指导。实践中，我们已经开始看到社会化思维的影响逐渐显现，尤其在资源整合、数据库建设和人员专业化方面的进展，这些变化标志着开放性现代图书馆理念的逐步形成。

2. 社会化服务方式多样，内容日趋多元化

现代图书馆正在经历深刻的转型，社会对其认知也在不断变化。图书馆的社会化进程稳步推进，涌现出多种相关理论，实践探索呈现出多样化的趋势。新型服务形式如信息服务、网络服务和社区服务等逐渐普及，甚至开始引入商业化和市场化的运营模式，采用服务承诺制等经济管理方法，这一切展现了图书馆服务的创新活力。这种转型使得现代图书馆逐步脱离以往单一的图书服务模式，向更广泛的领域拓展，满足人们在工作、学习和生活中的多种需求。展望未来，图书馆有望成为一个集信息、咨询、文化、娱乐和休闲为一体的综合中心，真正发挥其在社会中的多重功能。

3. 服务社会化是社会的需要

随着现代社会的快速发展，知识更新的速度不断加快，终身学习的重要性愈发显著。正如谢托所指出的，文明社会和复杂的社会结构愈发依赖于图书馆的存在。公共图书馆作为终身学习的重要场所，已经成为推动社会进步和发展的核心力量，提供了宝贵的智力支持。为了更有效地满足社会民众的需求，公共图书馆必须从以往封闭和有限的服务模式转向全面开放的态度。这种转变不仅是应对知识社会发展的必然选择，更是提升图书馆服务质量和效益的关键。因此，公共图书馆服务的社会化不仅符合时代发展的需求，也将为整个社会的知识传播与共享提供强有力的支持。

三、公共图书馆社会化服务

公共图书馆所提供的丰富的图书信息资源，旨在服务于社会，不仅能够充分满足广大读者的阅读需求，而且对于促进地方经济、文化及科技的进步具有显著的作用，承载着深远的社会意义。当前，加速推进公共图书馆的社会化进程已成为当务之急，其中，确立并贯彻延伸服务的理念尤为关键。换言之，现代图书馆在社会化方面的广度与深度，将直接取决于其在延伸服务理念方面的探索力度与实施成效。

近年来，我国各地在推进公共文化服务社会化进程中，开展了一系列富有创新性的实践活动，并取得了显著的成绩。例如，北京市东城区携手皮卡少儿图书馆，共同设立了专注于儿童服务的中英文社区图书馆，这标志着该区域首个针对特定受众群体的图书馆项目正式落地。另外，江苏省无锡市无锡新区自 2011 年起，推行图书馆社会化运营模式，通过公开招标的方式，将图书馆的建设与管理职责委托给专业机构，此举不仅取得了显著成效，还荣获了文化部颁发的创新奖项。这些探索实践不仅为国内图书馆的建设与发展提供了宝贵的经验，同时也为全国范围内图书馆服务的社会化运营开辟了新的路径与思路。

公共图书馆的核心特征之一是其社会属性，其服务范围广泛，包括所有具有阅读能力和需求的公民。为了适应这一特征，必须建立一个全面、平等、基础且易于获取的公共图书馆服务体系。这不仅是现代公共图书馆发展的基本原则，也是其建设的既定目标，目的是尽可能广泛地满足人民群众对文化信息的需求。

四、公共图书馆社会化服务的趋势和措施

（一）公共图书馆社会化服务的趋势

公共图书馆在公共文化服务体系中扮演着关键角色。为了更好地提供社会化服务，图书馆必须在服务理念、方式、内容和手段等方面进行必要的调整与创新。

1. 服务理念的社会化

公共图书馆在向社会化服务转型时，首先需树立现代化的服务理念。尽管以"读者第一"为核心的宗旨始终不变，图书馆必须摒弃旧有的管理模式，采用更为开放的"大图书馆"理念，以拓宽服务范围，突破地理界限。作为全球信息网络的一部分，图书馆应积极展示其资源和服务，确保读者在任何

地点都能便捷地获取所需信息。

2. 服务方式的社会化

随着信息技术的迅速发展，图书馆的服务方式变得愈加丰富，网络与多媒体技术的融合，为读者服务工作开辟了全新的领域。在当前的信息交流环境中，读者愈发期望获取迅速、便利且精确的信息服务。鉴于此，公共图书馆理应顺应信息化的发展趋势，科学合理地规划服务内容，打造多元化的信息获取途径，以全面满足读者多样化的精神文化需求。对于传统服务项目，需进一步加以深化和细化，以彰显其人性化特征；同时，数字图书馆、移动图书馆、24 小时自助服务以及社交媒体服务等现代服务项目，应当紧密结合读者的实际需求，力求使服务更加便捷高效。此外，图书馆还需加强与社会各界的合作，吸引更多的社会力量参与其中，进而实现资源的优势互补，推动图书馆服务的社会化进程。

3. 服务内容的社会化

现代图书馆的服务已经突破了传统借阅的界限，展现出明显的社会化特征。除了经典的借还服务，讲座、展览和阅读推广等新兴业务已成为图书馆的重要组成部分。借助网络、微信、微博等社交媒体，图书馆持续创新，扩展其服务内容。这些服务不仅与现代信息技术深度融合，还关注社会热点和公众生活，积极融入社会生活。图书馆的社会化服务提升了其知名度与影响力，使其不仅是文献信息的传播中心，更成为文化休闲的场所。这种转变必将吸引更多公众走进图书馆，利用其资源，使图书馆成为大众生活中不可或缺的文化殿堂。

4. 服务手段的社会化

随着网络技术与信息化应用的飞速进步，图书馆正加速融入社会。现行的管理模式已无法满足社会发展的新要求，图书馆必须适应信息化趋势，进一步深化其发展进程。数字图书馆的建设不仅代表了服务的社会化，而且为其提供了坚实的基础。通过网络技术，数字图书馆实现了信息的跨时空传播，而移动图书馆和微信平台等服务渠道则让读者能够随时随地获取所需服务。

此外，24 小时自助服务、流动图书馆和送书上门等服务方式，能够满足不同读者群体的阅读需求。利用社会化服务手段，公共图书馆能够更好地与社会融合，提升服务质量和水平。因此，在推动服务社会化的过程中，图书馆应立足于社会发展和读者需求，积极采纳新技术和新媒体，致力于提供高效和令人满意的服务。

（二）公共图书馆社会化服务的措施

1. 利用公共图书馆的资源优势为社会服务

公共图书馆在现代社会中扮演着至关重要的信息中心和发展支柱的角色。随着数字图书馆和网络服务的不断进步，图书馆已成功建立起资源和采购数据库，极大地便利了读者的访问。读者通过计算机网络可以轻松获取丰富的馆藏资源，这些资源不仅满足了社会成员的多样化需求，还提供了个性化的服务选择，使读者能够根据自己的职业和兴趣进行选择。

2. 利用公共图书馆的技术优势为社会服务

公共图书馆近年来专注于管理创新和先进信息技术的应用，显著提升了服务质量。随着网络的不断发展，图书馆服务实现了数字化和自动化，读者的借阅方式也发生了转变，从繁琐的手工借阅转向便捷的计算机扫描和智能检索。这种变化使得在线预订、借阅和咨询变得更加方便，极大地满足了读者的需求。相较于传统手工模式，新的服务流程整合了藏书、借阅和阅览功能，配合丰富的数字资源和网络链接，不仅简化了工作流程，还节省了人力，提高了工作效率。此外，公共图书馆通过互联网构建的局域网实现了其网络数据库的全天候开放，使得读者能够随时获取及时的信息服务。

3. 向社会提供电子文献资源服务

近年来，公共图书馆在数字文献资源建设领域倾注了显著的努力，购置了一系列符合科研需求的资源，包括中文期刊数据库、电子图书、外文数据库及多种特色数据库。这些新兴资源有效革新了传统的借阅方式，使得图书馆能够实现全天候的服务模式，读者能够不受时空限制地访问这些资源，从而最大限度地满足其信息获取需求。为满足社会公众的查阅需求，公共图书馆在开放电子文献资源时，需审慎处理涉及知识产权的相关问题。在与电子文献出版商达成合作共识的基础上，图书馆可审慎考虑将此类电子资源向社会公众开放。此外，通过采取联合采购的方式，不仅能够实现资源的共享与互补，有效避免重复投资，还能够显著提升资金利用效率，进一步提高文献资源的整体使用效益。

（三）公共图书馆社会化服务的主要模式

公共图书馆的社会化服务实践旨在满足多样化的用户需求。然而，随着社会环境的发展变化，这些需求也在不断演变。同时，各地经济和社会发展不均衡，这使得服务模式的设计变得复杂。因此，公共图书馆的社会化服务实践应被视为一个多层次的复合体，以灵活应对不同用户的需求。

1. 公司化模式

图书馆通过与企业合作，将部分或全流程服务外包，以应对政府资金和人力资源的紧张。这种外包模式充分利用了外部社会资源，不仅降低了图书馆的运营成本，还提高了工作效率和服务质量。例如，芜湖市镜湖区图书馆、无锡市高新区图书馆及合肥市多家图书馆的成功案例，为这一模式提供了宝贵的经验。尽管这种合作模式具有重要的现实和社会意义，但在实施过程中，也必须关注服务质量的控制及服务购买者与提供者之间的和谐合作。

2. 公私合作模式

该合作模式采用共建共管的方式，有效发挥了社会资本的作用。公私合作模式主要分为 PPP 模式和部分外包模式。PPP（Public Private Partnership）是一种政府与社会资本在公共基础设施建设中的长期合作关系，社会资本负责设计、建设和运营，政府则监管价格和质量，以保障公共利益。财政部鼓励私营企业参与公共基础设施建设，目前国内公共图书馆多采用部分外包模式，例如合肥市滨湖世纪社区图书馆将部分业务外包给安徽儒林书业集团。此外，物业管理和编目等业务外包形式也较为普遍。

3. "图书馆+"模式

"图书馆+"模式的出现标志着图书馆服务的创新与社会化发展。这一灵活多变的模式将图书馆与各类社会机构有效结合，拓宽了图书馆的服务范围。例如，内蒙古图书馆与新华书店和博物院书店的合作，推出的"彩云服务"试点让读者在选购新书时，能够便捷地完成图书采购，书店工作人员则通过系统上传信息，实现了图书馆的编目操作，这种模式极大提高了服务效率。同时，江苏省江阴市图书馆创建的"三味书咖"城市阅读联盟，通过将图书馆与咖啡屋相结合，促进了全民阅读的推广。常熟市图书馆的"图书馆+风景区"模式，在尚湖风景区设立"尚湖书屋"，不仅提供多样的书籍供游客阅读，还营造了舒适的阅读环境。尚湖茶室和图书角的设置，为游客提供了一个优雅的阅读环境，吸引了更多人前来品茶读书。此外，常熟市图书馆与虞山风景区合作，在西城楼阁打造了书屋，古老的藏书楼与精心设计的书籍和装饰融为一体，展现出书香文化与建筑美感的完美结合。

参考文献

[1]郭千钰.数字图书馆创新理论研究[M].北京：九州出版社，2018.

[2]袁萍.图书馆管理策略与阅读服务创新研究[M].沈阳：辽海出版社，2019.

[3]刘小琴.数字图书馆发展趋势研究报告[M].上海：上海科技技术文献出版社，2016.

[4]魏大威.数字图书馆理论与实务[M].北京：国家图书馆出版社，2012.

[5]黄肖俊.数字出版与数字图书馆[M].北京：电子工业出版社，2013.

[6]孙仙阁.数字图书馆的发展研究[M].成都：电子科技大学出版社，2016.

[7]王宁，吕新红.图书馆管理与阅读服务[M].北京：光明日报出版社，2016.

[8]姚迎东.公共图书馆社会化服务[M].武汉：武汉出版社，2013.

[9]孙琪.现代图书馆参考咨询服务[M].合肥：安徽大学出版社，2015.

[10]魏群义.移动图书馆云服务研究[M].北京：科学出版社，2017.

[11]郭万春.新媒体时代数字图书馆阅读推广之路[J].文教资料，2021，(20):50-51.

[12]王娅娟.图书馆数字阅读的社会推广研究[J].传媒论坛，2020，3(01):118.

[13]刘春雨.新媒体时代数字图书馆阅读推广探究[J].数码世界，2020，(11):57-58.

[14]赵发珍，刘艳.图书馆阅读推广数字化转型：内涵特征、行动框架与实现路径[J].图书馆杂志，2024，第43卷(2):49-56.

[15]孟婕.数字阅读背景下图书馆阅读推广服务分析[J].中国管理信息化，

2024, (11):159-162.

[16]房晓敏. 智慧赋能公共图书馆未成年人数字阅读资源精准推广研究[J]. 河南图书馆学刊, 2024, 第 44 卷(1):36-39.

[17]王军辉.城市公共图书馆服务读者精细化模式分析[J].科技经济导刊, 2020, 28(30): 166+165.

[18]潘霹雳.网络环境下图书馆读者服务模式优化研究[J].河南图书馆学刊, 2020, 40(10): 107-108.

[19]王晓粉,刁雨薇.新媒体环境下图书馆读者服务模式创新研究[J].长江丛刊, 2018(04): 203-204.

[20]侯丽娟. 新媒体环境下图书馆读者服务模式创新策略分析[J]. 卷宗, 2020, 第 10 卷(34):190.

[21]丁玉莲. 新媒体视野下智慧图书馆信息服务创新研究[J]. 数字通信世界, 2024, (6):229-231, 234.

[22]肖茂彬. 信息时代图书馆读者服务再升级[J]. 文化产业, 2024, (2):76-78.

[24]许秀霞. 基层图书馆的读者服务和管理创新[J]. 文化产业, 2024, (14):61-63.